M.H. Stoltenhoff

Aktion Bernhard

Die größte Geldfälschung der Geschichte gegen die Bank von England im Zweiten Weltkrieg und in der Nachkriegszeit

M.H. Stoltenhoff

Aktion Bernhard

Die größte Geldfälschung der Geschichte gegen die Bank von England im Zweiten Weltkrieg und in der Nachkriegszeit

Rediroma-Verlag

Bibliografische Information der Deutschen Nationalbibliothek:
Die Deutsche Nationalbibliothek verzeichnet diese Publikation in der Deutschen Nationalbibliografie; detaillierte bibliografische Daten sind im Internet über http://portal.dnb.de abrufbar.

ISBN 978-3-98527-262-4

Umschlagillustration: Anthony Shaw Photography

www.rediroma-verlag.de
24,80 Euro (D)

Inhaltsverzeichnis

Vorwort

Dieses Buch entstand, weil sich die bekannte ZDF-Sendung „History“ im Sommer 2020 in einer ihrer Ausgaben der Person Hans Kammler widmete.

Hans Kammler war nach dem Krieg einer breiteren Öffentlichkeit völlig unbekannt. Er galt nicht nur als Architekt von Auschwitz, sondern war in der Endphase des Zweiten Weltkrieges einer der mächtigsten Männer im Dritten Reich. Nach dem Krieg blieb diese Figur spurlos verschwunden und langsam rankten sich immer größere und wildere Spekulationen um diesen Mann und dessen wahrer Verbleib.

Der sehr aufwendig inszenierte Film des ZDF ließ den kritischen Zuschauer leider mit vielen Fragen ratlos zurück. Aus diesem Grund wollte sich der Verfasser dieses Buches eigentlich nur selbst weitere Klarheit zu dieser Thematik verschaffen. Im Laufe der Recherche ergaben sich aber völlig neue Informationen, Zusammenhänge und Erklärungsmuster.

Letztendlich führte dieser Einstieg rund um die Person Hans Kammler auf die Spur eines viel interessanteren Vorganges. War es denkbar, der Auslandsgeheimdienst des Dritten Reiches, der „Sicherheitsdienst“ der SS hatte eine während des Krieges gegen die Bank von England gestartete Aktion tatsächlich nach der Niederlage Deutschlands weitergeführt, nicht mehr als offizielle Institution, gleichwohl aber geleitet von den maßgeblichen Männern, die gegen Ende des Krieges die verbliebene Spitze der SS darstellten? Was sich im ersten Moment unwahrscheinlich anhört, ist bei näherer Betrachtung der Umstände gar nicht mehr abwegig, im Gegenteil, erscheint plötzlich nicht nur als denkbar, sondern wird sogar naheliegend.

„Die Aktion Bernhard" war die größte Geldfälschungsaktion der Geschichte. Das Dritte Reich fälschte die britischen Pfund-Sterling-Noten in perfekter Machart. Große Summen gelangten nach Ende des Zweiten Weltkrieges in den weltweiten Geldkreislauf.

Wo waren die gefälschten Banknoten bei Kriegsende, wer hatte in den letzten Tagen des Dritten Reiches hierauf noch Zugriff? Gab es überhaupt noch eine Möglichkeit, diese Gelder ins Ausland zu schaffen? Wer könnte eine solche Flucht ins Ausland geplant und durchgeführt haben? Was könnte die Person Hans Kammler damit zu tun haben?

Somit sind wir bei den Fragen angelangt, deren Beantwortung auf den folgenden Seiten erfolgen soll.

Konsequenterweise beginnen wir mit einer kurzen Inhaltsangabe zur genannten ZDF-Sendung. Dann folgen die Anmerkungen zur Sendung, die erneut wiedergegebenen Textpassagen aus der Inhaltswidergabe werden beleuchtet und überprüft. Auf dem dann erreichten gemeinsamen Wissensstand setzen die Folgekapitel auf.

Dabei wurden die genannten Quellen bewusst zitiert, damit der Leser, dem zahlreiche Bücher und Publikationen nicht zur Verfügung stehen werden, nicht auf Behauptungen oder Interpretationen des Verfassers angewiesen ist, sondern sich stets selber ein Bild machen kann.

I. „Hitlers Geheimwaffenchef – Die zwei Leben Hans Kammlers“ ZDF History 7.7.2020[1]

Wesentliche Inhaltswidergabe soweit sie sich auf die Person Hans Kammler bezieht:

Es geht um Raketen, Düsenflugzeuge und atomare Forschung. In Anlagen unter Tage lässt Kammler Fabriken bauen. Hans Kammler, stolzer Vater und Familienmensch, aber auch rücksichtsloser Technokrat.

Kammler befand sich in der Nacht vom 3. auf den 4. Mai 1945 mit seinem Stab in einer kleinen Kolonne in der Nähe von Ebensee unterwegs in Richtung Prag. Er hatte noch eine Dienstelle in Prag, dort sollten seine Mitarbeiter hinfahren …

Laut dem Historiker Rainer Karlsch gibt es überzeugende Hinweise, Kammler wurde von den Amerikanern verhaftet.

Nach dem Krieg hat sein (zweiter[2]) Fahrer und ein Adjutant erklärt, Kammler wäre bei ihnen geblieben und man sei in Prag in die beginnenden Aufstände geraten. Nach

---

[1] https://de.wikipedia.org/wiki/Hans_Kammler
„Hitlers Geheimwaffen-Chef – Die zwei Leben Hans Kammlers. Kompilationsfilm mit Archivaufnahmen, Spielszenen, Computeranimationen, Deutschland, 2019, 43:30 Min., Buch und Regie: Andreas Sulzer und Stefan Brauburger, Produktion: pro omnia gmbh, ZDF, Reihe: *ZDF-History*, Erstsendung: 18. August 2019 bei ZDF, Inhaltsangabe von ZDF heute journal, online-Video aufrufbar bis zum 20. August 2020. Gespräche mit den Historikern Rainer Karlsch, Matthias Uhl, Mark Walker, Stefan Karner, John Richardson (Sohn des damaligen OSS-Offiziers Donald Richardson) und dem Gerichtsmediziner Christian Reiter.“

[2] Der Einschub „Erster“ ist vom Verfasser, Kammler hatte zwei Fahrzeuge und zwei ständige Fahrer. Mit „erster Fahrer“ ist Friedrich Baum, genannt Fritz, mit „zweiter Fahrer“ ist Kurt Preuk gemeint. Es ist schon wichtig, diese Personen auseinander zuhalten und nicht immer nur vom Fahrer Kammlers zu reden.

dem Abzug aus Prag habe sich Kammler dann am 9. Mai 1945 in einem Waldstück südlich von Prag erschossen.

In den ersten Maitagen rücken die Amerikaner auf Pilsen vor, die Tschechen machen Jagd auf die deutschen Besatzer.

Von Zeugen aus dem SS-Umfeld wird berichtet, Kammler habe sich mit Zyankali umgebracht. Andere behaupten, er habe sich selbst erschossen oder gar seine Erschießung angeordnet. Zudem werden unterschiedliche Orte genannt. Insgesamt gibt es sechs Versionen über Kammlers Ende.

Eine Leiche wird nie gefunden, seine Dienstmarke und persönliche Gegenstände bleiben verschwunden …

Kammlers Frau wollte nach dem Krieg das Schicksal ihres Mannes aufklären, sie war zu diesem Zeitpunkt nahezu mittellos … Sie befragte ehemalige Kameraden ihres Mannes. Diese gaben unterschiedliche Darstellungen. Letztendlich folgte das Amtsgericht Berlin Charlottenburg der Aussage von Kammlers zweiten Fahrer, Kammler habe sich am 9. Mai 1945 in einem Waldstück südlich von Prag umgebracht. Kammler wurde aufgrund dieser Aussage für tot erklärt.

Nach dem Krieg berichtet eine höhere SS-Führerin Frau Kammler in einem Brief, er hätte ihr gegenüber geäußert, „die Amerikaner sind hinter mir her, sie haben mir Angebote gemacht, niemals werde ich dem Feind dienen, lebendig bekommen sie mich nicht“. Die Worte soll er zur Verabschiedung einen Tag vor Kriegsende in Prag geäußert haben.

Die Geheimdienste wussten um Kammlers herausragende Stellung und wollten sein Geheimwissen über Technik und Standorte. Kammler war auch einer der Architekten von

Auschwitz-Birkenau. Aufgrund seiner Bedeutung als „Befehlshaber für den Einsatz so genannter Vergeltungswaffen“ stand Kammler auf einer 10köpfigen Todesliste des britischen Geheimdienstes. Durch gezielte Aktionen sollten führende SS-Persönlichkeiten durch Kommandounternehmen ausgeschaltet werden.

Im Terminplan des Reichsführer-SS Himmler taucht der Name Kammler immer wieder auf …

Seit 1941 wird Kammler mit dem Bauwesen der SS beauftragt …

1942 übernimmt er die Führung der Amtgruppe C, die für alle relevanten SS-Bauten zuständig ist. Im Zuge dieser Bautätigkeiten gelingt es ihm, immer mehr Kompetenzen an sich zu ziehen. Zu den Bauten zählen auch Gefangenenlager und SS-Kasernen und auch das Lager Auschwitz-Birkenau, hier insbesondere der Bau der Krematorien und Gaskammern.

Als im August 1943 die Heeresversuchsanstalt Peenemünde mit seinem Raketenforschungszentrum durch Bomberangriffe stark beschädigt wird, wird Kammler angewiesen, unterirdische Ausweichmöglichkeiten zu schaffen … unter anderem in Nordhausen.

Kammler lässt in kürzester Zeit (zwei Monate) kilometerlange Stollen in den thüringischen Harz bauen …

Er konzentriert Menschen und Material im Süden. Die amerikanische Luftaufklärung entdeckt gepanzerte Züge von bis zu 500 Meter Länge, u.a. in der Nähe von Linz.

Im Film ging es auch um die zehntausenden von KZ-Häftlingen, die durch die Bauarbeiten ums Leben kamen. Auch werden die Befürchtungen der Alliierten vor einer

Alpenfestung erwähnt, in die sich womöglich hunderttausende gut bewaffnete deutsche Soldaten zurückziehen könnten, die dann mit vor Ort produzierten „Wunderwaffen“ jahrelang Widerstand leisten könnten.

Gusen/Oberösterreich: Hierher erfolgen Zulieferungen u. a. aus Fallersleben, Limburgerhof (I. G. Farben) und aus Ohrdruf (wo atomare Experimente stattgefunden haben sollen). Es geht um die Errichtung eines Industrieparks mit unterirdischen Stollen mit einer Länge von 26 Kilometern (lt. US-Quellen, Österreich nennt immer noch 7 Kilometer Stollenlänge).

Auch wird kurz auf Werner von Braun eingegangen. Dieser habe sich zusammen mit seinen Mitarbeitern auf Veranlassung Kammlers in Oberammergau eingefunden und sei da von den Amerikanern „übernommen“ worden. Es wurde so der Eindruck erweckt, hier wäre schon ein Deal zwischen Kammler und den USA abgelaufen. Dabei wurde noch auf den Gipsarm von Werner von Brau verwiesen, Folge eines Autounfalls.

Seit Anfang der 40er Jahre gibt es Pläne zum Bau einer mehrstufigen Rakete zum Beschuss amerikanischer Großstädte …

Quellenfunde lassen vermuten, dass Kammler von den US-Streitkräften verhaftet worden und durch den US Geheimdienst CIC verhört wurde … 1949 lässt die amerikanische Militärregierung in Hessen Erkundigungen über den Lebenslauf zu dem Todgeglaubten einholen … Zudem wird ein Sonderermittler eingeschaltet, sein Name: Oskar Packe. Hierzu wird der Abschluss des schriftlichen Berichts des

Sonderermittlers kurz eingeblendet. In seinem Bericht steht, dass Subject einen Tag nach Kriegsende von amerikanischen Truppen festgenommen wurde. Mit Subject ist Kammler gemeint.

Es folgt die Verlesung eines Briefes von Kammler an seine Frau, der so gar nicht nach Abschied klingt.

In der Nähe des Konzentrationslagers Gusen-Mauthausen verlassen Kammler und sein (erster*) Fahrer Friedrich Baum am 4. Mai 1945 anscheinend den Konvoi, der weiter Richtung Prag fährt. Kammler soll wichtige Pläne und Unterlagen mitgeführt haben.

Noch am selben Tag geraten beide offenbar in einen Hinterhalt. Kammlers Fahrer wird schwer verletzt. Dokumentiert sei, dass sich Friedrich Baum wenig später in amerikanischen Gewahrsam auf Schloss Cumberland in Gmunden befindet. Ein Kriegsgefangenenlager und Sitz des amerikanischen Geheimdienstes CIC.

Laut Krankenakte gibt es keine Erkennungsmarke, unterschiedliche Geburtsdaten, sodass laut Gerichtsmediziner Dr. Christian Reiter sich jeder hinter diesem „Herrn Baum“ befinden könnte. Es gibt keine allgemeine Beschreibung zu dem Patienten, unterschiedliche Wohnanschriften. Noch am Tag der Ankunft verstirbt der Fahrer Kammlers. Der Patient hatte ein vereitertes Kniegelenk, ist an einer Blutvergiftung gestorben und wurde – sehr ungewöhnlich in jener Zeit – obduziert. Angedeutet wird auch ein chirurgischer Eingriff zur Veränderung des Aussehens und damit ein Identitätswechsel Kammlers. Ein Auszug aus der Patientenakte wird kurz eingeblendet.

An dem Tag, an dem sein Fahrer starb, soll am gleichen Ort Kammler durch das CIC befragt worden sein. Hier folgt die kurzzeitige Einblendung eines Schriftstückes, welches dies beweisen soll. Der Mann namens Baum soll auf dem ev. Friedhof von Gmunden laut zwei unterschiedlicher Eintragungen in Grab 111 und 112 bestattet worden sein. Beide Gräber seien später vom französischen Militär geöffnet worden und waren leer. Die Bilder der Gräber und der Grabtafel werden eingeblendet:

Grabtafel / Grab 111:
ein unbekannter deutscher Soldat
I. M. OFELDW. Friedrich Baum
* 21.06.1906 + 29.05.1945

Grabtafel / Grab 112:
Gefr. Friedrich Baum
* 21.06.1910 + 29.05.1945

Tatsache ist auf jeden Fall, verschwunden sind sowohl Kammler als auch sein Fahrer Baum und beide gelten offiziell als tot.

In einem dann folgenden Interview zitiert Dr. John Richardson (inzwischen verstorben) seinen verstorbenen Vater, Donald Wilson Richardson, der als hoher OSS – Offizier sowohl bei US-Präsident Roosevelt als auch beim US-Oberbefehlshaber für Europa, Eisenhower, eine Vertrauensstellung innehatte und als Sicherheitsoffizier bei hochrangigen Anlässen persönlich anwesend war, z.B. bei der Konferenz von Potsdam, wie folgt:

„Hans Kammler, ein promovierter Ingenieur, brachte einen besonderen Schatz aus Österreich und dem Deutschen

Reich in die Vereinigten Staaten. Er bot uns modernste Waffenentwicklungen an, die für Tod und Zerstörung standen. Für die Zeit des Kalten Krieges verschaffte uns das eine Grundlage für die künftige Rüstung." Und weiter: „Es galt diesen für uns nützlichen Deutschen rüberzubringen, damit er nicht in die Hände der Russen gerät. Das war die Aufgabe meines Vaters."

Dann folgt der Journalist Frank Döbert: „Kammler berichtete, dass in der Endzeit des Krieges man in Österreich zwei neue Waffen starten wollte. Man spricht da von Raketen, mit einem Sprengkörper an Bord, mit einer Explosivkraft, die alles da gewesene übertrifft und die man auf Paris abschießen wolle."

Ein Dokument vom 30. Mai 1945 enthält eine Liste hochrangiger Kriegsgefangener, die für Verhöre zur Verfügung standen, mitten auf der Liste auch der Name von SS-Obergruppenführer Hans Kammler. Das Dokument wird dabei auszugsweise kurz eingeblendet.

Im Dokument vom 2. November 1945 bittet der oberste Militär-Geheimdienstchef der US Air Force, General McDonald, nochmals um ein Verhör. Es geht um unterirdische Anlagen, hierzu sollen Albert Speer, Hans Kammler und Karl Saur nochmals befragt werden. Es gehe auch um Anlagen in Österreich, die jetzt in der Hand der Russen sind. Solange solche Anlagen intakt seien, wären diese in naher Zukunft vielleicht wieder für die US Army gefährlich. Auch hier wird eine kurze Passage aus dem Schreiben kurz eingeblendet.

Im Laufe des Films werden noch kurz diverse englischsprachige Textfragmente eingeblendet. Ein erstes, in denen Zeilen mit den Namen Kammler und Purucker und dem

Begriff „atom bomb“ hell unterlegt sind. Ein zweites, in denen der Begriff V6 als Bezeichnung für die Atombombe auftaucht. Ferner ein Textauszug, der behauptet, Kammler habe noch im März Paris mit zwei Raketen vom Typ V7 beschießen wollen. Schließlich noch ein Text, dem zu entnehmen ist, dass Kammlers „deputy SS Oberfuehrer PURUCKER“ in einem Zivilfahrzeug unterwegs ist, in dem er zahlreiche Pläne der Atombombe mitführt.

Laut John Richardson habe Kammler in den USA nur noch wenige Jahre gelebt und sich dann, von der Umwelt abgeschottet, schließlich erhängt.

II. Anmerkungen zum ZDF History Film über Hans Kammler

Im ersten Teil des Films werden die bekannten Fakten weitgehend sachlich dargestellt und der Zuschauer wird in die Geschichte eingeführt.

Problematisch wird die Darstellung, ab dem Punkt, wo der Film den neuen Erkenntnisstand darlegen will:

Quellenfunde lassen vermuten, dass Kammler von den US-Streitkräften verhaftet worden und durch den US Geheimdienst CIC verhört wurde ... 1949 lässt die amerikanische Militärregierung in Hessen Erkundigungen über den Lebenslauf zu dem Todgeglaubten einholen ... Zudem wird ein Sonderermittler eingeschaltet, sein Name: Oskar Packe. Hierzu wird der Abschluss des schriftlichen Berichts des Sonderermittlers kurz eingeblendet. In seinem Bericht steht, dass Subject einen Tag nach Kriegsende von amerikanischen Truppen festgenommen wurde. Mit Subject ist Kammler gemeint.

Hier jetzt der Text der kurzfristigen Einblendung, den der Zuschauer natürlich nicht wahrnehmen konnte:

Bericht des Sonderermittlers Oskar Packe (Abschrift der Auszüge):

„d)

... die Verleihung wird jedoch in keiner der vorhandenen zahlreichen Personalunterlagen erwähnt. Dennoch besteht die Möglichkeit, dass ihm diese Auszeichnung erst in den letzten Monaten vor dem Zusammenbruch für seinen rückhaltlosen Einsatz im nationalsozialistischen Sinne nachträglich verliehen wurde.

Am 9. Mai 1945 wurde Subject mit seinem Stab in den Messerschmidt-Werken in Oberammergau von amerikanischen Truppen festgenommen. Es gelang jedoch Subject und anderen höheren SS-Führern seines Stabes, aus der Haft in Richtung Oesterreich oder Italien zu entkommen. Es wird vermutet, dass Subject sich jetzt in sowjetischem Gewahrsam befindet und in der Sowjetischen Besatzungszone Deutschlands arbeitet. Beweise dafür konnten bisher nicht erbracht werden.

e) In dem beigefügten Auszug aus dem Kapitel „Aussenlager und Kriegszeit“ des Buches „Der SS-Staat“, das System der deutschen Konzentrationslager“ von Eugen Kogon, in dem Subject namentlich erwähnt wird, sind folgende Sätze kennzeichnend dafür, dass der verbrecherische Charakter dieser Einrichtungen durch Subject‘s persönliche Initiative gefördert wurde:

„Die meisten Neugründungen (gemeint sind Konzentrationslager) …“

…

… gegen die Menschlichkeit schuldig gemacht und durch seine, auf eigene Initiative zurückzuführende Handlungsweise dazu beigetragen, dass bei den Verhandlungen vor dem Internationalen Tribunal in Nürnberg der Charakter der SS als verbrecherisch bezeichnet werden musste.

Der von Zeugen vermutete und angeblich bestätigte Selbstmord Subject`s wird durch die präzisen Angaben von CIC über seine Gefangennahme und Flucht im Mai 1945 widerlegt.

Beweise dafür, dass Subject sich jetzt in sowjetischen Gewahrsam befindet und in der sowjetisch besetzen Zone Deutschlands arbeiten soll, konnten hier nicht erbracht werden.

(Unterschrift)
Oskar P a c k e
Special Investigator"

Der Text ist offenbar auf einer deutschen Schreibmaschine geschrieben worden. Zwar sind im „Originaltext" die Anführungszeichen am Anfang und Ende stets oben, „Oesterreich" wird mit Umlaut geschrieben und der Buchstabe „ß" scheint zu fehlen, aber der Text enthält jede Menge „ü", „ö" und „ä"!

Es steht fest, dass Kammler sich in der Nacht vom 3. auf den 4. Mai 1945 (genauer ab 4 Uhr morgens) mit seinem Stab als Konvoi auf dem Weg zwischen Ebensee und Prag befunden hat. Dabei musste man auf dem Weg nach Prag, man wollte ja eine weitere Dienststelle Kammlers in Prag beziehen, Linz durchqueren oder umfahren. Linz lag am 4. und 5. Mai 1945 unter amerikanischem Beschuss und um 11 Uhr vormittags, am 5. Mai 1945, trafen die ersten US-Truppen in der Stadt ein.[3]

[3] https://de.wikipedia.org/wiki/Linz

Oberammergau wurde durch die US-Truppen bereits am 29. April 1945 ebenfalls vormittags besetzt![4] Wie sollte Kammler plötzlich in Oberammegrau auftauchen, um sich am 9. Mai 1945 von den Amerikanern verhaften zu lassen? Von Linz nach Oberammergau sind es rund 350 Straßenkilometer, von Prag nach Oberammergau sogar rund 590 Kilometer. Kammler wäre am 9.5.1945 auch gar nicht mehr so weit nach Westen gekommen, er wäre den Amis schon vorher in die Arme gelaufen.

Es erstaunt, wenn ein Sonderermittler im Auftrag der amerikanischen Militärregierung einen Bericht zu Subject auf Deutsch (!) verfasst und abschließend nicht als Sonderermittler, sondern als „Special Investigator" unterschreibt!

Es erscheint auch völlig schleierhaft, weshalb ein Sonderermittler in Sachen Nachforschung zu Kammler im Jahre 1949 in seinem Bericht nicht den Klarnamen verwenden sollte, schließlich berichtet er an seinen Dienstherrn.

Völlig unsinnig scheint der Hinweis auf das Buch von Eugen Kogon. Der ehemalige Häftling des KZ Buchenwald Kogon hat sein Buch 1945 geschrieben, nachdem er bereits als „Berater" für die „Psychological Warfave Division", also der Einheit für Psychologische Kriegsführung der US Army mit Sitz in Bad Homburg tätig war.[5]

1945 drehte die PWD den Dokumentarfilm *German Concentration Camps Factual Survey* über die Grausamkeiten in deutschen Konzentrationslagern unter Mitwirkung von Alfred Hitchcock."[6]

---

[4] https://de.wikipedia.org/wiki/Oberammergau

[5] https://de.wikipedia.org/wiki/Eugen_Kogon

[6] https://de.wikipedia.org/wiki/Psychological_Warfare_Division

In dem angeführten Kapitel „Außenlager und Kriegszeit" des Buches „Der SS-Staat"[7] findet sich der Name Kammler zweimal in relativ allgemein gehaltenen Erwähnungen (Seite 278 und Seite 284). Die zitierte Stelle ab Seite 278 lautet:

„Die meisten Neugründungen erforderten die so genannten *Sperrgebiete* der SS, Territorien von oft erheblicher Ausdehnung – mehrere hundert Quadratkilometer. Dass Sperrgebiet B zum Beispiel lag im Umkreis von Nordhausen, etwa 70 Kilometer nördlich von Buchenwald. Dort allein arbeiteten zusammen mit fremdländischen Kräften und deutschen Zivilangestellten annähernd 150.000 Menschen an unterirdischen Verlagerungsstätten der Junkerswerke Dessau und einiger anderer deutscher Industrieunternehmen. Die Verhältnisse in den Sperrgebieten können nur als unmenschlich bezeichnet werden. Außer im Harz befanden sie sich vorwiegend in Bayern, in Sachsen und Böhmen. Die Verfügungen über sie lagen in der Hand des SS-Gruppenführers und Generalleutnants der Waffen-SS *Dr.-Ing. Kammler,* der seinen Sitz in Berlin hatte, von wo aus er, den wilden Mann spielend, im Land herumraste."

Eine zweite Erwähnung findet sich dann auf Seite 284, wo es um den Bau einer Bahnstrecke von Weimar nach Buchenwald geht. Der örtliche Bauleiter weist auf die Unmöglichkeit hin, dieses Projekt unter dem vorgegebenen Zeitplan zur realisieren. Der Text lautet dann:

„Die Antwort aus Berlin bestand in der Berufung eines der berüchtigtesten Antreiber und Leuteschinder, des SS-

[7] Eugen Kogon, „Der SS Staat", Lizenzausgabe Bertelsmann Reinhard Mohn OHG mit Genehmigung des Kindler Verlages München, 1974

Obersturmführers Alfred *Sorge,* dem die Leitung des Bauvorhabens übertragen wurde – eines Mannes, der seit Jahren vom KL Sachsenhausen her verrufen war. *Sorge* brachte gleich zwei seiner Hauptschläger mit, die SS-Hauptscharführer *Baumann* und *Sohn.* Dann ging es los: In einer je zwölfstündigen Tages- und Nachtschicht mit beständigem Prügelregiment, angetrieben durch die Bluthunde der Hundestaffel, ohne Sonn- und Feiertage, setzte die Mordarbeit in einem Hetztempo ein, wie es bis dahin kaum gekannt worden war. Die Zahl der täglichen Unfälle überschritt rasch das Dutzend. Schadete nichts, Hauptsache blieb: Am 20. Juni abends hatte der Bahnbau fertig zu sein! Vorschriftsmäßig fand dann auch am 21. Juni 1943 in Anwesenheit des SS-Gruppenführers und Generalleutnants der Waffen-SS *Dr.-Ing. Kammler* und einer erheblichen Anzahl von Nazi-Größen die Probefahrt des ersten Zuges statt."

In dem 400seitigen Buch des Autors Eugen Kogon findet sich der Name „Kammler" überhaupt nur an den beiden oben genannten Textstellen.

„Derselbe Kogon war in den 30er Jahren stellvertretender Chefredakteur einer antidemokratischen und antisemitischen Wochenschrift in Wien, der „Neuen Zeitung". Im März 1931 wetterte er in dem Blatt gegen „jüdische Überfremdung der Wirtschaft und Kultur", als deren „Reaktionserscheinung" der Nationalsozialismus entstanden sei. 1933 würdigte Kogon das nationalsozialistische Deutschland, welches „das ungeheure Wagnis auf sich genommen" habe, „das Netz internationaler Ränke zu zerreißen"; Die

Auflösung des Reichstages durch Hitler zeuge von „Kühnheit und Selbstbewusstsein“ Mussolinis System feierte Kogon mit den Worten: „Faschismus befreit, indem er bindet“. Und in der „Neuen Zeitung“ vom 6.12.1933 wütete er gegen den „freimaurerischen, jüdischen Staat der sogenannten Demokratie mit ihrem alle Kultur vernichtenden falschen Gleichheits- und Freiheitsbegriff“. Als extremer Katholizist mit dem NS-Regime über Kreuz geraten, kam Kogon 1938 ins KZ Buchenwald. Dort arbeitete er mit der SS-Lagerleitung zusammen; er hatte eine Art Postmeisterstellung.“[8]

Eugen Kogon war Jahrgang 1903, also „Jugendsünden“ waren das alles nicht.

Es bleibt völlig rätselhaft, weshalb sich die amerikanische Militärregierung von einem Sonderermittler Oskar Packe derartige Ergebnisse präsentiert haben lassen soll, statt den Originalbericht des US-amerikanischen militärischen Geheimdienstes CIC selber einzusehen. Man hätte dadurch vielleicht keine besseren Erkenntnisse gewonnen, aber man hätte sich zumindest die Übersetzung erspart!

Des Rätsels Lösung ist unter Umständen viel einfacher: Im besagten Kapitel wird noch eine weitere Person mit Dienstrang und Vor- und Familienname benannt: SS-Obersturmführer Alfred Sorge. Und in diesem Zusammenhang werden dessen brutaler Charakter und brutale Handlungsweisen beschrieben. Bezieht sich der Bericht des

---

[8] „Verheimlichte Dokumente - Was den Deutschen verschwiegen wird“ Band 2, FZ-Verlag GmbH München, 1995, Seite **488**

Sonderermittlers tatsächlich auf Kammler oder ist Alfred Sorge gemeint?

Alfred Sorge war Bauleiter in diversen Konzentrationslagern. Im angeführten Kapitel geht es unter anderem um den Bau einer Eisenbahnverbindung von Weimar nach Buchenwald, die unter extremem Termindruck erstellt werden sollte. Um dieses Bauvorhaben voranzutreiben wurde Alfred Sorge damit beauftragt. Gegen Alfred Sorge wurde nach Kriegsende auch wegen Misshandlungen und Tötungsdelikten gegen KZ-Häftlinge ermittelt. Zuletzt hatte er den Dienstrang SS-Hauptsturmführer (Hauptmann) inne. Alfred Sorge starb 1987.

Es gibt eine Produktion des Hessischen Rundfunks, in der es um die Aufarbeitung von Familiengeschichten geht. Der Film von Angelika Schmidt-Bisalski, „Mein Vater, der SS-Offizier!“, behandelt auch Adolf Sorge und dessen Sohn Bernd Sorge. Der Film wurde im Ersten Fernsehprogramm (ARD) am Sonntag, 10.4.2011 um 17.30 Uhr ausgestrahlt.

Sollten sich also in dem Bericht des Sonderermittlers, der ja hier nicht vollständig vorliegt, nicht andere Hinweise befinden, die klar stellen, es geht um Hans Kammler, dann muss davon ausgegangen werden, der ganze Ermittlungsbericht bezieht sich auf Alfred Sorge.

Und selbst wenn doch Kammler gemeint ist, dann bestätigt der Bericht zwar eine Verhaftung, aber er bestätigt eben auch den Umstand, Subject gelang danach die Flucht nach Italien oder Österreich. In keinem Fall bestätigt der Bericht die endgültige Festnahme von Hans Kammler!

Noch irritierender wird es, wenn man folgendem Hinweis nachgeht: „Der einzige offizielle Untersuchungsbericht zu diesem Mann von der „US Regierung für Deutschland“ in

Berlin aus dem Jahr 1949 schließt mit der Vermutung ab, dass Kammler sich in sowjetischem Gewahrsam befinde. Grundlage für diese Falschangabe ist eine Meldung des Geheimdienstes der US Army CIC von 1945." Die zu dieser Textpassage angebrachte Fußnote führt dann weiter aus: „Siehe „Special Branch Invetigation Report No. RC 1596" vom 13. August 1949, Office Of Military Gouvernment For Germany US; Privat-Archiv Prof. Dr. Jörg Kammler, Osnabrück."[9]

Wenn jetzt der Bericht von Otto Packe der Report No. RC 1596 sein sollte, dann fragt man sich, warum ZDF-History einen Ermittlungsbericht berücksichtigt, von dem klar ist, dass er auf einer Falschangabe aus 1945 beruht. Und die Einleitung „Quellenfunde" ganz zu Beginn suggeriert förmlich, ZDF-History hätte irgendwelche Archive bis in die Kellerräume durchforstet, dabei hätte es gereicht, das Buch „Der Kunstschatz des Führers", Autor Kristian Knaack, aus dem Jahre 2010 in die Hand zu nehmen. Hier scheint sich seit den unsäglichen Zeiten von ZDF-History unter Guido Knopp wenig geändert zu haben.

In der Nähe des Konzentrationslagers Gusen-Mauthausen verlassen Kammler und sein (erster*) Fahrer Friedrich Baum am 4. Mai 1945 anscheinend den Konvoi, der weiter Richtung Prag fährt. Kammler soll wichtige Pläne und Unterlagen mitgeführt haben.

Noch am selben Tag geraten beide offenbar in einen Hinterhalt. Kammlers Fahrer wird schwer verletzt.

---

[9] Kristian Knaack, „Der Kunst-Schatz des Führers", Grabert Verlag Tübingen, 2010, Seite 65

Dokumentiert sei, dass sich Friedrich Baum wenig später in amerikanischen Gewahrsam auf Schloss Cumberland in Gmunden befindet. Ein Kriegsgefangenenlager, und Sitz des amerikanischen Geheimdienstes CIC.

Wir befinden uns am 4. Mai 1945. Kammler und Fahrer Baum sondern sich vom Konvoi ab und geraten in einen Hinterhalt. Hierbei wird der Fahrer verletzt. Unterstellt, es war so, dann macht Kammler folgendes: Er bringt seinen Fahrer ins nächste Lazarett, nämlich Gmunden.

Schloss Cumberland bei Gmunden im österreichischen Salzkammergut diente von 1938 bis 1940 als Gauschulungsburg der NSDAP, und von 1940 bis 1945 als Kriegslazarett, beides wird im Film unterschlagen.[10]

„1930 wurde das Schloss Cumberland in ein „Familienmuseum“ der Welfen umgewandelt und 1932/33 als „Landeserziehungsheim“ – eigentlich als Gymnasium – für Kinder herzoglicher Familien und ausgewählter Gmundner Bürger verwendet. 1933 räumte man allmählich das Schloss. Die Villa Weinberg und die Königinvilla blieben für weitere Aufenthalte der Familien in Gmunden eingerichtet. Der Hofstaat wurde aufgelöst, was die Gmundner Bevölkerung und die Stadtverantwortlichen sehr bedauerten. Das Schloss wurde an das Land OÖ. verpachtet. Darin wurde 1936 ein Ferienheim für in- und ausländische Mittelschüler eingerichtet. Das Schloss wurde nach dem Anschluss Österreichs an Hitler-Deutschland eine Gauschulungsburg. Das Gebäude wurde adaptiert und 1939 von

[10] https://de.wikipedia.org/wiki/Schloss_Cumberland

Gauleiter Eigruber offiziell eröffnet. Im Zweiten Weltkrieg diente das Schloss dann als Wehrmachtslazarett für verwundete Soldaten."[11]

Am 4. Mai 1945 waren die Amerikaner und somit das CIC noch gar nicht in Gmunden, der Ort wurde erst am 6. Mai 1945 durch die Amerikaner besetzt, da er vorher als Lazarettstadt den Kampfhandlungen entzogen war.

„Im letzten Augenblick, am 2. Mai. 1945, werden Bad Hall, Bad Schallerbach, Gallspach, Gmunden, Bad Ischl, Goisern, St. Wolfgang und Bad Aussee als „Lazarettorte" aus dem vermeintlichen Kampfgebiet ausgeklammert."[12]

Laut Krankenakte gibt es keine Erkennungsmarke, unterschiedliche Geburtsdaten, so dass laut Gerichtsmediziner Dr. Christian Reiter sich jeder hinter diesem „Herrn Baum" befinden könnte. Es gibt keine allgemeine Beschreibung zu dem Patienten, unterschiedliche Wohnanschriften. Noch am Tag der Ankunft verstirbt der Fahrer Kammlers. Der Patient hatte ein vereitertes Kniegelenk, ist an einer Blutvergiftung gestorben und wurde – sehr ungewöhnlich in jener Zeit – obduziert. Angedeutet wird auch ein chirurgischer Eingriff zur Veränderung des Aussehens und damit ein Identitätswechsel Kammlers. Ein Auszug aus der Patientenakte wird kurz eingeblendet.

---

[11] https://gmundens-schaetze.at/schloss-cumberland.html

[12] „1945 – Oberösterreich eine Woche Kriegsschauplatz", Harry Slapnicka, Oberösterreichische Heimatblätter, Landesinstitut für Volksbildung und Heimatpflege in Oberösterreich, 29. Jahrgang, (1975), Heft 1/2, Seite 86

Hier der Inhalt der eingeblendeten Patientenakte, die der Zuschauer in den wenigen Sekunden natürlich nicht erfassen konnte:

„Vorgeschichte und klinische Daten:

23.5.45: 4.5.45 durch Inf.Geschoss am re. Kniegelenk verwundet.
Behandlung Transportgips. 19 Tg. in Lazarettzug unterwegs.
Zunehmende Schmerzen, schlechter Allgemeinzustand, Pat. ist benommen.
Allgemeininfektion. R. Kniegelenk geschwollen, äusserst Druckempfindlich. Punktion: Eiter. Arthrotomie . Ruhigstellung aus G.Gipsschiene.
28.5.45 Trotz Kreislaufmittel keine Besserung. Fortschreitende Infektion am Unterschenkel. Amputation des re. Oberschenkels.
Infusionen, Bluttransfusion.
Exitus an Kreislaufschwäche bei Allgemeininfektion am 29.5.45 4.15 Uhr."

Also halten wir einmal fest: Der Patient wurde am 4.5.1945 durch ein Infanteriegeschoss am rechten Kniegelenk verwundet. Als Behandlung erhielt er einen Transportgips und war 19 Tage (vom 4.5 bis 23.5.) in einem Lazarettzug unterwegs. Die Einlieferung erfolgte dann am 23.5.45 im Kriegslazarett Gmunden. Hier wurde die Amputation des rechten Oberschenkels durchgeführt. Auch diese Maßnahme kam zu spät und der Patient ist dann am 29.5.1945 um 4.15 Uhr seiner Verletzung erlegen.

Warum sollte Kammlers Fahrer am 4.5.1945 in einen Lazarettzug eingeliefert worden sein, der ihn dann 19 Tage durch die Gegend fährt, um ihn am 23.5.1945 im Lazarett Gmunden abzuliefern?

Eine vage Erklärung könnte sein, die Patientenakte ist doch echt. Baum – zumindest „der Patient“ – zieht sich seine Verwundung nicht in der Nähe von Gmunden zu, sondern am 4. Mai 1945 zum Beispiel in Prag. Denn ein Lazarettzug benötigt nicht nur einen Bahnhof, er benötigt auch Verletzte aus einem größeren Lazarett, das evakuiert werden muss. Nachdem der Aufstand in Prag am 5. Mai 1945 gegen die deutschen Besatzer beginnt, bricht im ehemaligen Protektorat Böhmen und Mähren in kürzester Zeit das völlige Chaos aus. Der Lazarettzug benötigt in den wirren Zeiten tatsächlich 19 Tage für seine Fahrt. Es ist ein deutscher Lazarettzug, der ein deutsches Lazarett anfahren soll und er hat das Glück, als solcher unangetastet zu bleiben, was damals nicht selbstverständlich war. Die Tschechen machten überall Jagd auf Deutsche, auch Lazarette blieben nicht immer verschont.

Warum aber Gmunden? Die Stadt war wie bereits im Ersten Weltkrieg auch im Zweiten Weltkrieg Lazarettstadt!

„Während des Zweiten Weltkriegs wurde Gmunden zur Lazarettstadt für die Aufnahme von verwundeten Soldaten. 1945 waren das ganze 6000 Mann, die auf das Schloss Cumberland, Hotel Austria, Kur- und Parkhotel verteilt waren.“[13]

---

[13] https://de.wikipedia.org/wiki/Geschichte_der_Stadt_Gmunden

Und warum wird dieser Umstand bei ZDF-History nicht benannt? Weil damit die ganze Story vom 4. Mai 1945 bei Gmunden (!) von einem in einem Hinterhalt verletzten Fahrer Baum im Eimer wäre! Außerdem hätte man nicht so leicht den Bezug zu Schloss Cumberland herstellen können, wo das CIC später (!) einen Dienstsitz hatte. Den verletzten Baum hätte man auch mitten in der Stadt an gleich mehreren Stellen einliefern können, den Weg zum Schloss hätte Kammler sich sparen können!

Nur, war es tatsächlich „unser Fahrer Baum" und tatsächlich Prag, dann war an jenem 4. Mai 1945 mit Sicherheit auch Hans Kammler in der Stadt an der schönen Moldau.

Was der angedeutete Identitätswechsel Kammlers durch einen chirurgischen Eingriff im Zusammenhang mit einer Patientenakte Friedrich Baum und den vorhandenen leeren Gräbern bedeuten soll, erschließt sich vermutlich nicht einmal den Filmemachern selber. Dieser Umstand ist auch anderen aufgefallen und der FAZ-Redakteur Ulf von Rauchhaupt schreibt hierzu treffend und in Verbindung mit der These des Bauautors Rainer Karlsch, Kammler habe den Krieg in amerikanischer Gefangenschaft überlebt, folgendes: „Zeithistorische Spekulationen darüber wären vielleicht interessanter gewesen als wilde Andeutungen über Gesichtsoperationen und Identitätswechsel, von denen nicht im Ansatz klar wird, was und ob überhaupt sie zur Plausibilität von Karlschs Kernthese beitragen sollen."[14]

An dem Tag, an dem sein Fahrer starb, soll am gleichen Ort Kammler durch das CIC befragt worden sein. Hier

[14] https://www.faz.net/aktuell/feuilleton/medien/die-dokumentation-hitlers-geheimwaffenchef-im-zdf-16336719.html

folgt die kurzzeitige Einblendung eines Schriftstückes, welches dies beweisen soll.

Nachstehend der Inhalt des kurzzeitig eingeblendeten Schriftstücks in englischer Sprache:

„5.000.000 was forwarded to this account by Reichsbank München but the sum was not credited to the account because it was stopped by the Military authorities before it left München.

Shortly after the occupation, Hans Kammler appeard before CIC in Gmünden and made a detailed statement o the operations an activites of the Baustelle Ebensee, as well as on the account, and his own authority and authority of Karl Englehart. None of the present American Officiers at the CIC, Gmünden is familiar with the statements but it should be in the files there."

Die deutsche Übersetzung lautet:

„5.000.000 wurden von der Reichsbank München auf dieses Konto überwiesen, aber die Summe wurde dem Konto nicht gutgeschrieben, weil es von den Militärbehörden gestoppt wurde, bevor es München verließ.

Kurz nach der Besetzung trat Hans Kammler vor dem CIC in Gmünden auf und gab eine ausführliche Erklärung über die Operationen und die Aktivitäten der Baustelle Ebensee sowie über das Konto und seine eigene Autorität und die Autorität von Karl Englehart ab. Keiner der anwesenden amerikanischen Offiziere im CIC, Gmünden, kennt die Aussagen, aber sie sollten dort in den Akten stehen."

Also sind keinem verantwortlichen amerikanischen Offizier vor Ort diese Aussagen von Kammler bekannt, aber irgendwo, in irgendwelchen Akten, müsste man die entsprechenden Unterlagen ja wieder finden können. Wirklich überzeugend klingt das nicht.

Kammlers Fahrer starb, wenn er der Patient der Krankenakte ist, am 29.5.1945. An dem Tag soll Kammler durch das CIC befragt worden sein. Es kann sein, dass das CIC, nachdem die Amerikaner am 6.5.1945 Gmunden besetzt hatten, noch einige Zeit brauchte, um sich im Schloss einzurichten.

Derweil fährt Kammler nach Oberammergau, um sich am 9.5.1945 verhaften zu lassen. Weil das CIC in Gmunden jetzt doch ungeduldig auf Kammler als Gesprächspartner wartet, flieht dieser aus amerikanischer Gefangenschaft zurück nach Gmunden und spricht endlich mit den amerikanischen Geheimdienstleuten, die daraufhin Akten anlegen, die keiner der anwesenden Offiziere vor Ort kennt, aber die bestimmt irgendwo im Keller liegen. Langsam klingt es etwas verwirrend!

Der Mann namens Baum soll auf dem ev. Friedhof von Gmunden laut zwei unterschiedlicher Eintragungen in Grab 111 und 112 bestattet worden sein. Beide Gräber seien später vom französischen Militär geöffnet worden und waren leer. Die Bilder der Gräber und der Grabtafeln werden eingeblendet:

Grabtafel / Grab 111:
Ein unbekannter deutscher Soldat

I. M. OFELDW. Friedrich Baum
*** 21.06.1906 + 29.05.1945**

Grabtafel / Grab 112:
Gefr. Friedrich Baum
*** 21.06.1910 + 29.05.1945**

Man – die Frage ist, wer? – legt in einem in der Nähe befindlichen Kriegslazarett eine frisierte Krankenakte auf den Namen Friedrich Baum an. Man stattet diese mit verwirrenden Daten aus und legt einen ebenfalls gefälschten Obduktionsbericht bei.

Man hebt auf dem evangelischen Friedhof von Gmunden zwei Gräber aus. Man bringt an den Grabkreuzen der nebeneinander liegenden Gräber Nr. 111 und 112 zwei Tafeln an, die sich beide auf einen Friedrich Baum beziehen. Das Geburtsjahr unterscheidet sich, der Todestag wird mit dem 29. Mai 1945 angegeben und deckt sich mit der Patientenakte. Die angegebenen Dienstgrade unterscheiden sich auch noch. Der echte Friedrich Baum ist noch im Dezember 1944 zum SS-Hauptscharführer befördert worden, was dem Wehrmachtsdienstgrad Oberfeldwebel entspricht. Wenigstens ist so die Bezeichnung an Grab 111 „O-FELDW.“ halbwegs richtig. Allerdings ist die Inschrift „Ein unbekannter deutscher Soldat“ mehr als unüblich, wenn nachfolgend der volle Name samt Geburtstag und Todestag vermerkt werden kann!

Der Gefreite nebenan wäre, sofern SS-Angehöriger wie der echte Baum, SS-Sturmmann gewesen. Natürlich blieben beide Gräber mangels eines echten toten Friedrich Baum leer.

Bleibt die Frage, um wen handelte es sich? Eine einfache und logische Erklärung wäre: Kammler und Baum! Und zwar werden die frisierte Krankenakte und die Gräber eben vor dem 6. Mai 1945 angelegt, als die Gegend noch in deutscher Hand ist. Zu diesem Zeitpunkt ist Schloss Cumberland ein deutsches Lazarett! Sich hier Zutritt zu verschaffen und eine Patientenakte anlegen zu lassen, dürfte für einen SS-Obergruppenführer und General der Waffen-SS ein Kinderspiel gewesen sein. Die beiden leeren Gräber werden angelegt, seltsam beschriftet, und sollen nichts aufklären, sondern zusätzlich Verwirrung erzeugen. Damit ist der Fahrer Friedrich Baum mausetot und wird nicht gesucht, um irgendwann über seinen Chef und Vertrauten aussagen zu können oder zu müssen! In Wirklichkeit hat der quicklebendige Baum gar keine Verwundung, weder am Knie noch sonst wo! Ob es so war, weiß man nicht, aber die Idee hierzu wäre so blöde gewesen, sie wäre schon wieder gut. Schließlich rätselt seit nunmehr 75 Jahren „alle Welt“ über zwei leere Gräber, die auch noch sinnentleert beschriftet sind.

Tatsache ist auf jeden Fall, verschwunden sind sowohl Kammler als auch sein Fahrer Baum und beide gelten offiziell als tot.

In einem dann folgenden Interview zitiert Dr. John Richardson (inzwischen verstorben) seinen verstorbenen Vater, Donald Wilson Richardson, der als hoher OSS-Offizier sowohl bei US-Präsident Roosevelt als auch beim US-Oberbefehlshaber für Europa, Eisenhower, eine Vertrauensstellung inne hatte und als Sicherheitsoffizier bei hochrangigen Anlässen persönlich

anwesend war, z.B. bei der Konferenz von Potsdam, wie folgt:

„Hans Kammler, ein promovierter Ingenieur, brachte einen besonderen Schatz aus Österreich und dem Deutschen Reich in die Vereinigten Staaten. Er bot uns modernste Waffenentwicklungen an, die für Tod und Zerstörung standen. Für die Zeit des Kalten Krieges verschaffte uns das eine Grundlage für die künftige Rüstung." Und weiter: „Es galt diesen für uns nützlichen Deutschen rüberzubringen, damit er nicht in die Hände der Russen gerät. Das war die Aufgabe meines Vaters."

Hans Kammler war weder Erfinder noch Entwickler, er war ein hervorragender Organisator und Planer, zudem war er Dr. Ing. und Architekt. Er hatte zudem nur seinen Wissensstand vom Mai 1945 anzubieten. Für die Zukunft hatte Hans Kammler keinen praktischen Nutzen für die Amerikaner. Und diesen Wissensstand von 1945 konnten sich die Amerikaner gerade selbst erschließen. Sie hatten die führenden Atom- und Raketenforscher schon eingesammelt. Leider hat Richardson sen. nichts Schriftliches hinterlassen. Das Gesagte könnte sich z.B. auch auf Kurt Debus beziehen, um nur einen zu nennen. Als Beweis dafür, dass sich Hans Kammler im Gewahrsam der Amerikaner befand, taugen diese Aussagen überhaupt nicht, sie sind überhaupt nicht überprüfbar.

Dann folgt der Journalist Frank Döbert: „Kammler berichtete, dass in der Endzeit des Krieges man in Österreich zwei neue Waffen starten wollte. Man spricht

da von Raketen, mit einem Sprengkörper an Bord, mit einer Explosivkraft, die alles da gewesene übertrifft und die man auf Paris abschießen wolle.“

Diese Aussage wird einfach in den Raum gestellt und so stehen gelassen. Interessant wäre jetzt ja zu erfahren, wann, wo und wem Kammler dies berichtete. Von Österreich bis Paris fliegt nicht einmal die herkömmliche V2. Die angedeutet Explosivkraft soll wohl die Atombombe andeuten, doch nichts Genaues weiß man eben nicht.

Ein Dokument vom 30. Mai 1945 enthält eine Liste hochrangiger Kriegsgefangener, die für Verhöre zur Verfügung standen, mitten auf der Liste auch der Name von SS-Obergruppenführer Hans Kammler. Das Dokument wird dabei auszugsweise kurz eingeblendet.

Das eingeblendete Dokument besagt unter Nr. 47:

„The following is a list of key German Air Force non-technical personnel presently being held for interrogation.”

„Das Folgende ist eine Liste der wichtigsten nichttechnischen Mitarbeiter der deutschen Luftwaffe, die derzeit zur Vernehmung festgehalten werden.“

Eingeblendet wird die Namensliste, die mit Göring und Milch beginnt und die in ihrem Verlauf zwischen Generaloberst Weise und General der Flieger Bodenschatz auch den Eintrag SS-Obergruppenführer Kammler aufführt. Neben dem jeweiligen Namen ist auch vermerkt, welche

Funktion die jeweilige Person hatte. Bei Kammler ist auf dieser Liste vermerkt:

Incpector off all units of the Luftwaffe
(Inspekteur aller Einheiten der Luftwaffe)
working with rocket-propelled
(Arbeiten mit Raketenantrieb)

Wenn dieses Dokument zweifelsfrei echt ist und der Name Kammler nicht irrtümlich auf dieser Liste gelandet ist, dann stellt sich allerdings in der Tat die Frage, weshalb das ZDF diesen aufwendigen Film über Hans Kammler überhaupt gedreht hat. Dann kann man sich wirklich alle anderen, zum Teil wilden Spekulation über die Person Hans Kammler sparen!

Nur verwundert es, dass die amerikanische Militärregierung 1949 Informationen zu Hans Kammler angefordert haben will und einen Sonderermittler beauftragt haben soll, der seinerseits wiederum nicht zu Tage fördert, dass Hans Kammler bereits Ende Mai 1945 in amerikanischer Kriegsgefangenschaft war und problemlos hätte verhört werden können. Stattdessen fabuliert der Sonderermittler am Ende seines Berichtes darüber, ob sich Subject in sowjetischen Gewahrsam befinden könnte oder nicht.

Jetzt stellt sich nur noch die Frage, weshalb Hans Kammler, dem ja auch die zentrale Bedeutung beim Bau des Konzentrationslagers Auschwitz-Birkenau, inklusive der Krematorien und Gaskammern, zugeschrieben wurde und der den Einsatz von zehntausenden KZ-Häftlingen beim Bau der unterirdischen Fabriken zentral zu verantworten hatte, durch die Amerikaner einer ordentlichen Gerichtsbarkeit entzogen wurde.

Dann hätte die Redaktion von ZDF-History die offenbar reichlich zur Verfügung stehenden Produktionsgelder und Produktionsmöglichkeiten darauf verwenden sollen, dieser so entscheidenden Frage eine Antwort zukommen zu lassen, anstatt 43 Sendeminuten dem Phantom Hans Kammler zu widmen, das ja offenbar gar keines ist.

Im Dokument vom 2. November 1945 bittet der oberste Militär-Geheimdienstchef der US Air Force, General McDonald, nochmals um ein Verhör. Es geht um unterirdische Anlagen, hierzu sollen Albert Spcer, Hans Kammler und Karl Saur nochmals befragt werden. Es gehe auch um Anlagen in Österreich, die jetzt in der Hand der Russen sind. Solange solche Anlagen intakt seien, wären diese in naher Zukunft vielleicht wieder für die US Army gefährlich. Auch hier wird eine kurze Passage aus dem Schreiben kurz eingeblendet.

\- Abschrift -

HEADQUARTERS
UNITD STATES AIR FORCE EUROPE
Office of Asst. Chief of Staff A-2
APO 633

AFF Stadion 179

2 November 1945

SUBJECT: German Underground Installations.

TO: Major ERNST ENGLANDER, A. C., Headquarters USAFE, APO 633.

1. I have been instructed by the AC of S A-2 Headquarters Army Air Force, Washington, D. C., to furnish detailed information from many aspects on enemy underground installations, technique, etc.

2. In view of recent scientific developments, it is considered of the utmost importance for future planning and of the highest priority that we obtain all the benefit of the experience of German industry regarding the use of such facilities.

3. To implement the required study, you are directed to make necessary arrangements to personally interrogate Speer, Kammler and Saur and report findings to me as soon as possible.

GEORGE C. McDONALD
Brigadier General, U.S.A.
Asst. Chief of Staff A-2

„3. Um die erforderliche Studie durchzuführen, werden Sie angewiesen, Vorkehrungen zu treffen, um Speer, Kammler und Saur persönlich zu verhören und mir ihre Ergebnisse so schnell wie möglich zu melden."

Was hier neben dem Namen Kammler etwas stutzig macht, ist das späte Datum dieses Schreibens. Am 2. November 1945 war nämlich Albert Speer auch nicht so einfach zu verhören. Seit September 1945 war der inzwischen angeklagte ehemalige Rüstungsminister Speer schon längst in Nürnberg inhaftiert und bereitete seine Verteidigung vor dem Internationalen Militärtribunal (IMT) vor, welches am 19. November 1945 mit der Gerichtsverhandlung begann. Da wären in der Tat einige Vorkehrungen von Nöten gewesen, um den ehemaligen Rüstungsminister nochmals zu verhören. Zu diesem Zeitpunkt, als bereits angeklagter Hauptkriegsverbrecher (!), dürfte ihm die Lust auf Aussagen vor irgendwelchen Verhöroffizieren schon längst vergangen sein.

Alle irgendwie mit der Rüstung beschäftigten Verantwortlichen wurden im Rahmen der Operation „Dustbin" ab dem zweiten Halbjahr 1945 in einem speziellen Lager, Schloss Kransberg bei Nauheim, zusammen interniert.[15] In seinem Buch „Erinnerungen" schildert Albert Speer u.a. folgendes: „In diesem Lager gab es im Gegensatz zu Versailles, keinen Stacheldraht; selbst die Fenster im Obergeschoß unseres Dienstbotenflügels boten freie Aussicht, das schmiedeeiserne, von mir gezeichnete Eisentor blieb unverschlossen. Wir konnten uns im Burggelände frei bewegen ... Eigentlich waren wir auf diese Burg geführt worden, um zahlreiche Fragen zur technischen Führung eines

---

[15] Kristian Knaack, „Der Kunst-Schatz des Führers", Grabert Verlag Tübingen, 2010, Seite 71

Krieges zu beantworten. Zahlreiche Fachleute trafen ein, nahezu die gesamte Führung meines Ministeriums, fast alle Amtschefs, die Leiter der Munition-, Panzer-, Auto-, Schiffbau-, Flugzeug- und Textilproduktion, die maßgeblichen Männer der Chemie und Konstrukteure wie Professor Porsche … Auch Wernher v. Braun stieß für einige Tage mit seinen Mitarbeitern zu uns …“[16]

Auch die wichtigsten Mitarbeiter von Speer, Gerhard Fränk und Karl Saur waren hier inhaftiert. Wenn Hans Kammler in alliierter Hand war, dann hätte er zweifelsohne auch hier untergebracht gewesen sein müssen.

Im Laufe des Films werden noch kurz diverse englischsprachige Textfragmente eingeblendet. Ein erstes, in denen Zeilen mit den Namen Kammler und Purucker und dem Begriff „atom bomb“ hell unterlegt sind. Ein zweites, in denen der Begriff V6 als Bezeichnung für die Atombombe auftaucht. Ferner ein Textauszug, der behauptet, Kammler habe noch im März Paris mit zwei Raketen vom Typ V7 beschießen wollen.

Bei den eingeblendeten „Dokumenten“ handelt es sich aber offenbar nicht um Berichte aus der unmittelbaren Nachkriegszeit, die die Existenz einer deutschen Atombombe quasi bestätigen, sondern offenbar um die Weitergabe von Informationen während der Kriegszeit an zuständige Ermittlungsbehörden. Man mutmaßt ja erst über angebliche

---

16 Albert Speer, „Erinnerungen“, Verlag Ullstein GmbH Frankfurt, 3. Auflage 1969, Seite 506 f.

unterirdische Labors, hat also noch gar keine Beweise für deren Vorhandensein:

“service broadcasts of interest to you office

German border: Somewhere in the German reported to exist great underground labors.
Scientists and technicians have been ordered to go on with experiments with new secret feverishly follows their work.
The weapons include V6 the famous atomic bomb.
fainly tried to work on this in the thick casemates discovered in Strasbourg.
The special apparatus for producing an electric power, which was used for researches of matter
In addition to reserves all laboratories in”

“Service-Sendungen von Interesse für Ihr Büro

Deutsche Grenze:
Irgendwo in Deutschland soll es große unterirdische Arbeiten gegeben haben.
Wissenschaftler und Techniker wurden angewiesen, ihre Arbeit fieberhaft mit neuen Geheimnissen fortzusetzen. Zu den Waffen gehört V6, die berühmte* Atombombe. versuche schwach, mitten drin daran zu arbeiten in Straßburg entdeckte Kasematten.
Die spezielle Vorrichtung zur Erzeugung elektrischer Energie, die für Forschungen verwendet wurde der Materie
Neben Reserven alle Laboratorien in“

* Hier könnte auch stehen „bekannte“, allerdings nicht im Sinne von wirklich bekannt, in der Form, dass es diese Bombe schon gibt, sondern im Sinne von wir haben ja schon vermutet, dass auch die Deutschen an einer Bombe arbeiten. Das sagt natürlich überhaupt nichts darüber aus, wieweit man dabei schon gekommen ist. Und so etwas als Hinweis auf eine vorhandene Atombombe auf deutscher Seite auszugeben, ist schon reichlich unseriös.

Vermutlich handelt es sich bei den oben abgedruckten Textfragmenten um eine Mitteilung jener ASSOS-Gruppe, die am 25. November 1944 das Universitätsgelände in Straßburg erreichte. Diese meldete nämlich auch aus Straßburg: „Laboratorium für Kernphysik gefunden. Die Physiker ebenfalls gefunden. Haben sie zuerst für Ärzte gehalten.“[17]

Und auch das nachstehende „Dokument“ sagt so in seiner Alleinstellung erst einmal recht wenig aus. Am 21. März 1945 bildete der Rhein in großen Teilen den Frontverlauf. Bis nach Paris waren es mehr als die knapp 400 Kilometer, die als Reichweite für die V2 galt. Am 24.1.1945 wurde in Peenemünde erstmals die geflügelte Version der V2 (A 4), die Rakete A 4b erfolgreich gestartet. Diese verfügte über die doppelte Reichweite, also bis zu 800 Kilometer. Dieser Typ kam aber – soweit bekannt – nicht mehr zum Kriegseinsatz.[18] Ein Hinweis, Kammler hätte im März 1945 zwei Raketen abfeuern wollen, die noch Paris erreicht hätten, könnte auch nichts anderes bedeuten, als dass diese „Pro-

---

[17] Franz Kurowski, „Alliierte Jagd auf deutsche Wissenschaftler - Das Unternehmen Paperclip“, Kristall bei Langen-Müller Albert Langen - Georg Müller Verlag GmbH München, 1982, Seite 38

[18] https://de.wikipedia.org/wiki/Aggregat_4

beschüsse“ auf Paris vielleicht aus psychologischen Gründen von ihm noch angestrebt wurden, aber letztlich unterblieben, weil man den Beschuss mangels weiterer Raketen nicht hätte aufrecht erhalten können.

„DORA. Underground factory in the Sangerhausen district. Two missils of the V7 type were completed. In March 1945 Kammler wanted to fire this two missils against Paris.
A combination of all existing German V-weapons.”

„DORA. Untergrundfabrik im Umfeld von Sangerhausen. Zwei Raketen vom Typ V7 wurden fertig gestellt.
Im März 1945 wollte Kammler diese beiden Raketen gegen Paris abfeuern.
Eine Kombination aller vorhandenen deutschen V-Waffen.“

Irgendwelche Textfragmente, in denen Begriffe wie V6 oder V7 vorkommen, sagen hier gar nichts aus. Wenn man nur bedenkt, dass die V2 auch als A4 bezeichnet wird, wird dies schnell deutlich. Allein der ehemals geheime CIOS-Report XXXII-125 „German Guided Missile Research“ der mehr als 150 Seiten umfasst,[19] listet schon die Projekte A0 bis A10 auf, da gibt es reichlich Spielraum für Fantasien jeder Art. Im Gegensatz zu den eingeblendeten Textfragmenten unbekannter Herkunft liegt der eben genannte Report aber vor, inklusive der Nennung seiner Autoren. Was die ZDF-Redaktion hier betrieben hat, ist billigste Effekt-

---

[19] Edgar Meyer & Thomas Mehner, „Hitler und die „Bombe““, Kopp Verlag Rottenburg, 2002, Seite183

haschcrci. Der allgemeine Fernsehzuschauer hatte ja keine Möglichkeit, sich von der Qualität der Texte, geschweige denn von deren Echtheit überhaupt ein Bild zu machen.

Schließlich noch ein Text, dem zu entnehmen ist, dass Kammlers „deputy SS Oberfuehrer PURUCKER“ in einem Zivilfahrzeug unterwegs ist, in dem er zahlreiche Pläne der Atombombe mitgeführt.

Das kurz eingeblendete Textfragment lautet auszugsweise:

“3.) Subject states that the two men that were responsible for research on the most secret weapons at Skoda were SS Gruppenfuehrer Kammler and his deputy SS Oberfuehrer Purucker. On the 10 May 1945 Voss and Purucker were in Schimelitz, fleeing in the direction of the American troops. Purucker was driving a large civilian car which contained many of the plans on the atom bomb. This car plus material fell into the hands of the Russians, and Voss was separated from Purucker. Voss at present does not know where Purucker is located.”

„3. Subjekt gibt an, dass die beiden Männer, die für die Erforschung der geheimsten Waffen bei Skoda verantwortlich waren, SS-Gruppenführer Kammler und sein Stellvertreter SS-Oberführer Purucker waren. Am 10. Mai 1945 waren Voss und Purucker in Schimelitz und flohen in Richtung der amerikanischen Truppen. Purucker fuhr ein großes Zivilauto, das viele Pläne für die Atombombe enthielt. Dieses Auto plus Material fiel in die Hände der Russen und Voss wurde von Purucker getrennt. Voss weiß derzeit nicht, wo sich Purucker befindet."

Es ist nicht klar, um welche Art von Schriftstück es hier geht. Zu Erich Purucker gibt es relativ wenige Informationen. Er soll Jahrgang 1893 gewesen sein und starb 1957 in Stuttgart. Mitglied der NSDAP, Nr. 846.117, Mitglied der SS, Nr. 58.662 und Träger des Ritterkreuzes zum Kriegsverdienstkreuzes, einer Auszeichnung, die eigentlich für Zivilisten vorgesehen war. Erich Purucker soll in der Wehrmacht als Hauptmann (SS-Hauptsturmführer) gedient haben und wurde 1943 in die Waffen-SS überstellt, dabei gab es offenbar gleich die Beförderung zum SS-Sturmbannführer (Major).

Von April 1944 bis Mai 1945 war er Generaldirektor Deutsche Werke AG und Wehrwirtschaftsführer, einem Ehrentitel, den er sich mit rund 400 anderen Personen im Dritten Reich teilen durfte. Es erfolgte die Beförderung zum SS-Standartenführer (Oberst) und ab 2.12.1944 war Erich Purucker Beauftragter für die Bewaffnung und Ausrüstung des deutschen Volkssturms.

In dieser Funktion sandte er der Carl Walther GmbH einen Produktionsauftrag für die so genannte „Volkspistole". Eine halbautomatische Pistole, die äußerlich dem Modell Walther P38 entsprach. Die Produktion wurde am 12. Februar 1945 aufgenommen. Die Fabrik wurde bereits am 7.4.1945 durch die Amerikaner besetzt. Es haben vermutlich nur wenige Exemplare dieser Waffe das Werk in Zella-Mehlis verlassen.[20]

---

[20] https://de.wikipedia.org/wiki/Volkspistole

Warum nun ausgerechnet der Beauftragte für den Volkssturm (!) mit Plänen für eine deutsche Atombombe durch die Gegend fahren soll, ist schwerlich nachzuvollziehen. Hans Kammler hatte zahlreiche Funktionen gleichzeitig inne. In welcher Funktion Purucker hier Kammlers Stellvertreter gewesen sein soll, wird ebenfalls nicht dargelegt.

Und auch hier hätte man sich die ganze Geheimniskrämerei sparen können. Man könnte schon fast sagen, schlag nach bei Knaack: Erich Purucker wurde durch die Amerikaner an die Sowjets übergeben, „die ihn ausgesprochen wohlwollend behandelten (persönliche Mitteilung des Sohnes von Purucker an den Verfasser.)“[21]

Laut John Richardson habe Kammler in den USA nur noch wenige Jahre gelebt und sich dann, von der Umwelt abgeschottet, schließlich erhängt.

Und noch mal: Warum haben die Amerikaner den Architekten von Auschwitz-Birkenau quasi erst laufen und dann sich selbst überlassen? Jedenfalls ist die Aussage von Richardson jun., die auf reinem Hörensagen beruht, nicht wirklich viel wert.

Eine andere Erklärung, die die Echtheit der Verhörliste mit dem Namen Kammler und das Schreiben von General McDonald nicht in Frage zu stellen braucht, gäbe es schon. Und auch die Bemühungen der amerikanischen Militärregierung und des beauftragten Sonderermittlers von 1949 könnten mit ihr in Einklang gebracht werden.

---

[21] Kristian Knaack, „Der Kunst-Schatz des Führers“, Grabert Verlag Tübingen, 2010, Seite 65

Alle Kammler-Jäger behaupten entweder, die Amerikaner hatten ihn nicht oder die Amis hatten ihn ganz sicher! Es könnte ja sein, dass gerade Letzteres eben nicht zutrifft. Kammler könnte sich ja tatsächlich 1945 im Gewahrsam der Amerikaner befunden haben, aber 1949 eben nicht mehr!

Ein solches Kunststück wäre noch nicht einmal einmalig, auch nicht im Fall einer Person, die der höchsten, erweiterten Ebene des Dritten Reiches angehört hat, wie Kammler auch.

In seinem Buch „Hitlers politische Generale – Die Gauleiter des Dritten Reiches“[22] schildert Autor Karl Höffkes auch den Gauleiter der Steiermark, Dr. jur. Sigfried Uiberreither (Gauleiter der Steiermark vom 22. Mai 1938 bis zum 8. Mai 1945). Auf Seite 352 heißt es abschließend hierzu:

„Uiberreither soll sich nach der Kapitulation im 5.1945 dem Militärgouverneur in Murnau/Steiermark gestellt haben. Anschließend längere Vernehmung durch Männer des Secret Service in einem Gasthof in Krumpendorf am Wörthersee. Anschließend Internierung in Dachau und Nürnberg. Zeuge beim Internationalen Militärgerichtshof (IMT) in Nürnberg.

Wiederum Internierung in Darmstadt. Von hier ab ist der weitere Weg Uiberreithers nicht zu rekonstruieren. Sicher ist, dass er aus der Internierung entkommen und nach Südamerika, möglicherweise nach Argentinien geflohen ist. Ob Uiberreither später nach Deutschland zurückgekehrt ist,

---

[22] Karl Höffkes, „Hitlers politische Generale - Die Gauleiter des Dritten Reiches“, Grabert-Verlag Tübingen, 1986

ist ungewiss. Hinweise deuten darauf, dass er um 1980 gestorben ist."

Wenn, wie oben angeführt, Hans Kammler ebenfalls auf Schloss Kransberg interniert gewesen sein sollte, dann hatte er dort unter den von Albert Speer beschriebenen Bedingungen nun wirklich die Möglichkeit, sich unerlaubt aus der Haft zu entfernen.

In diesem Zusammenhang fällt auch auf, auf der Vernehmungsliste vom Mai 1945 wurde Hans Kammler als Inspekteur aller Luftwaffeneinheiten und jemand, der irgendwie mit Raketenantrieben zu tun hatte, aufgeführt. General McDonald wollte etwas zum Themenkomplex unterirdischer Fabriken herausfinden und zu den Erfahrungen, die die deutsche Industrie hierbei gemacht hat. Zum Themenkomplex Auschwitz-Birkenau hatte man ihn offenbar selbst im November 1945 überhaupt nicht auf dem Radar. Daher wäre es nicht einmal verwunderlich, wenn Hans Kammler zu diesem Zeitpunkt ebenso nur einer relativ lockeren Inhaftierung unterlegen gewesen wäre, wie die andern Rüstungsfachleute eben auch. Da Kammler ja klar gewesen sein muss, dass ihn der andere Themenkomplex noch einholen würde, hatte er erst recht Grund, sich einem weiteren Gewahrsam zu entziehen.

Der ebenso wie Hans Kammler für die Untertage-Verlagerung von Rüstungsbetrieben und dem damit verbundenen Häftlingseinsatz Verantwortliche im Reichsministerium für Rüstung und Kriegsproduktion von Albert Speer, war dessen engster Mitarbeiter, der Staatssekretär Karl-Otto Saur. Nicht umsonst wollte McDonald eben die Aussagen von Speer, Kammler und Saur in Erfahrung bringen lassen. Dipl.-Ing. Saur war zuletzt zusätzlich Stabschef im Jägerstab und auch zuständig für die Produktion von Jagdflugzeugen. In Hitlers politischem Testament war er als neuer Rüstungsminister vorgesehen, also als Nachfolger von Albert Speer.

Karl-Otto Saur[23] wurde nach dem Krieg übrigens nicht angeklagt, im Gegenteil, im Entnazifizierungsverfahren wurde er als Mitläufer eingestuft und starb ansonsten unbehelligt am 28. Juli 1966 in Pullach, einer kleineren Gemeinde bei München, die dadurch Bekanntheit erreichte, dass sie seit 1956 die Zentrale des Bundesnachrichtendienstes (BND), also des Auslandsgeheimdienstes der Bundesrepublik Deutschland, beherbergte.

Und wer meint, hier solle etwas angedeutet werden, der irrt nicht. Der Vorläufer des BND war die „Organisation Gehlen", deren Dienstsitz war 1946 jenes Schloss Kransberg[24], wo die Rüstungselite des Dritten Reiches, samt Karl-Otto Saur, im Rahmen der „Operation Dustbin" vornehmlich durch die Amis ausgepresst wurde, die ihrerseits das Schloss erst 1994 für ihre Zwecke aufgegeben haben. Könnte sein, da hat sich jemand mit seinen Aussagen sehr verdient gemacht.

Alles in allem bleibt festzuhalten, ZDF-History hat weniger Geschichte als vielmehr eine „nette Geschichte" erzählt. Es ist zu befürchten, dass diese Mischung aus Fakten und Fiktionen, vor allem aber das „Weglassen", nicht nur den Leitfaden für diese Ausgabe der Sendereihe bildet.

---

[23] https://de.wikipedia.org/wiki/Karl_Saur

[24] Kristian Knaack, „Der Kunst-Schatz des Führers", Grabert Verlag Tübingen, 2010, Seite 72

III. Der Flugbefehl und die unbekannte Delegation

Am 30. April 1945 erhält der Hauptmann Braun vom KG 200 auf dem Flugplatz Hörsching (Linz) durch den Major i. G. Bellmann den mündlich überbrachten Auftrag, mit seiner Ju 290 (Kennzeichen PJ+PS) eine nicht näher bezeichnete Delegation nach Spanien auszufliegen.[25]

Man liest das so einfach, aber beachten wir das Datum: Adolf Hitler hat gerade an diesem 30. April 1945 gegen 15.30 Uhr im Führerbunker in Berlin Selbstmord begangen.

„Eva setzte sich auf das schmale Sofa, streifte die Schuhe ab und legte die Beine auf die blauweiß gemusterte Polsterung. Hitler setzte sich neben sie, das Foto seiner Mutter zur Rechten und das Porträt des stirnrunzelnd dreinschauenden Friedrichs des Großen vor sich. Sie schraubten die Messinghülsen, die Lippenstiften zum Verwechseln ähnlich sahen, auf und holten die dünnen Glasampullen mit ihrem bernsteingelben flüssigen Inhalt heraus. Eva zerbiß das Glas und ließ ihren Kopf auf seine Schulter sinken. In der Agonie zog sie die Beine an. Seine zitternde Hand mit aller Kraft unter Kontrolle bringend, hob Hitler die schwere 7,65-mm-Dienstpistole an die rechte Schläfe, biß die Zähne über der Ampulle in seinem Mund zusammen und drückte ab.“[26]

---

[25] P. W. Stahl, „Geheimgeschwader KG 200“, Motorbuchverlag Stuttgart, 5. Auflage 1986, Seite 260

[26] David Irving, „Hitlers Krieg – Götterdämmerung 1942 - 1945“, Lizenzausgabe für Manfred Pawlak Verlagsgesellschaft mbH Harrsching, 1988, Seite 470

Durch den Tod des Führers sind die Soldaten und Offiziere der Waffen-SS von ihrem Eid entbunden. Bis zur Kapitulation der Wehrmacht sind es nur noch wenige Tage. Den genauen Zeitpunkt kennt noch niemand, aber die Zeit läuft und allerorten machte sich schon längst die Stimmung „rette sich, wer kann“ breit!

Göring und Himmler waren bereits ihrer Ämter enthoben und durch Hitler aus der NSDAP ausgeschlossen worden. Selbst im Führerbunker in Berlin war es in den letzten Tagen einigen Personen zu eng geworden. Wer konnte, meldete sich ab, unter irgendeinem Vorwand, aber am besten mit Auftrag. Einige versuchten es auch ohne Abmeldung, SS-Gruppenführer Fegelein, der Mann von Hitlers zukünftiger Schwägerin, wurde am 28. April 1945 von Hitler gerufen, nicht in der Reichskanzlei, sondern von einem SS-Kommando in seiner Privatwohnung in Zivil angetroffen.

„Sie brachten ihn zur Reichskanzlei. Dort trat ein Standgericht zusammen, das Fegelein nach kurzer Verhandlung wegen Fahnenflucht zum Tode verurteilte. Das Urteil wurde sogleich vollstreckt.“[27]

Aber zurück zum Flugbefehl. Dieser beinhaltet, eine nicht näher bestimmte Personengruppe, eine Delegation, nach Barcelona auszufliegen. Wortwörtlich heißt es: „... fliegt sobald als möglich bei nächst geeigneter Wetterlage eine vom OB West bestimmte Personengruppe nach

[27] Nicolaus von Bülow, „Als Hitlers Adjutant 1937 – 1945“, v. Hase & Koehler Verlag, Mainz, 1. Auflage 1980, Seite 415

Barcelona."[28] Diese Formulierung ist deshalb doppelt praktisch, weil jetzt nicht nur die Zusammensetzung der Delegation unklar ist, sondern auch der genaue Flugtermin noch bestimmt werden konnte! Also wann die richtige Wetterlage vorlag, sozusagen die Luft rein ist!

Dieser Termin war jetzt also davon abhängig, dass die Personengruppe überhaupt benannt wird, rechtzeitig das Flugzeug überhaupt erreicht und zudem noch vom Wetter. Wobei festzuhalten ist, dass zu dieser Zeit täglich, oder besser nächtlich, Einzelmaschinen aller Größenordnungen, vom Fiesler Storch bis zur Ju 290, quer durchs Reich flogen, auch über Gebiete, die längst durch die Alliierten besetzt waren. Wenn nicht gerade das berühmte Tief über der Bizkaia in Spanien in der Luft hängen würde, was allerdings auch keine Auswirkungen auf einen Landeanflug auf Barcelona haben müsste, dann war die „Wetterlage" von den Initiatoren vermutlich nicht flugtechnisch, sondern tatsächlich eher politisch gemeint.

Zur Delegation die da ausgeflogen werden sollte, heißt es, es würde sich um jene Personengruppe handeln, die eine französische Exilregierung (Vichy-Regierung) gebildet und die vorübergehend ihren Sitz im hohenzollerischen Sigmaringen hatte.

„Allerdings kam es nicht mehr zur Durchführung des Flugs. Die Franzosen kamen nie in Hörsching an, sie sind

[28] P. W. Stahl, „Geheimgeschwader KG 200", Motorbuchverlag Stuttgart, 5. Auflage 1986, Anhang 14

einfach unterwegs in dem vollkommenen Chaos auf den Verkehrswegen hängen geblieben."[29]

Der SWR weiß unter der Überschrift „Vichy-Regime in Sigmaringen – Die französische Exilhauptstadt wird aufgegeben" folgendes zu berichten:

„In der Nacht zum 21. April 1945 endet in der Residenzstadt Sigmaringen eine kuriose Zeit französischer Geschichte. Die von Hitler eingesetzte Vichy-Regierung flüchtet vor den vorrückenden Alliierten. Beamte der Gestapo reißen den amtierenden französischen Präsidenten Marschall Philippe Pétain und seine Minister aus dem Schlaf und bringen sie aus dem Land.

Während der deutschen Besetzung Frankreichs residiert Staatschef Pétain mit seiner Regierung zunächst im französischen Vichy. Die Landung der Alliierten am 6. Juni 1944 zwingt die Nationalsozialisten zum Handeln. Sie bringen die Vichy-Regierung deshalb im September 1944 gewaltsam nach Sigmaringen. Mehr als ein halbes Jahr logieren Pétain und seine Vertrauten im geräumten Hohenzollernschloss."[30]

Letzter Präsident der Vichy-Regierung war aber nicht Pétain, sondern der Rechtsanwalt Fernand de Brinon:

„Im August 1944 setzte er sich mit der Vichy-Regierung ins Schloss Sigmaringen ab und wurde dort im September

---

[29] P. W. Stahl, „Geheimgeschwader KG 200", Motorbuchverlag Stuttgart, 5. Auflage 1986, Seite 261

[30] https://www.swr.de/swraktuell/baden-wuerttemberg/tuebingen/kriegsende-sigmaringen-100.html

1944 Präsident der Vichy-Exilregierung. Er wurde am 8. Mai 1945 von US-Soldaten an der österreichisch-schweizerischen Grenze verhaftet und nach Frankreich überstellt.

Im März 1947 wurde Brinon vom Obersten Gerichtshof in Versailles wegen Kollaboration mit den Deutschen und „nationaler Würdelosigkeit“ zum Tode verurteilt und am 15. April 1947 im Fort de Montrouge füsiliert.“[31]

Der ehemalige Präsident dieser Regierung, Marschall Philippe Pétain, reiste bereits am 23. April 1945 in Begleitung seiner Ehefrau in die Schweiz. Nach dreitägigen diplomatischen Verhandlungen stellte er sich dann den Franzosen.[32]

Jetzt blieben noch der ehemalige Ministerpräsident der Exilregierung, Pierre Laval, und die Minister seiner Regierung zum Ausfliegen übrig, aber auch hier wird es kurios:

„Bis August 1944 blieb er Ministerpräsident. Im September 1944 wurde Laval – nach eigener Aussage gegen seinen Willen – nach Sigmaringen gebracht, wo er zunächst gemeinsam mit Marschall Pétain das Schloss Sigmaringen von Friedrich von Hohenzollern bewohnte. Im Januar 1945 zog er mit 19 Mitgliedern seines Kabinetts in das etwa 14 km entfernte Schloss in Wilflingen.

Er führte in beiden Orten eine Exilmarionettenregierung mit Kabinettssitzungen, eigener französischer Tageszeitung, einem Rundfunksender und eigener Wache. Am 20. April 1945 verließ er das Schloss Wilflingen.

---

[31] https://de.wikipedia.org/wiki/Fernand_de_Brinon
[32] https://de.wikipedia.org/wiki/Philippe_Pétain

Später wurde er mit einem Flugzeug der Luftwaffe vor den anrückenden Truppen der Alliierten nach Barcelona ausgeflogen. Die Regierung von General Franco ging nach einer Bedenkzeit von 90 Tagen auf den Antrag der Regierung de Gaulle ein und ließ Laval am 30. Juli 1945 in Österreich an die Amerikaner ausliefern. Diese überstellten ihn unverzüglich der französischen Regierung in Paris."[33]

Eine Übergabe von Laval an Frankreich hätte man schneller und billiger an der Grenze zu Spanien vollziehen können. Mag sein, dass Franco sich nicht selber die Hände schmutzig machen wollte und die Drecksarbeit den Amerikanern überließ. Unklar bleibt dennoch, weshalb hierfür der Umweg über Österreich nötig gewesen sein soll.

Laval und 19 Mitglieder seiner Regierung wären mit 20 Personen exakt die Anzahl an Passagieren, die für eine Ju 290 maximal vorgesehen sind. Da die Gruppe aber Hörsching nie erreichte und unsere dortige Ju 290 ihnen nicht entgegen flog, der Marschbefehl lag zu diesem Zeitpunkt ja auch noch gar nicht vor, stellt sich die Frage, mit welchem Flugzeug der Flug nach Barcelona bewerkstelligt worden ist?

In Frage kommt eigentlich weniger ein Flugzeug der Luftwaffe als vielmehr eine Maschine der Lufthansa. Diese hatte am 22. April Berlin-Tempelhof mit unbekanntem Ziel verlassen und war vorher im Liniendienst zwischen Deutschland und Spanien eingesetzt.

Und wenn so ein Flug tatsächlich durchgeführt worden ist, stellt sich die Frage, warum Pétain zeitgleich in die

[33] https://de.wikipedia.org/wiki/Pierre_Laval

Schweiz geht und sein Nachfolger als Präsident, Fernand de Brinon, nicht mitfliegt, sondern an der österreichischen-schweizerischen Grenze von den Amerikanern verhaftet wird?

Beim Deutschen Historischen Museum Berlin lesen wir im Lebenslauf von Pierre Laval zudem folgende Information:

„Er beruft kurz vor der alliierten Befreiung von Paris eine Nationalversammlung ein, um sich von der deutschen Besatzungsherrschaft abzusetzen. Daraufhin wird er von den Deutschen kurzzeitig interniert. Nach dem deutschen Rückzug aus Frankreich flieht Laval nach Österreich, wo er von den Amerikanern gefangen genommen und den Franzosen übergeben wird.“ [34]

Und überhaupt, warum sollte man für diese Kollaborateure ernsthaft ein Fluchflugzeug nach Spanien bereitstellen? Und diese Gruppe würde nicht einfach „von der Luftwaffe“ geflogen werden, sondern von den hierfür vorgesehen Spezialisten des KG 200, zu deren Aufgaben genau solche Einsätze gehört hätten. Alternativ wäre noch jemand geflogen, der bisher planmäßig im Spanienverkehr unterwegs war und außerplanmäßig noch einmal Barcelona angesteuert hätte.

Und auch ein Flug für Laval, der „später“, also nach dem 20. April, durchgeführt wurde, machte spätestens nach dem 30. April 1945 erst recht keinen Sinn mehr.

Der Krieg war verloren, der Führer tot, wer sollte denn in Anbetracht der Lage am Schicksal gerade dieser Personen-

[34] https://www.dhm.de/lemo/biografie/pierre-laval Manfred Wichmann, © Deutsches Historisches Museum, Berlin

gruppe noch ein Interesse gehabt haben? Dieser Delegation hätte man bei einer Möglichkeit zur Flucht ins neutrale und befreundete Spanien mit Sicherheit nicht den Vortritt gelassen!

Im Salzkammergut hatten sich in diesen Tagen die echten Waffenbrüder eingefunden. Der ungarische Ministerpräsident Ferenc Szálasi, der slowakische Präsident Jozef Tiso, Dr. Mäe aus Estland, der rumänische Führer Horia Sima und Kroatiens Führer Ante Pavelić. Diese Männer waren alle auf der Flucht vor dem Galgen und standen dem Dritten Reich geistig tausendmal näher als die eingesetzte Marionettenregierung von Marschall Pétain. Der vorgenannte Personenkreis war ja schon mehr oder weniger vor Ort, aber auch ihnen wurde das Flugzeug nicht angeboten, jedenfalls ist darüber nichts bekannt.

Und diesen Herren drohte nicht nur der Galgen, einige mussten ihn „erleben“, womit das Wort geradezu eine Doppeldeutigkeit erhält. Anderen gelang die Flucht, natürlich nach Südamerika, genauer gesagt Argentinien. Allerdings nicht per Flugzeug, sondern ausgerechnet mit Hilfe des Vatikan.

Ferenc Szálasi, der ungarische Führer der Pfeilkreuzler, floh erst über Wien weiter Richtung Westen und stellte sich bei Kriegsende dann den Amerikanern. Die lieferten ihn an Ungarn aus und Szálasi wurde zum Tode verurteilt und am 16. März 1946 in Budapest öffentlich gehängt.[35]

Der slowakische Präsident Jozef Tiso stellte sich im bayerischen Altötting den Amerikanern. Diese lieferten ihn an

---

[35] https://de.wikipedia.org/wiki/Ferenc_Szálasi

die Tschechoslowakei aus, damit war auch sein Schicksal besiegelt. Er wurde zum Tode verurteilt und am 18. April 1947 in Bratislava gehängt.[36]

Hjalmar Mäe hatte da mehr Glück. Er überlebte den Krieg und stellte sich dem Internationalen Militärtribunal in Nürnberg als Zeuge zur Verfügung. Bei diesem Alliierten Militärgerichtshof sagte er offenbar das Richtige, jedenfalls wurde er noch Staatsangestellter (!) in der Steiermark und konnte dort auch seine Pensionierung genießen.[37]

Der Führer der Eisernen Garde in Rumänien, Horia Sima, wurde zwar ebenfalls 1946 zum Tode verurteilt, aber vorher gelang ihm über Italien die Flucht nach Spanien. Er starb 1993 und wurde in Torredembarra in der Nähe von Barcelona beigesetzt.[38]

Kroatiens Führer Ante Pavelić floh ebenfalls über Österreich und Italien mit Ziel Argentinien. Dort wurde am 10. April 1957 ein Attentat auf ihn verübt, das er aber überlebte. Am 28. November 1959 starb er im Deutschen Krankenhaus in Madrid.[39]

Und wäre es überhaupt glaubhaft anzunehmen, man würde bei der realistischen Möglichkeit des Ausflugs aus dem im Untergang begriffenen Dritten Reiches hinein in die spanische Sonne überhaupt jemanden anderes retten als sich selbst?

Nur wer ist „sich selbst“? Wir haben ja nun den verworrenen Umstand, dass die Franzosen gar nicht mehr ausgeflogen werden mussten, nicht einmal wenn man unterstellt,

---

[36] https://de.wikipedia.org/wiki/Jozef_Tiso
[37] https://de.wikipedia.org/wiki/Hjalmar_Mäe
[38] https://de.wikipedia.org/wiki/Horia_Sima
[39] https://de.wikipedia.org/wiki/Ante_Pavelić

es wären hierfür noch einige ehemalige Minister der Vichy-Regierung übrig. Und selbst wenn, dass eine solche Personengruppe in „Begleitung“ der Gestapo (Geheime Staatspolizei) es nicht schafft – Verkehrschaos hin oder her – in der Zeit vom 21. bis zum 30. April 1945, also innerhalb von neun Tagen, von Sigmaringen nach Linz zu kommen, ist gelinde gesagt auch etwas unwahrscheinlich. Aber wie bereits dargelegt, dürfte der Flieger hierfür ohnehin nicht bereitgestanden haben.

In unserem Flugbefehl heißt es weiter, sollte in Spanien die Internierung der Besatzung erfolgen und somit ein Rückflug nicht möglich sein, möge sich der Flugzeugführer Hauptmann Braun mit dem deutschen Luftattaché in Madrid in Verbindung setzen und den Spaniern das Flugzeug zum Kauf anbieten.

In einer zweiten Aktennotiz zum geplanten Flug ist zudem festgelegt, das Flugzeug wird nicht umgespritzt und von irgendeiner Tarnung ist abzusehen. Und: „Besatzung fliegt in Uniform wie zum Feindflug.“[40]

Von dem Flugbefehl wurden drei Ausfertigungen gemacht. Laut aufgebrachtem Verteiler die erste Ausfertigung für das KG 200, also für den Flugzeugführer Braun als Marschbefehl, die zweite Ausfertigung für den Chef /I/KTB, verblieb also vor Ort und Ausfertigung 3 für I c (z. Akt. Abwehr) ging zur Akte Abwehr.

Ein handschriftlicher Vermerk mit dem Datumshinweis „3.5.“ auf der zweiten Ausfertigung bestätigt dann auch, der Flug ist nach Rücksprache mit dem OB West entfallen.

---

[40] P. W. Stahl, „Geheimgeschwader KG 200“, Motorbuchverlag Stuttgart, 5. Auflage 1986, Anhang 15

Damit ist er also aus, der Traum davon, wenn die Rosen erblühen in Malaga. Oder doch noch nicht?

In den letzten Kriegswochen, den letzten Kriegstagen herrschte tatsächlich und nachvollziehbar das Chaos. Das Kommando „Olga" des KG 200 hatte zum Beispiel Schwierigkeiten, den eigenen Geschwaderstab wiederzufinden! Letztlich erfuhr man nur durch Zufall, der Stab war nicht mehr in Berlin, sondern auf dem Flugplatz Holzkirchen.[41]

Die erste Ausfertigung des Marschbefehls ist in Händen von Hauptmann Braun und dient diesem in den Folgetagen quasi als Schutzbrief, auch über den 3. Mai 1945 hinaus, der Vermerk über den angeblichen Flugausfall liegt ja nur beim Geschwader. Er hat somit weiterhin einen „gültigen" Marschbefehl, den er wem auch immer vorzeigen kann, und ist damit für andere Einsätze unabkömmlich.

Dem Geschwader wird also einen Tag später, nachdem das Flugzeug weg ist, mitgeteilt, der Flug fällt aus. Ein entsprechender Vermerk ergeht handschriftlich auf dieser Ausfertigung, die erhalten geblieben ist und im Bundesarchiv in Koblenz liegt. Für das Geschwader, was sich gerade zumindest im Süden in Auflösung befindet, ist der Vorgang damit abgeschlossen. Man hat es auch eilig, am 3. Mai 1945 die Aktendeckel in Hörsching zu schließen, am Folgetag liegt Linz bereits unter amerikanischen Artillerie-

---

[41] P. W. Stahl, „Geheimgeschwader KG 200", Motorbuchverlag Stuttgart, 5. Auflage 1986, Seite 250

beschuss und am 5. Mai 1945 wird Linz durch die Amerikaner besetzt.[42]

Und das Flugzeug selbst ist ja auch gar nicht mehr im Herrschaftsbereich des eigenen Geschwaders. Während sich die kleineren Transporteinheiten in Holzkirchen sammeln, gilt dies eben nicht für die Ju 290. Hauptmann Braun hatte ja schon vor (!) dem 3. Mai 1945 verlegen müssen, nämlich am Vortag nach Königgrätz![43]

Die dritte Ausfertigung geht zur Akte Abwehr. Das KG 200 war ja nicht irgendein Geschwader, es war das Geheimgeschwader des Dritten Reiches. Sonderaufgaben jeglicher Art wurden ausgeführt, Spione und Agenten abgesetzt und aufgenommen. Natürlich war deshalb in diesem Fall auch die Abwehr involviert oder zumindest zu benachrichtigen.

Dieser Sachverhalt klingt erst einmal harm- und belanglos, bekommt aber eine ganz andere Qualität, wenn man weiß, dass die militärische Abwehr in Folge des Attentats auf Adolf Hitler am 20. Juli 1944 Heinrich Himmler unterstellt wurde und in den Auslandsnachrichtendienst der SS im Reissicherheitshauptamt (RSHA) integriert wurde![44]

Wir haben jetzt ein Flugzeug Typ Ju 290 mit Marschbefehl Barcelona, welches für das eigene Geschwader von der Bildfläche verschwunden ist. Und wir haben einen Flugzeugführer Braun, der nicht wissen kann, dass sein Marschbefehl für das sich in Auflösung befindliche Geschwader erledigt ist. Hinzu kommt der Umstand, dass das

---

[42] https://de.wikipedia.org/wiki/Linz

[43] P. W. Stahl, „Geheimgeschwader KG 200“, Motorbuchverlag Stuttgart, 5. Auflage 1986, Seite 261

[44] Helmut J. Fischer, „Hitlers Apparat“, ARNDT-Verlag Kiel, 1988, Seiten 59 und 60

RSHA unter seinem Amts-Chef SS-Gruppenführer Schellenberg zwar ständig Aufträge für das KG 200 hatte, aber nicht die Verfügungsgewalt über dieses Geschwader innehatte, diese lag beim Luftflotten-Kommando 6. Chef des Geschwaders selbst war Oberst Werner Baumbach.

Bei P. W. Stahl, „Geheim-Geschwader KG 200", können wir lesen: „Für die Durchführung solcher Aufträge standen dem RSHA und damit auch ihm die Möglichkeiten des KG 200 zur Verfügung. Das Geschwader unterstand ihm jedoch nicht, wie das aus manchen Darstellungen entnommen werden könnte.

Das KG 200 war ein fliegender Verband und als solcher dem Luftflotten-Kommando 6 unterstellt. Die Entscheidung über die fliegerische Durchführbarkeit eines Auftrages lag allein bei KG 200."[45]

Und noch besser: Neben Hauptmann Braun weiß von einem Spanienflug samt „gültigen" auf Anweisung des Befehlshaber West erstellten Marschbefehls jetzt nur noch die SS. Durch die dargestellte systematische Vorgehensweise ist das Flugzeug jetzt quasi in den Händen der SS. Und dieses Wissen hat sie nicht nur genutzt, sie hat den ganzen Vorgang auf den Weg gebracht. Und damit sind wir bei der Beantwortung der Frage nach dem „sich selbst retten" angelangt.

Welcher Personenkreis wollte denn nun wirklich als Delegation nach Spanien fliegen und hat hierfür nach langer

[45] P. W. Stahl, „Geheimgeschwader KG 200", Motorbuchverlag Stuttgart, 5. Auflage 1986, Seite 141

Planung am 30. April 1945, am Tage des Todes von Adolf Hitler, ein entsprechendes Flugzeug „gebucht“?

Der Reichsführer SS Heinrich Himmler hatte gerade im letzten Kriegsjahr, als sich eine Niederlage des Dritten Reiches bereits deutlich abzeichnete, zahlreiche Vieraugengespräche mit einer Persönlichkeit, über die noch ausführlich zu sprechen sein wird. Einer Person, die in der öffentlichen Wahrnehmung, aber sogar in Referenzwerken zur Geschichte des Dritten Reiches, noch Jahrzehnte nach dem Krieg kaum oder gar nicht vorkam, die aber gleichzeitig bei Kriegsende eine Kompetenz- und Machtfülle besaß, die selbst jene von Göring und Rüstungsminister Speer übertraf: SS-Obergruppenführer Hans Kammler.

Das KG 200 war in den letzten Kriegswochen aufgeteilt in ein Kontingent im Norden, erst bei Rügen, dann bei Flensburg. Hier liegen hauptsächlich die großen Flugboote und auch der Kommodore des Kampfgeschwaders 200, Werner Baumbach, ist in Flensburg bei Großadmiral Dönitz. Im Süden hält sich der andere Teil des KG 200 auf, in Oberpfaffenhofen, Holzkirchen und Hörsching (Linz). Während die kleineren Flugzeuge noch nach Holzkirchen bei München verlegt werden, wird die Ju 290 mit Hauptmann Braun erst einmal nach Königgrätz verlegt!

Dort soll Hauptmann Braun am 2. Mai 1945 auf den Chef der 6. Luftflotte, Generaloberst von Greim, getroffen sein, der ihm hierbei angeblich sogar freistellt, den Spanienflug ohne (!) Delegation durchzuführen, sprich sich selbst auszufliegen. Diese Darstellung ist allerdings wenig glaubhaft und beruht auf der Nachkriegsdarstellung Brauns. Es würde sich dann auch die Frage stellen, weshalb Braun diesen Freifahrtschein nicht annimmt. Selbst man unterstellt er hätte Familie gehabt und gar nicht vor gehabt, Deutschland zu verlassen. In Königgrätz hätten sich sicher Personen für so einen – im wahrsten Sinne des Wortes – Ausflug in letzter Minute bereitgefunden, die Russen standen ja schon vor der Tür!

Und es müsste auch verwundern, wenn v. Greim mit einem Riesenvogel Ju 290, der ja nun nutzlos in Königgrätz herumstehen würde, nicht besseres anzufangen weiß, als dem Piloten freizustellen, was dieser mit seiner Maschine machen möchte. Solche Freistellungen gab es zum Beispiel am letzten Tag des Krieges tatsächlich, aber eher für Piloten kleinerer Jagdmaschinen. Diese bekamen so die Möglichkeit, sich der sowjetischen Gefangenschaft zu entziehen.

„Mangels anderslautender Befehle wurde den Flugzeugführern in den Stunden unmittelbar vor Inkrafttreten der Gesamtkapitulation der deutschen Wehrmacht freigestellt, mit ihren Maschinen Zielorte ihrer Wahl anzufliegen. So kam es im Laufe des Tages zur völligen Auflösung des Geschwaders. Manche Piloten entschieden sich für ihre Heimatorte im anglo-amerikanisch besetzten Gebiet.“[46]

Braun nutzt seine Nachkriegsdarstellung, um sich selbst ein Alibi für den Zeitraum 2. bis 7. Mai zu verschaffen. Würde er gegen Kriegsende in amerikanische Gefangenschaft geraten, was dann auch so eintrat, könnte er erklären weshalb er im Gegensatz zum Rest des im Süden stationierten Teils des KG 200 erst jetzt wieder auftauchte. Frei-

[46] Manfred Boehme, „Jagdgeschwader 7“, Motorbuch Verlag Stuttgart, 2. Auflage 1984, Seite 233 f.

lich dürfte er ab dann (!) seinen Marschbefehl besser verschwinden lassen, damit seitens der Amerikaner gar kein Verdacht aufkommt, wo denn die Maschine zwischenzeitlich war.

Er bräuchte nur sein Flugbuch mit den beiden letzten offiziellen Flügen vorlegen. Verlegung nach Königgrätz und Abflug nach München. Denn Flüge, die man nicht einträgt, haben auch keine laufende Nummer. Und der einzige namhafte Zeuge, der seiner Darstellung hätte widersprechen können, wenn man sich dafür überhaupt näher interessiert hätte, war v. Greim, der kurz nach Kriegsende praktischerweise tot war.

Die zweite Ausfertigung des Flugbefehls ging an die Abwehr, man wird sie dort im eigenen Interesse bei Kriegsende entsorgt haben. Und die dritte Ausfertigung, sollte sie nach dem Krieg noch existieren, trüge den abschließenden Hinweis, der geplante Flug sei ausgefallen!

Hauptmann Braun war nicht irgendein Luftwaffenangehöriger, nicht irgendein Pilot. Er war beim KG 200, das ständig Geheimaufträge ausführte. Seit Mitte 1944 stets involviert war hierbei der Auslandsgeheimdienst der SS.

Unser Hauptmann hätte übrigens nicht nur den Chef der 6. Luftflotte gesprochen, sondern sogar seinen höchsten Dienstherrn überhaupt, wenn man mal vom neuen Oberbefehlshaber der Wehrmacht, dem Großadmiral Dönitz, absieht. Von Greim kam am selben Tag nämlich aus Berlin zurück und war wenige Tage vorher nicht nur zum Nachfolger von Herman Göring als Oberbefehlshaber der Deutschen Luftwaffe benannt worden, sondern im gleichen Atemzug durch Adolf Hitler auch zum Generalfeldmarschall befördert worden. Hätte Hauptmann Braun also am

2. Mai 1945 tatsächlich v. Greim getroffen, hätte er nicht vom Generaloberst und Chef der 6. Luftflotte berichtet, sondern vom Generalfeldmarschall und Oberbefehlshaber der Deutschen Luftwaffe, den ein Hauptmann nun auch nicht gerade alle Tage zu Gesicht bekommt. Hinzu kommt, v. Greim war zu diesem Zeitpunkt bereits schwer verletzt und konnte sich kaum noch auf den Beinen halten!

Von Greim hatte eine aufregende Woche hinter sich, die Hanna Reitsch ausführlich beschreibt und deren Kurzform wie folgt aussieht:

Die Pilotin Hanna Reitsch erhält am 24. April 1945 in Kitzbühl die Nachricht, von Greim nach Berlin zu Adolf Hitler zu bringen. Am 25. April 1945 trifft sie gegen Mitternacht in Salzburg ein. Am Folgetag bringt ein Pilot mit einer Ju 188 die um 2.30 Uhr von Neu-Biberg bei München startet Hanna Reitsch und Generaloberst von Greim nach Rechlin, wo man gegen 4 Uhr eintrifft. Ein anderer Pilot transportiert die beiden mit einer FW 190 von Rechlin in einem 30minütigen Flug nach Gatow weiter. Gegen 18 Uhr besteigen Reitsch und v. Greim einen Fieseler Storch und fliegen unter Feindbeschuss, bei dem v. Greim schwer verletzt wird, in Berlin ein und landen unmittelbar vor dem Brandenburger Tor. Somit treffen sie am 26. April im Führerbunker ein.

In der Nacht zum 30. April 1945 verlassen die beiden den Führerbunker und ein Pilot fliegt beide mit einer Arado 96 zurück nach Rechlin. Von hier aus fliegen Reitsch und v. Greim mit einer kleinen Bücker-Maschine nach Plön zu Großadmiral Karl Dönitz. Am gleichen Tag erfolgt der Weiterflug nach Dobbin zu Feldmarschall Keitel.

Am 1. Mai 1945 geht es per Auto nach Lübeck, am Abend kommt die Nachricht vom Tod Adolf Hitlers. Am Folgetag, 2. Mai 1945, folgt eine erneute Fahrt zu Dönitz, der zwischenzeitlich die Nachfolge Hitlers als Staatsoberhaupt und Oberbefehlshaber der Deutschen Wehrmacht übernommen hat. Mit einer Do 217 fliegen Hanna Reitsch und Generalfeldmarschall v. Greim am 2. Mai 1945 nach Königgrätz. Schon auf dem Flug bekommt von Greim starkes Nesselfieber in Folge einer Tetanusspritze.

Die kommenden vier Tage war v. Greim bettlägerig und erst am 7. Mai 1945 wieder vorübergehend fieberfrei. An diesem Tag fliegen Hanna Reitsch und er in zwei getrennten Maschinen von Königgrätz nach Graz.

Am 8. Mai 1945 folgt der Weiterflug von Graz über die Alpen nach Zell am See, um Generalfeldmarschall Kesselring zu treffen. Von Greim wird erneut bettlägerig und kommt in ein Lazarett in Kitzbühl. Von Greim wird dann in der Folgezeit noch in einem Lazarett in Salzburg behandelt. Nach der Ankündigung, er würde in sowjetische Kriegsgefangenschaft überstellt, begeht er dort am 24. Mai 1945 Selbstmord.[47]

Dieser Einschub zu von Greim verdeutlicht drei Sachverhalte: Es zeigt sich die allgemeine Betriebsamkeit die vorherrschte, es wird deutlich, wer mit wem noch persönlich in Kontakt treten konnte, und beweist, welche Flüge mit Flugzeugen unterschiedlichster Ausstattung, Größe und Beschaffenheit je nach Notwendigkeit möglich waren, und

---

[47] Hanna Reitsch, „Fliegen – mein Leben", F. A. Herbig Verlag, München-Berlin, 1979, Seiten 313 bis 329

zeigt damit die gesamte Bandbreite der denkbaren Flugverbindungen deutlich auf.

Übrigens: Hanna Reitsch, die in ihrem Buch die Ereignisse sehr detailgenau darstellt, hätte eine derart interessante Episode mit einem Langstreckenflugzeug mit Auftrag Spanienflug wohl kaum ausgelassen, wenn v. Greim am 2. Mai 1945 hiermit konfrontiert gewesen wäre. Die mancherorts getroffene Aussage, die Ju 290 sei erst am 5. Mai nach Königgrätz verlegt worden, trifft nicht zu, Hörsching lag ab dem 4. Mai bereits unter amerikanischem Artilleriebeschuss und Linz wurde am 5. Mai besetzt. Auch hätte Hauptmann Braun an diesem Tag von Greim nicht in die Arme laufen können, denn dieser war wie bekannt bettlägerig.

Das OKW hält unter dem Datum 5. Mai 1945 fest: „An der Donau nahmen amerikanische Verbände *Linz* in Besitz."[48]

Reitsch war vom 2. bis 7. Mai in Königgrätz, eine Ju 290, die tagelang da anwesend gewesen wäre, hätte sie nicht nur erwähnt, sie hätte sich den Vogel aus beruflichen Interesse angesehen und hätte diese Eindrücke beschrieben.

1937 wird Hanna Reitsch als erste Frau der Welt zum Flugkapitän ernannt. Im gleichen Jahr gelingt ihr als erste Frau die Überquerung der Alpen in einem Segelflugzeug! 1938 führt sie in der Berliner Deutschlandhalle den ersten Hallenflug der Welt eines Hubschraubers durch. Damit ist sie gleichzeitig die erste Frau der Welt, die überhaupt einen

---

[48] Kriegstagebuch des Oberkommando der Wehrmacht 1944-1945, Teilband II, Seite 1278

Hubschrauber geflogen ist. Sie ist auch die erste Frau der Welt, die ein Raketenflugzeug fliegt (1942) und die erste Frau der Welt, die ein Puls-Jet-Flugzeug (1944) geflogen ist. Sie ist während des Krieges Testpilotin und flog auch mit der Me 163 und der V 1 (in einer Version mit Pilot). Sie hat nach dem Krieg diverse Weltrekorde aufgestellt, zuletzt, ein Jahr vor ihrem Tod, noch den Frauen-Segelflug-Weltrekord (Ziel-Rückkehr) mit einer Segelflugleistung (!) von 715 Kilometer (von Timmersdorf b. Leoben bis St. Anton a. Arlberg und zurück).[49]

Nach dem Krieg tauchten immer wieder Gerüchte und Behauptungen auf, die Staatsspitze des Dritten Reiches wäre per Flugzeug oder U-Boot geflüchtet. Diese diffusen Geschichten haben allerdings einen wahren Kern.

Das KG 200 hatte im Nordbereich des Reiches, erst bei Rügen, dann bei Flensburg die vorhandenen Flugboote zusammengezogen. Diese Flugzeuge waren getankt und belanden, um Personen nach Grönland auszufliegen. Mit dem Proviant und Gerätschaften hätte man Monate dort verbringen können. Dieser Umstand wird unter anderem vom Rüstungsminister Speer in seinem Buch „Erinnerungen“ dargelegt,[50] wird aber wirklich glaubhaft erst durch die erfolgte Bestätigung des letzten Befehlshabers des KG 200, Oberst Werner Baumbach.[51]

---

[49] Hanna Reitsch, „Fliegen – mein Leben“, F. A. Herbig Verlag, München-Berlin, 1979, Einbandtext

[50] Albert Speer, „Erinnerungen“, Verlag Ullstein GmbH Frankfurt, 3. Auflage 1969, Seite 496

[51] Werner Baumbach, „Zu spät?“, Motorbuchverlag Stuttgart, 4. Auflage 1978, Seite 289

Laut Speer forderten auch die Gauleiter Koch (Ostpreußen) und Lohse (Schleswig-Holstein) in Flensburg bei Kriegsende erfolglos ein U-Boot für ihre Flucht nach Südamerika ein.[52]

Zusätzlich Nahrung haben diese Geschichten durch die tatsächlich stattgefunden Fahrten deutscher U-Boote unmittelbar bei Kriegsende erhalten. Tatsächlich hat U 977 unter seinem Kommandanten Heinz Schaeffer eine 66tägige Tauchfahrt (!) von Norwegen nach Argentinien durchgeführt, aber nicht, um Nazi-Größen ins Ausland zu transportieren, sondern um selber der Kriegsgefangenschaft zu entgehen. Das U-Boot tauchte dann am 17. August 1945 vor der argentinischen Küste auf und die vollzählige Mannschaft wurde erst festgesetzt und dann an die Amerikaner ausgeliefert.[53]

Eine Flucht von Persönlichkeiten wie Adolf Hitler, Hermann Göring, Albert Speer und anderen wäre kaum von Erfolg gekrönt gewesen. Diese Personen waren bekannt wie bunte Hunde und wären rund um den Erdball gesucht worden. Dieser Umstand war allen Beteiligten klar und deshalb wurden solche Pläne letztlich auch nicht umgesetzt.

Auch für einen Heinrich Himmler wäre es wohl schwer geworden, zu fliehen und dauerhaft unterzutauchen. Nur hatte dieser immerhin Zugriff auf einen gerade im Ausland weit verzweigten Geheimdienst. Dass Himmler seine eigene Flucht durchaus geplant hatte, ist naheliegend. Gegen Kriegsende versuchte er letztlich vergeblich Friedensfühler

---

[52] Albert Speer, „Erinnerungen“, Verlag Ullstein GmbH Frankfurt, 3. Auflage 1969, Seite 498

[53] Heinz Schaeffer, „66 Tage unter Wasser“, Erich Papel Verlag Rastatt, 1986

gegenüber England auszustrecken. Womit Heinrich Himmler nicht gerechnet hatte, war der Umstand, dass diese Feindkontakte durch die britische Seite per Radiomeldung in die Welt gesetzt wurden.[54]

Diese Tatsache war dann der Grund, weshalb Hitler, maßlos enttäuscht von seinem „treuen Heinrich“, diesen am Ende aus Amt, Würden und Partei warf. Für Himmler war dieser „Regiefehler“ tödlich. Statt Richtung Prag, der Weg dorthin war ihm durch die rasch vorrückenden Engländer unmöglich geworden, machte er sich samt Stab, immerhin rund 150Personen, nunmehr Richtung Flensburg auf. In Rheinsberg, dem Sitz des Oberkommandos der Wehrmacht (OKW), trifft Himmler am 28. April 1945 auf Dönitz.

Am Abend des 30. April 1945 lässt Karl Dönitz Heinrich Himmler, der in diesen Tagen noch darauf spekuliert, Hitlers Nachfolger werden zu können, zu sich rufen. Zwar hatten sich beide bereits nachmittags in einer Polizeikaserne in Lübeck besprochen, aber zwischenzeitlich gab es eine gravierende Veränderung!

Als Himmler gegen Mitternacht bei Dönitz eintrifft, reicht der Großadmiral dem abgesetzten, aber immer noch brandgefährlichen Himmler den am Abend eingegangenen Funkspruch, aus dem die Ernennung von Karl Dönitz zum Staatspräsidenten und Oberstern Befehlshaber der Wehrmacht hervorgeht. Der von dieser Entwicklung geradezu geschockte Heinrich Himmler bietet, gute Miene zum bösen Spiel machend, Dönitz daraufhin an, als zweiter Mann

[54] David Irving, „Hitlers Krieg - Götterdämmerung 1942 - 1945“, Lizenzausgabe für Manfred Pawlak Verlagsgesellschaft mbH Harrsching, 1988, Seite 463

im Staate zu dienen. Dönitz erklärt jedoch, er habe für Himmler keine Verwendung.[55]

Nachdem nunmehr die Würfel gefallen sind, fordert Heinrich Himmler, jetzt in ständiger Begleitung des Chefs des SS-Auslandsnachrichtendienstes, SS-Gruppenführer Schellenberg,[56] von Oberst Baumbach als Verantwortlichen des KG 200 mit allem Nachdruck, aber erfolglos ein Flugzeug, um Flensburg verlassen zu können. Baumbach kann sich diesen Widerspruch gegenüber dem gefährlichen, aber abgesetzten Reichsführer SS Himmler leisten. Er selbst ist hoch dekorierter Frontsoldat (Ritterkreuz mit Eichenlaub und Schwertern) und hat Teile seines Geschwaders in Flensburg bzw. in unmittelbarer Nähe.

Zwar ist auch Himmler ständig von bewaffneten Offizieren der Waffen-SS umgeben, aber eine offene Auseinandersetzung unter Anwendung von Waffengewalt ist in Flensburg nicht machbar. Heinrich Himmler will weder nach Grönland noch in das von deutschen Truppen besetzte Norwegen ausfliegen. Er will unbedingt nach Prag![57]

Himmler wäre in Flensburg die britische Kriegsgefangenschaft sicher. Während die letzte Reichsregierung alles unternimmt, um das Tor nach Westen für die zivilen Flüchtlinge und für die Soldaten der Wehrmacht wenigstens noch für Tage aufzuhalten, damit diese den Russen entgehen können, will der ehemalige Reichsführer SS auf biegen und brechen in die Höhle des Löwen, nach Prag!

---

[55] Karl Dönitz, „Zehn Jahre und zwanzig Tage“, Bernard & Graefe Verlag München, 1977, Seite 437

[56] Karl Dönitz, „Zehn Jahre und zwanzig Tage“, Bernard & Graefe Verlag München, 1977, Seite 449

[57] Albert Speer, „Erinnerungen“, Verlag Ullstein GmbH Frankfurt, 3. Auflage 1969, Seite 497

Im Protektorat kann Himmler nicht untertauchen und würde nach menschlichem Ermessen binnen weniger Tage der Roten Armee oder den Tschechen in die Hände fallen! Unter normalen Umständen wäre eine Flucht nach Prag der reine Selbstmord! Und doch kennt Himmler nur ein Ziel: Prag!

Heinrich Himmler hat nicht vor, Selbstmord zu begehen, dafür bräuchte er aus Flensburg nicht weg. Im Gegenteil, er musste sich sicher gewesen sein, in Prag, und nur dort, eine reale Möglichkeit zur Weiterflucht vorfinden zu können!

Treibende Kraft hinter Himmler dürfte der SD-Amts-Chef Schellenberg gewesen sein. Schellenberg selber wusste mit Sicherheit von der Möglichkeit, sich unter Mitnahme von entsprechenden Geldmitteln per Flugzeug ins Ausland absetzen zu können. Er war Mitinitiator der Aktion Bernhard, hat ihr sogar diese Bezeichnung verpasst, er wusste um die Verfügungsgewalt hinsichtlich der Landstreckenflugzeuge und kannte die Auslandsabkommen des SD. Nur durch unglückliche Umstände – durch den überraschend schnellen Vormarsch der Briten – war er im Gefolge des Reichsführers SS nach Norden, nach Flensburg, abgedrängt worden.

Heinrich Himmler dürfte er im Unklaren gelassen haben, schließlich wäre dieser Mann mitsamt seinem Schuldkonto nur eine Nachkriegsbelastung geworden. Schellenberg wird ihm die „Nummer Prag“ gänzlich anders verkauft haben.

Plan A: Der SD verfügt im Protektorat über die Möglichkeit, eine Flucht ins Ausland zu realisieren, von seinen eigenen Vorstellung dabei wird er nichts erwähnt haben.

Und für Himmler, jetzt für jeden Strohhalm dankbar, musste es ja nicht einmal eine Ju 290 sein.

Plan B: Würde man erst das Protektorat erreichen, wären – im Gegensatz zu Norwegen – noch schwer bewaffnete und gut ausgerüstete SS-Verbände in Böhmen vorhanden, mit denen man sich dann in die „Alpenfestung“ zurückziehen könnte.

Dass diese Festung ein Phantom war, wusste Schellenberg, aber Heinrich Himmler hätte in seiner Lage an alles geglaubt. Und die Möglichkeit eines Rückzuges aus dem Protektorat Richtung Alpen schien auch deshalb durchaus glaubhaft, weil man ja gerade hautnah über die geplante Entwicklung vor Ort Bericht erhalten hatte.

„Der Chef des Stabes der Heeresgruppe, Generalleutnant Natzmer, kam am 3. Mai noch mit seiner Maschine nach Flensburg durch. Natzmer sollte auf Schörners Befehl in Mürwik die allgemeine Lage erkunden und Großadmiral Dönitz die Lage der Heeresgruppe Mitte schildern. Schörner erbat sich für die geplante Absetzbewegung nach dem Westen einen Aufschub bis zum 18. Mai 1945. Er wollte möglichst vielen Flüchtlingen Zeit zur Flucht geben und seine Soldaten geschlossen auf die westliche Seite führen, um sie vor den Sowjets zu retten.“[58]

18. Mai 1945! Es muss förmlich in den Ohren von Heinrich Himmler geklingelt haben! Jetzt, wo jeder Tag, ja jede Stunde zählte, war der 18. Mai mehr als ein Strohhalm. Und Generalfeldmarschall Schörner erbat sich ja nicht

---

[58] Erich Kern, „Generalfeldmarschall Ferdinand Schörner“, Deutsche Verlagsgesellschaft, Rosenheim, 4. Aufl., Seite 219 f.

Aufschub bis zum 18. Mai, wenn er selber nicht der Überzeugung gewesen wäre, so lange auch durchhalten zu können! Wenn man die SS-Verbände in die „Alpenfestung" führen könnte, die Truppen Schörners sich im Rückzugsgefecht ebenfalls dort sammeln würden, dann wäre es doch möglich, nochmals einen echten Widerstand zu organisieren.

Natürlich waren das rückblickend am Ende alles Fantastereien, aber Himmler kämpfte ums Überleben! Schellenberg wird diese Gedankengänge nach Kräften befeuert haben, nicht um Himmler zu retten, sondern sich selbst. Er hatte ab Böhmen wirklich die Möglichkeit, seinen Kopf doch noch aus der Schlinge zu ziehen. Mit Himmler verband Schellenberg in Wahrheit nicht wirklich viel, im Gegenteil, es gab sogar noch eine alte Rechnung.

„Es war aber vor allem Himmler, der mit dem SD und seinen „Intelligenz-Bestien" nichts Rechtes anzufangen wusste. Kam es gelegentlich zu Beschwerden über SD-Berichte, dann wurde der SD von ihm zur Zurückhaltung ermahnt. Wenn Goebbels oder Bormann wutentbrannt das Verbot der SD-Berichterstattung forderten - das kam einige Male vor -, konnte Himmler das zwar abwehren, aber er ließ den SD seinen Ärger spüren. Himmler hätte den SD am liebsten aufgelöst, aber daran hinderte ihn ein älterer Erlass von Rudolf Heß. Der Stellvertreter des Führers hatte einmal verfügt, der SD sollte der einzige Nachrichtendienst der Partei sein. Bei Aufgabe des SD hätte Himmler also eine Machtposition verloren, und Bormann hätte freie Hand gehabt, sich einen eigenen Nachrichtendienst zu schaffen."[59]

Eine Flucht in letzter Minute von Prag ins Ausland, konnte nur noch mit den Fliegern des KG 200 realisiert werden, die über die entsprechenden Langstreckenflugzeuge verfügten. Eine Aussicht auf ein Untertauchen im entfernten Ausland konnte nur noch eine Institution des Dritten Reiches gewährleisten, der SS-Auslandsgeheimdienst, der über die hierfür nötigen Mittel und Netzwerke verfügte! Und noch ein dringendes Indiz spricht für einen manipulierten Flugbefehl: Der Auftrag wurde am 30. April 1945 erteilt und die noch zu bestimmende (!) Personengruppe würde durch den „OB West" benannt. Die Dienststelle OB West wurde nach dem Zusammentreffen der Amerikaner und Russen am 25. April 1945 bei Torgau umbenannt in Oberbefehlshaber Süd, also OB Süd![60]

Die Zuständigkeiten änderten sie jetzt in manchen Fällen täglich. Ein Blick in das Kriegstagebuch des Führungsstabes Süd (20. April bis 1. Mai bei Berchtesgaden) nur zum Thema OB West und OB Süd zeigt den Kompetenzwirrwarr:

„25.4. 4.00 Uhr, Erneute Bitte um Entscheidung, ob Generalfeldmarschall Kesselring den Befehl über den gesamten Südraum übernehmen könnte."[61]

---

[59] Helmut J. Fischer, „Hitlers Apparat", ARNDT-Verlag Kiel, 1988, Seite 58

[60] https://de.wikipedia.org/wiki/Oberbefehlshaber_West

[61] Kriegstagebuch des Oberkommando der Wehrmacht 1944-1945, Teilband II, Seite 1442

„26.4. 3.00 Uhr, Im Südraum Befehle durch den Chef OKW. Zusammenfassung der operativen Führung der Heeresgruppe G, der 19. Armee, des OB Südwest und des OB Südost unter Generalfeldmarschall Kesselring, der in grundsätzlichen Führungsfragen Entscheidungen über das OKW einzuholen habe. Versorgungsführung im Südraum nach Anordnungen den Gen.-Qu. Der Wehrmacht.“[62]

„1.00 Uhr: Übermittlung eines um 0.30 Uhr eingegangenen Führerbefehls an den OB West: 2 a) Im Südraum mit Hilfe des Führungsstabes B (Generalleutnant Winter) Heeresgruppen Süd und Mitte, OB Südwest, Südost und West.“[63]

„27.4. 1.50 Uhr: (durch Kurier) Weisung OKW für die Kampfführung im Südraum für den Fall, dass die Führung im einzelnen durch den Chef OKW nicht mehr gewährleistet sei… Der OB West solle den amerikanischen Einbruch in das Protektorat und die Donaugaue verhindern und zwischen dem Bayrischen Wald und dem Bodensee eine zusammenhängende Front aufbauen und halten. Für den OB Südwest und den OB Südost bleibe es bei den bisherigen Weisungen…“[64]

„29.4. Meldung, dass der OB West die Führung über den Südwesten und Südosten übernommen habe.“ [65]

---

[62] Kriegstagebuch des Oberkommando der Wehrmacht 1944-1945, Teilband II, Seite 1443

[63] Kriegstagebuch des Oberkommando der Wehrmacht 1944-1945, Teilband II, Seite 1444

[64] Kriegstagebuch des Oberkommando der Wehrmacht 1944-1945, Teilband II, Seite 1445

[65] Kriegstagebuch des Oberkommando der Wehrmacht 1944-1945, Teilband II, Seite 1449

Die Meldung vom 29.4. zum Thema der Übernahme der Führung Südwesten durch den OB West war dann am nächsten Tag schon wieder überholt:

„Auch der Zuständigkeitswirrwarr auf der deutschen Seite behinderte die Alpenverteidigung. Generale wurden ernannt und abberufen. Vietinghoff-Scheel wurde von Kesselring am 29.4. 1945 als OB Südwest abgesetzt und einen Tag später wieder in seine Funktion eingesetzt.“[66]

Wenn jetzt schon auf höchster Ebene die Zuständigkeiten und Verantwortlichkeiten ständig neu geregelt wurden, dann fragt man sich, wie die untergeordneten Dienststellen bei dem Tempo noch mitkamen.

Hier wurde sich der Umstand zu nutze gemacht, dass mit dem vorübergehenden Wegfall des OB West sich jetzt auch andere Stellen als zuständig erklären konnten, sofern sie vom Marschbefehl nach Barcelona Kenntnis hatten!

Die ganze Aktion dient somit nur dem Zweck, die Ju 290 der Zuständigkeit des Geschwaders und damit der Luftwaffe zu entziehen und somit der SS dienlich zu machen. Man hatte jetzt die notwendige Verfügungsgewalt.

Bei dieser Flucht ging es nicht darum, die Staatsspitze, also Leute wie Göring, Dönitz und Speer, zu retten, sondern es ging darum, der Spitze der SS ein Abtauchen im Ausland zu ermöglichen. Der Fall der Fälle war mit dem befürchteten Tod von Adolf Hitler eingetreten, die SS war somit von ihrem Eid auf den Führer, auf die Person Adolf Hitler, entbunden.

---

[66] Franz W. Seidler, „Phantom Alpenfestung?“, Pour le Mérite - Verlag für Militärgeschichte Selent, 2000, Seite 100

Und dieser Personenkreis hatte einen echten Fluchtgrund. Während die Generale der Wehrmacht „nur“ von Kriegsgefangenschaft bedroht waren und zumindest hoffen konnten, ihrem Rang entsprechend vom Gegner behandelt zu werden, hatten die Gauleiter, Hitlers politische Generale, und die Generale der Waffen-SS zumindest dann mit dem sicheren Tod zu rechnen, wenn sie in sowjetische Gefangenschaft gerieten.

Am Ende des Krieges taucht auch unser Hauptmann Braun wieder auf. Genau genommen taucht er nicht auf, sondern „landet am letzten Tag des Krieges“, am 8. Mai 1945, mit seiner Ju 290 unbeschadet in München. Angeblich aus Königgrätz kommend, hatte er bei seinem wirklich letzten Flug für die Deutsche Luftwaffe des Dritten Reiches noch siebzig Wehrmachtssoldaten ausgeflogen und so vor der sowjetischen Gefangenschaft bewahrt.[67]

Aber warum hat er so lange gewartet? Er hätte nach eigenem Bekunden doch bereits am 2. Mai 1945 ausfliegen können, wenn schon nicht nach Spanien, dann doch nach München. Er hätte sogar mehrfach fliegen können und noch mehr Wehrmachtsangehörige ausfliegen können?

In der Zeit vom 2. Mai bis 8. Mai 1945 hatte ihn immer noch sein Marschbefehl davor geschützt, irgendwelche unsinnigen Flüge ausführen zu müssen. Das glauben wir gerne, fragt sich nur, ob es innerhalb von sechs Tagen nicht auch sinnige Flüge gegeben hätte, aber eben nicht mit dem Ziel München!

---

[67] P. W. Stahl, „Geheimgeschwader KG 200“, Motorbuchverlag Stuttgart, 5. Auflage 1986, Seite 261

Eines steht jedenfalls fest: „Die Ju 290 A-7 „PJ+PS“ der 1./KG 200 überlebte den Krieg. Vorher war sie auf dem Gebiet des ehemaligen Protektorats Böhmen und Mähren noch bis Kriegsende in Bereitschaft, um bei Bedarf wichtiges Schlüsselpersonal und Material nach Spanien auszufliegen.“[68]

Man sieht, für die SS wäre es möglich gewesen, zumindest eine Ju 290 in die eigene Verfügungsgewalt zu überführen. Denn den Finger auf die KG 200 hatte nach gängiger Darstellung die Luftflotte 6.

„Der Verband unterstand der Luftflotte Reich, an der Ostfront als fliegender Verband der Luftflotte 6 (v. Greim), und verfügte über einen Flugzeugpark von fast vierzig verschiedenen Typen, darunter Lastensegler und Wasserflugzeuge sowie amerikanische Douglas DC-3 und etwa zwanzig viermotorige Bomber Flying Fortress und Liberator.“[69]

Kann es sein, dass sich an dieser Sachlage nach Aufstellung des Verbandes im Februar 1944 noch etwas geändert hatte?

Offenbar ja, denn eine Vortragsnotiz vom 17. April 1945[70] offenbart einen anderen Sachverhalt, den offenbar bisher noch keiner richtig gewürdigt hat. Plötzlich rückt die SS mit ihrem Reichssicherheitshauptamt ins Auge des Betrachters. Ein eigentlich kleiner Hinweis in dieser Vor-

---

[68] Friedrich Georg, „Verrat an der Ostfront“, Edition Grabert im Hohenrain-Verlag GmbH, Tübingen, 2011, Seite 325

[69] https://de.wikipedia.org/wiki/Kampfgeschwader_200

[70] P. W. Stahl, „Geheimgeschwader KG 200“, Motorbuchverlag Stuttgart, 5. Auflage 1986, Anhang 13

tragsnotiz lässt die Situation gegen Ende des Krieges dann doch in einem anderen Licht erscheinen.

Um diesen Umstand zu verdeutlichen, schauen wir uns die Abschrift dieser Vortragsnotiz, mit allen ihren Schreibfehlern im Original, ruhig mal etwas genauer an.

- Abschrift -

Ia/Flieg 17. 4. 1945

V o r t r a g snotiz

Betr. : Fliegerführer 200.

1.) Stab Fl.Führer 200 und Stab K.G. 200 seit 6 Tagen in Verlegung, z.Zt. von Oschatz nach Holzkirchen.
Oberstlt. Baumbach seit 14 Tagen nicht aufzufinden.
2.) Unterstellte Verbände wie folgt eingesetzt:
a) I./K.G. 200 für Aufgaben RSHA.
Unterbringung: Stab u. 1/200 in Süddeutschland.
3/200 Bug auf Rügen.
b) II./K.G. Burg.

Klare Flugzeuge (Beleuchter der 5./K.G. 200) an I.K.G 66 abgegeben. In Burg befindliche Mistel können nicht mehr weggestartet werden.

Personal der Gruppe zur Erdverteidigung Burg eingesetzt.

c) III./K.G. (BT) Blankensee. Lfl. Reich einsatzmässig unterstellt.

Einsatzkommando 200 (FK) 9 He 111 und 1 Do 217 in Parchim.

Einsatzmässig Gefechtsverband Helbig unterstellt.

3.) Stab Fl.Führer 200 und Stab K.G. 200 haben z.Zt. keine Aufgaben.

Unterstellte Gruppen sämtlich durch andere Dienststellen eingesetzt.

Oberstlt. Baumbach hat als Bevollmächtigter für Brückenbekämpfung bisher nichts wesentliches für die Bekämpfung der
Oder- und Elbebrücken beigetragen. Alles, was bisher geschehen
ist, wurde durch Oberst Helbig veranlasst.

Alle zur Brückenbekämpfung eingesetzten Kräfte (Stab und

II./L.G. 1, K.K. (J) 30, Restteile II./K.G. 200, Einsatzkomanndo 200 (FK), II./K.G. 4, I./KG 66) unterstehen den

Gefechtsverband Helbig, der in jeder Hinsicht dem Lw.Kdo.

Nordost unterstellt ist.

4.) Vorschlag:

a) Auflösung Stab Fl.Führer 200 und Stab K.G. 200 Durchführung

Lw.kdo. West, Personal zur Fallschirmarmee.

b) Auflösung II. /K.G. 200.

Bei I./K.G. 66 befindliche Teile zu dieser Gruppe versetzen.

Restliches Personal unter Anrechnung auf Heeresabgaben dem
örtlichen Abschnittskommandeur in Burg zur Verfügung stellen.

c) Auflösung Einsatzkommando 200 unter Angliederung an II./KG 4.

d) I./K.G. 200 einsatzmässig Ia Luft RSHA (wie bisher),

truppendienstlich Stab u.l. Lw.Kdo.West, 2.u.3. Lfl. Reich

e) III./K.G. 200 (BT) in jeder Hinsicht Lfl. Reich unterstellen.

f) Entsprechende Befehle durch Gen.Qu. 2.Abt.

<u>Verteiler:</u>

Chef Ia
Gen.Qu. 2.Abt.
Ia/Flieg. (Unterschrift)

Das Interessante an diesem Dokument, das den Eingangsstempel „Generalstab d. Lw. 2 Abt. Eing. 21.4.1945 1877 qKdo." trägt, ist neben dem Umstand, dass hier jemand dem Oberstleutnant Baumbach wenig gesonnen ist, die Feststellung, dass die Stäbe FliegerFührer 200 und KG 200 offenbar reichlich tatenlos sind.

Um hier Abhilfe zu schaffen, sollen diese Stäbe daher aufgelöst werden. Das fliegende und technische Personal des KG 200 – soweit in Burg bei Magdeburg stationiert – soll in den letzten Kriegstagen noch die „Chance" erhalten, sich im Erdkampf zu bewähren.

Der Rest des Geschwaders wird anderen Verbänden zugeordnet. Eine Ausnahme soll es allerdings dann doch geben. I./KG 200 untersteht derzeit dem RSHA und dies soll bleiben „wie bisher" (!).

Fakt ist somit, das RSHA und damit der SD (Amt VI, Ausland) hatte Ende April 1945 eben doch die direkte Verfügungsgewalt über Teile des KG 200! Dies wird eingangs der Vortragsnotiz ausdrücklich bestätigt und hieran soll sich, trotz aller anderen offensichtlichen Notwendigkeiten zur weiteren Nutzung des Personals und der Flugzeuge des Kampfgeschwaders 200, auch bitte nichts ändern.

Das SD-Hauptamt und Reichssicherheitshauptamt (RSHA) der SS hatte vielfältige Aufgaben und entsprechende Ämter.

„Das Amt VI des Reichssicherheitshauptamtes befasste sich unter dem Amtschef Jost (bis 1942) und Schellenberg mit dem Sammeln von Nachrichten über das Ausland. Das geschah lange Jahre in Konkurrenz zu dem Geheimen Meldedienst der Wehrmacht, dessen Kopf die Abteilung I des von Admiral Canaris geführten Amtes Ausland/Abwehr im Oberkommando der Wehrmacht war. Dieser Geheime Meldedienst wurde aber 1944 nach vorherigem Ausscheiden von Canaris vom Reichssicherheitshauptamt vereinnahmt. Er bildete dort zunächst ein selbstständiges „Amt Mil“ unter Oberst Hansen, wurde dann aber nach den Ereignissen vom 20. Juli 1944 in das Amt VI unter Schellenberg eingebaut.“[71]

Was aber genau unterstand denn nun doch dem direkten Zugriff des RSHA im April 1945? Die I. Gruppe KG 200. Und so langsam lichtet sich der Nebel der Nachkriegsdarstellung.

„Bereits am 29. Februar 1944, also neun Tage nach dem Aufstellungsbefehl, stand der Geschwaderstab und der Stab der I. Gruppe des KG 200. Eine entsprechende Meldung

---

[71] Helmut J. Fischer, „Hitlers Apparat“, ARNDT-Verlag Kiel, 1988, Seiten 59 und 60

ging an die Luftflotte „Reich“, welcher das Geschwader unterstellt wurde.

Der bisherige „Versuchsverband Ob. d. L.“ – früher Aufklärungs-Gruppe Ob. d. L. (mit einer Tradition, die noch aus der Friedenszeit herrührte) – und die „Transportkolonne XI Ost“ bildeten den Grundstock für die geplanten drei Staffeln der I. Gruppe. Die Ju 290 der FAG 5 wurden gleichzeitig von ihren Basen am Atlantik in das Reich zurückverlegt und standen der I./KG 200 zur Verfügung.“[72]

In seinem Buch „Geheim-Geschwader KG 200“ mit dem Untertitel „Die Wahrheit nach 40 Jahren“, bezieht sich der Autor P. W. Stahl zu Beginn des letzten Kapitels „Das Ende“ auf die oben dargestellte Vortragsnotiz, die die Anlage 13 seine Buches bildet und schreibt:

„Die Gedanken gingen an die übrigen Kameraden des KG 200.

Wo mochten sie wohl sein? Welches Schicksal erwartete sie? Nun, die II./KG 200 in Burg bei Magdeburg hatte die flugklaren Maschinen – die „Beleuchter“ der 5./200 – an die I./KG 66 abgegeben. Die in Burg befindlichen „Mistel“, das waren rund 50 Gespanne, konnten nicht mehr weggestartet werden. Das Personal der Gruppe wurde zur Erdverteidigung in Burg eingesetzt.

Die II./KG 200 (BT) wurde einsatzmäßig der Luftflotte Reich unterstellt.

Das Einsatzkommando 200 (FK) mit neun He 111 und einer Do 217 blieb beim Gefechtsverband Helbig, der alle

---

[72] P. W. Stahl, „Geheimgeschwader KG 200“, Motorbuchverlag Stuttgart, 5. Auflage 1986, Seite 85

zur Brückenbekämpfung eingesetzten Kräfte umfasste (Stab und II./LG 1, KG (J) 30, Restteile II./KG 200, Einsatzkommando 200 (FK), II./KG 4 und I./KG 66).

Die 3./KG mit ihrer beachtlichen Transportkapazität lag auf Rügen und wurde von Baumbach in Flensburg zusammengezogen.

Auch die Riesenflugboote BV 222 lagen dort."[73]

Es fällt auf, dass er bei Punkt 2 mit der II./KG 200 (BT) beginnt, nicht mit Punkt 1 und dem Umstand, dem RSHA untersteht die erste Gruppe! Nun könnte man einwenden, er macht dies, weil er ja selber Teil der ersten Gruppe ist und sich daher zu diesen Kameraden keine Gedanken machen muss.

Aber die Staffeln dieser Gruppe sitzen nicht beim Skat zusammen und warten auf das Kriegsende, sondern sind ja durchaus verteilt. In Holzkirchen beim Stab sind ja nur die kleineren Einheiten versammelt, die Ju 290 von Hauptmann Braun ist ja zum Beispiel noch unterwegs. Und hiervon weiß er zu dem Zeitpunkt, wo er sich Gedanken macht, nur um die Tatsache der Verlegung. Alles andere kann er erst nach dem Krieg erfahren haben! Gerade um seine engsten (Staffel-) Kameraden, die mit den Großflugzeugen, müsste er sich eigentlich am meisten Gedanken machen.

Zum Beispiel auch um die Ju 290, Kennzeichen A3+OB, die zumindest noch am 19. März 1945 auf dem Flugfeld in Rechlin-Lärz steht und deren Zweiter Flugzeugführer Oberleutnant von Pechmann ist, wie auf Anlage 16 seines

[73] P. W. Stahl, „Geheimgeschwader KG 200", Motorbuchverlag Stuttgart, 5. Auflage 1986, Seite 259

Buches ersichtlich ist.[74] Dort werden zwei Seiten mit je zwölf Zeilen des Flugbuches vollständig ausgefüllt abgebildet. Diese Zeilen umfassen den Zeitraum 5.10.1944 bis 19.3.1945 und die laufenden Nummern der Flüge 49 bis 70. Schade, die nächste Seite ist nicht abgebildet, es wäre doch viel interessanter, mehr über den Zeitraum ab dem 20. März 1945 zu erfahren!

Im Angebot ist auch noch eine Ju 290 mit der Kennung A3+HB, diese Maschine wurde von Hauptmann Braun am 27. November 1944 in Wien gestartet, Flugziel war Mosul im Irak.[75] Auf dem Rückflug gab es einen Tankstopp auf der Insel Rhodos. Trotz technischer Probleme landete man letztlich wieder auf dem Heimatflugplatz. Die Maschine blieb in der Folgezeit einsatzfähig.

Es liegt eher die Vermutung nahe, der Autor beginnt bewusst mit Punkt 2. Das erspart die Erklärung der Diskrepanz zwischen der ständig betonten Verfügungsgewalt der Luftflotte 6 auf das KG 200 samt aller Maschinen (!) und dem Umstand, dass dies eben nicht auf alle Teile des I./KG 200 zutrifft. Es ist doch kein Zufall, dass er alle gemachten Vorschläge, die ja offenbar umgesetzt wurden, als Ergebnis der Neuordnung präsentiert und auch hierbei dann „vergisst" zu erwähnen, die Verfügungsgewalt über I./KG 200 verbleibt beim RSHA „wie bisher"!

In seinem Buch schildert er es ein wenig anders. Demnach gab es beim KG 200 einen Verbindungsoffizier zum

[74] P. W. Stahl, „Geheimgeschwader KG 200", Motorbuchverlag Stuttgart, 5. Auflage 1986, Anlage 16

[75] P. W. Stahl, „Geheimgeschwader KG 200", Motorbuchverlag Stuttgart, 5. Auflage 1986, Seite 124

RSHA.[76] Dieser hatte die Aufgabe, die Aufträge entgegenzunehmen und auf ihre Umsetzbarkeit zu prüfen. Natürlich waren jedes Mal technische Details zu klären. Es stand auch immer die Frage im Raum, ob das KG 200 die Aufgabenstellung bewältigen könnte. Sei es in zeitlicher oder örtlicher Natur, sei es hinsichtlich des vorhandenen Flugmaterials oder der geplanten Eindringtiefe.

Es hat sicher Fälle gegeben, wo das KG 200 Aufträge nicht ausführen konnte, weil zum Beispiel die gewünschten Transportkapazitäten nicht vorhanden waren oder technische Probleme nicht aus der Welt geschafft werden konnten. Alles richtig, keine Frage. Aber einer normalen Flugzeuganforderung konnte sich das Geschwader offenbar eben nicht entziehen.

Wenn das RSHA gesagt hätte, wir benötigen ein Flugzeug, um eine Person von x nach y zu bringen, sagen wir mal von Berlin nach München, dann hätte das KG 200 diesen Auftrag auf Anweisung des RSHA auch ausgeführt. Es geht hier um die Verfügungsgewalt, den ganz konkreten Zugriff auf die Maschinen. Und diese lag, wie wir jetzt wissen, beim RSHA und eben nicht bei der Luftflotte 6, zumindest was die I. Gruppe des KG 200 anging. Und das RSHA ist so auch nicht ganz korrekt, es geht immer um das Amt VI, SD unter Schellenberg!

Aber der Autor will seine Leser gar nicht täuschen, er beschreibt nämlich die Situation so, wie er sie vorgefunden hatte, als er selber seinen Dienst beim Geschwader antrat. Da wird das alles auch so gewesen sein. Aber irgendwann später nach Februar 1944 hat sich das Unterstellungsver-

[76] P. W. Stahl, „Geheimgeschwader KG 200“, Motorbuchverlag Stuttgart, 5. Auflage 1986, Seite 13

hältnis geändert! Wann genau, ist für unsere Zwecke gar nicht maßgeblich, aber die Vortragsnotiz beweist eindeutig, im April 1945 hatte das RSHA selber den Finger auf die I./KG 200. Vermutlich änderte sich das Unterstellungsverhältnis nach den Ereignissen vom 20. Juli 1944, nachdem die Abwehr der Wehrmacht ja dem SD angegliedert wurde. Gab es vorher zwei unterschiedliche „Kunden" für das KG 200, war ab diesem Zeitpunkt nur noch ein vorhandener Auslandsgeheimdienst Auftraggeber für das Geheimgeschwader des Reiches. Ausnahmen wären gewesen, wenn z.B. der Chefpilot des Führers, Hans Baur, oder ein mit allen Vollmachten ausgestatteter Bevollmächtigter des Führers wie Hans Kammler ein Flugzeug angefordert hätte.

Und hier hat ja kein sachfremder Autor geschrieben, der bei seiner Recherche einen „kleinen Punkt" übersehen hat, sondern vielmehr ein Insider, der nach 40 Jahren die ganze Wahrheit berichtet. Das gesamte Geschwader wird aufgelöst, in seine Einzelteile zerlegt, aber der interessanteste Aspekt bleibt am Ende unbeleuchtet?

Das RSHA, konkret das Amt VI des SD, hat zumindest im April 1945 nach wie vor Interesse an den Ju 290 und sorgt dafür, dass alles bleibt wie bisher. Und dann verlieren die Herren anschließend das Interesse daran? Der Autor schreibt als ehemaliges Mitglied über das Geheimgeschwader des Dritten Reiches und lässt am Ende den Teil mit dem höchsten Spannungsfaktor und vielleicht sogar schönsten Gruseleffekt einfach weg? Nichts über den Auslandsgeheimdienst der SS mit Langstreckenflugzeugen?

Oder war da tatsächlich nichts, dann aber hätte man auch diesen Umstand klar beschreiben können. Ein handschriftlicher Vermerk, „der Flug findet nicht statt", ist ein wenig dünn. Keiner hatte Interesse, im letzten Moment im umkämpften Großraum Prag doch noch den Kopf aus der Schlinge zu ziehen?

Dann drängt sich hier aber die Frage auf, was wollte denn die SS in Form des Reichssicherheitshauptamtes, und hier des SD, überhaupt noch mit den Flugzeugen im April 1945 machen? Als beim Generalstab der Luftwaffe am 21. April 1945 der Eingangsstempel auf die Vortragsnotiz knallte, knallte es auch schon fast vor der Haustür!

Das Oberkommando der Wehrmacht teilt für diesen Tag unter anderem mit: „In der großen Schlacht zwischen den Sudeten und dem Stettiner Haff wehren sich unsere Truppen ... Nordwestlich Görlitz stehen unsere Panzer in der Abwehr heftiger Angriffe ... Die tapfere Besatzung von Bautzen ... Zwischen Spremberg und Cottbus führen die Bolschewisten starke Panzerkräfte nach ... Bei Frankfurt schlugen unsere Verbände alle Angriffe zurück. Im Raum östlich Berlin wird in der Linie Fürstenwalde-Strausberg-Bernau erbittert gekämpft ... Gegen die Festung Pillau nahm der Feind seine Angriffe mit starkem Materialeinsatz wieder auf ... An der unteren Ems ... Die aus der Lüneburger Heide nach Norden angreifenden britischen Divisionen erreichen auf breiter Front die Elbe, wurden jedoch an unseren Brückenköpfen bei Artlenburg und Bleckede verlustreich abgeschlagen ... Im Harz schwere Abwehrkämpfe um den Brocken ... Am Brückenkopf von Dessau ... Weiter südlich toben erbitterte Kämpfe mit dem in Bitterfeld und Delitzsch eingedrungenen Feind ... Südöstlich und südlich von Nürnberg ... Die in den Mainhardter Wald vorgestoßenen feindlichen Kräfte … Gleichzeitig verstärkt sich der Druck gegen die Linie Heilbronn Pforzheim …"[77]

Und der Sicherheitsdienst (SD) hat keine anderen Sorgen, als sich weiterhin den Zugriff auf die großen Flieger zu sichern. Um jetzt noch Agenten hinter den feindlichen Linien abzusetzen, reichte inzwischen der Fieseler Storch!

Kurz vor Toresschluss hat man mindestens eine intakte Ju 290 im Raum Prag stehen, wo sich zufällig die verbliebene SS-Führung mit den Taschen voller Geld einfindet und diese startbereite Maschine macht tagelang nichts und entschwindet am letzten Kriegstag nach München, damit sich der Pilot in amerikanische Gefangenschaft begeben kann? Derweil ist die SS-Führungsriege nach dem Krieg spurlos verschwunden.

Die Vortragsnotiz ist letztlich sogar der Beweis, dass das RSHA sich nicht nur die Verfügungsgewalt über eine Ju 290 gesichert hat, sondern über alle noch vorhandenen Ju 290 und noch weitergehend sogar über die in deutscher Hand befindlichen Feindflugzeugtypen, die ja ebenfalls der I./KG 200 zugeordnet waren.

„Für Transportaufgaben mit sehr großer Eindringtiefe und großen Lasten konnte das Kommando große viermotorige Flugzeuge anfordern, darunter auch amerikanische Beutebomber der Typen B17 („Fliegende Festung") und B-24 „Liberator". Diese ehemaligen Feindflugzeuge waren für unsere Zwecke umgebaut und soweit erforderlich mit deut-

---

[77] Kriegstagebuch des Oberkommando der Wehrmacht 1944-1945, Teilband II, Seite 1261

schen Instrumenten, Funkgeräten und Navigationseinrichtungen versehen worden."[78]

„Der Einsatz erbeuteter Feindflugzeuge erfolgte nicht etwa aus Täuschungsgründen, wie man vermuten könnte, oder weil sie besser waren als vorhandene eigene Typen. Wir verfügten in der Ju 290 über ein hervorragendes viermotoriges Transportflugzeug, das in seiner Eignung und in seinen Leistungen den umgebauten Feindbombern sogar überlegen war."[79]

Was übrigens gut für „Prag" war, war „Pech" für Himmler. Die III./KG 200 war „in jeder Hinsicht" der Luftflotte Reich unterstellt. Auf die schönen Flugboote, die auch auf der Moldau hätten landen können, hatte weder der abgesetzte Himmler noch das RSHA Zugriff.

Ist ein Flug ins neutrale Ausland denn überhaupt denkbar gewesen? Zumal gegen Ende des Krieges. Der SS-Obersturmbannführer Otto Skorzeny umschreibt seine Gedanken und Möglichkeiten am 6. Mai 1945 unter anderem so: „Ich hätte auch – und zwar ganz leicht – an Bord einer Ju 88 ins neutrale Ausland fliegen können. Aber ich weigerte mich, mein Land, meine Familie und meine Kameraden in Stich zu lassen. Ich hatte nichts zu verbergen, hatte

[78] P. W. Stahl, „Geheimgeschwader KG 200", Motorbuchverlag Stuttgart, 5. Auflage 1986, Seite 239

[79] P. W. Stahl, „Geheimgeschwader KG 200", Motorbuchverlag Stuttgart, 5. Auflage 1986, Seite 239 f.

nichts unternommen und nichts getan und nichts befohlen, dessen sich ein wirklicher Soldat zu schämen hätte.“[80]

Diese Einstellung teilten nicht alle seine SS-Kameraden. Zu verbergen gab es bei denen einiges und befohlen hatte man allerhand. Die hatten allen Grund, selbst die Familien hinten anzustellen.

Der Marschbefehl nach Spanien kam direkt aus dem RSHA, SD Amt VI Ausland. Das ganze Drumherum hinsichtlich der Delegation, der Wetterlage, dem OB West diente nur der Verschleierung. Ebenso die Verlegung der Maschine von Linz nach Königgrätz, damit nicht klar war, von wo die Maschine wirklich starten würde, nämlich aus dem Raum Prag.

Der Auslandsgeheimdienst des Dritten Reiches, das Amt VI des Sicherheitsdienstes im Reichssicherheitshauptamt der SS, hatte hier ganze Arbeit geleistet!

---

[80] Otto Skorzeny, „Meine Kommandounternehmen“, Limes Verlag Wiesbaden und München, 3. Auflage 1977, Seite 400

IV. Die Ju 290 der Deutsche Lufthansa im Zweiten Weltkrieg: Flugverbindung Deutschland – Spanien

Während des gesamten Zweiten Weltkrieges bediente die Deutsche Lufthansa zahlreiche Ziele im In- und Ausland mit einem planmäßigen Flugbetrieb. Im Deutschen Reich wurden Berlin, Breslau, Danzig, Königsberg, München, Stuttgart und Wien bedient, im Protektorat zusätzlich Prag.

Innereuropäisch wurden zeitweise oder durchgängig Bulgarien, Dänemark, Griechenland, Italien, Jugoslawien, Norwegen, Portugal, Rumänien. Schweden, Schweiz, Sowjetunion, Spanien, Türkei und Ungarn angeflogen.[81]

Im Oktober 1944 erhielt die Lufthansa drei Maschinen vom Typ Ju 290 A-5, die für den Einsatz im planmäßigen Flugbetrieb zwischen Deutschland und Spanien vorgesehen waren.

Die gängige Darstellung über den Verbleib dieser drei Ju-290-Maschinen der Lufthansa kann so wie bisher dargestellt nicht stimmen. Offiziell erlitten die drei Ju 290 Typ A-5 folgende Schicksale: Die Maschine mit der Kennung D-AITP macht am 27.12.1944 in München eine Bruchlandung und wird nicht wieder in Dienst gestellt. Eine zweite Maschine, Kennung D-AITR, macht am 6.4.1945 In Barcelona „Bruch“, wird nach dem Krieg wieder aufgebaut und versieht in der Zeit von 1950 bis 1953 ihren Dienst bei der Ejército del Aire (Spanische Luftwaffe).[82] Woher die nötigen Ersatzteile gekommen sein könnten, ist ziemlich unklar, aus den Junckers-Werken in Dessau nach 1945 mit Sicherheit nicht mehr. Die dritte Maschine, Kennung D-

---

[81] https://de.wikipedia.org/wiki/Geschichte_der_Lufthansa

[82] https://de.wikipedia.org/wiki/Junkers_Ju_290

AITQ, wird am 7.4.1945 in München durch einen Tieffliegerangriff schwer beschädigt und nimmt ebenfalls ihren Dienst nicht mehr auf. Somit verfügt die Lufthansa ab diesem Datum über kein flugfähiges Muster der Ju 290 mehr. Doch jetzt wird es sonderbar.

Anlässlich der Flugplanaufnahme für Auslandsflüge der neuen Lufthansa nach dem Krieg im Jahre 1955 berichte „Der Spiegel" hierüber und leitete seinen Artikel vom 25.5.1955 unter der Überschrift „Die Tabellen-Piloten" mit einer Rückblende auf die alte Lufthansa ein.[83] Demnach war der Flugkapitän Gerstenkorn mit seiner Ju 290 am 21. April 1945 in Madrid (Flughafen Barajas) gestartet und in Berlin-Tempelhof gelandet. Damit war der letzte planmäßige (!) Flug der Deutschen Lufthansa ohne Zwischenfall beendet. In Berlin empfing ihn das Grollen der russischen Artillerie.

Leider berichtet der Spiegel-Artikel nichts über die Fluggäste und oder die Flugfracht der Ju 290 aus Madrid. Flugkapitän Gerstenkorn hatte aber Mitbringsel für seine Freunde in der Berliner Hansa-Verwaltung im Eigengepäck: Gewürze, ein paar Beutel Zwiebeln und eine Dauerwurst! Noch interessanter als solche Details aus dem genannten Artikel wäre die Gäste- und Frachtliste des Hinfluges nach Madrid gewesen, aber leider schweigt der Spiegelbericht auch zu dieser Frage.

Und wenn dieser letzte planmäßige Spanienflug wie beschrieben endete, dann stellt sich die Frage nach den nun folgenden unplanmäßigen Flügen. Schließlich wird man sich etwas dabei gedacht haben, die intakte Maschine un-

---

[83] https://www.spiegel.de/spiegel/print/d-31970381.html

mittelbar vor Kriegsende wieder ins bereits umkämpfte Berlin einfliegen zu lassen. Gerstenkorn hätte doch viel gefahrloser nach Linz, Prag oder Königgrätz fliegen können? Oder noch besser, man hätte die Maschine im neutralen Spanien parken können. Die Lufthansa war ein privates Unternehmen, es wäre doch sinnvoll gewesen, dieses wertvolle Fluggerät im (befreundeten) Ausland in Sicherheit zu wissen?

Fakt ist, wir haben jetzt eine intakte Ju 290 der Lufthansa in Berlin, die spätestens am 22.4.1945 Tempelhof wieder mit unbekanntem Ziel verlässt. Eine Überführung dieser Maschine nach Rostock, wie an diesem Tag mit anderen Lufthansamaschinen durchgeführt, macht keinen Sinn. Sie in eine der letzten Langstreckenflugzeuge (!) des Dritten Reiches. In den letzten Kriegswochen mangelte es nicht an Flugzeugen, die Flugplätze im Süden standen voll mit intakten Maschinen.[84] Es mangelte an Treibstoff, für Einzelflugzeuge konnten wieder und wieder Reserven aufgetrieben werden, aber es war nicht mehr möglich, geschlossene Verbände in die Luft zu bekommen.

Es machte auch nicht wirklich Sinn, dieses Flugzeug dafür zu nutzen, irgendjemanden aus Berlin auszufliegen, um in Süddeutschland zu landen. Dafür reichte eine Ju 52 völlig aus. So wurden zum Beispiel Hitlers Sekretärinnen, Christa Schroeder und Johanna Wolf, am 21.4.1945 mit einer solchen Maschine von Berlin-Tempelhof nach Salzburg ausgeflogen.[85] Noch mal: Eine Ju 290 war für ein

---

[84] P. W. Stahl, „Geheimgeschwader KG 200“, Motorbuchverlag Stuttgart, 5. Auflage 1986, Seite 235

[85] Christa Schroeder, „Er war mein Chef“, Albert Langen-Georg Müller Verlag GmbH München, 3. Auflage 1985, Seite 200

solches Unterfangen natürlich auch geeignet, aber sie war hierfür viel zu wertvoll!

Wenn man am 21.4.1945 die Gefahren auf sich nimmt, eine Ju 290 der Lufthansa aus dem sicheren Spanien wieder ins umkämpfte Berlin fliegen zu lassen, dann muss es hier einen tieferen Sinn geben. Denn eine Woche später, am 28.4.1945, waren die Russen schon auf das Tempelhofer Feld eingebrochen![86]

Die letzte Maschine der Lufthansa, eine Ju 52, verließ das Flugfeld Berlin-Tempelhof am 22.4.1945 mit Ziel Warnemünde[87], gemeint ist Rostock. Vom Flughafen Rostock Hohe Düne aus führte die Deutsche Lufthansa im April 1945 ihre letzten Linienflüge nach Skandinavien vor Kriegsende durch. Also wurden die Lufthansamaschinen der unterschiedlichsten Typen bis zum 22.4.1945 aus Tempelhof ausgeflogen und somit eben auch die Ju 290 aus Madrid! Und eine Verlegung einer solchen Langstreckenmaschine machte nur noch Richtung Süden Sinn, entweder nach Österreich, z.B. Linz, oder ins Protektorat Böhmen und Mähren, also Prag oder Königgrätz.

Wenn also der offizielle Verbleib der drei Ju 290 der Lufthansa schon so nicht stimmig ist, wie wahrscheinlich ist die Geschichte der Ju 290, die auf der einen Seite in Barcelona „Bruch'" gemacht haben soll, aber auf der anderen Seite nachweislich von 1950 bis 1953 bei der spanischen Luftwaffe Dienst tat? Und wo war diese Maschine eigentlich seit 1945, fünf volle Jahre in Reparatur?

---

[86] Kriegstagebuch des Oberkommandos der Wehrmacht, 1944-1945 Teilband II, Seite 1269

[87] https://de.wikipedia.org/wiki/Geschichte_der_Lufthansa

Wenn unsere Ju 290 der Lufthansa, die ja am 21.4.1945 aus Madrid zurückkam und dort schon etwas hin ausgeflogen hatte (!), nun nochmals in Berlin landet und am Folgetag wieder startet, dann stellt sich hier schon die Frage, was eigentlich vertuscht werden soll.

Aber auch bei unserer Maschine in Barcelona ist die Bruchlandung ziemlich unglaubwürdig. Machte es nicht viel mehr Sinn, diese zivile (!) Maschine dort tatsächlich zu parken? Und selbst wenn dies nicht die Idee der Lufthansa gewesen sein sollte, ist eine solche Überlegung trotzdem zulässig. Es könnte ja sein, man hat der Verwaltung der Lufthansa in Berlin den „Bruch“ in Barcelona sogar mitgeteilt, wie hätte man dies in den letzten vier Wochen des totalen Zusammenbruches denn überprüfen können?

Vielleicht wurde die Maschine in Barcelona nicht geparkt, damit sie nach dem Krieg der Lufthansa wieder zur Verfügung steht. Dass es hierzu eh nicht kommen würde, weil die alte Lufthansa eben auch 1945 unterging und die neue Lufthansa erst 1955 die Auslandsflüge wieder aufnehmen würde, konnte gegen Kriegsende ja niemand ahnen.

Gab es vielleicht ganz andere Kreise, die eine zivile Ju 290 in Barcelona kurz vor Kriegsende noch ganz gut brauchen konnten? Ein Langstreckenflugzeug, das da warm und trocken unter der spanischen Sonne wartete? Eine Maschine, von der man weiß, sie war seit dem 6. April 1945 in Barcelona und später bis 1953 im Dienst der spanischen Luftwaffe!

Es ist auch nicht vorstellbar, dass „Der Spiegel“ 1955 seiner Leserschaft einen Bären aufgebunden und die Geschichte um die Ju 290 und Flugkapitän Gerstenkorn nur zur Einleitung und Ausschmückung des Artikels genutzt hat.

In dem mit technischen Details gespickten längeren Artikel ging es unter anderem auch um die Problematik, neues fliegerisches Personal für die neue Lufthansa zu rekrutieren. Die Umstellung auf die neuen Maschinen verlangte deutlich mehr als eine fliegerische Ausbildung im Zweiten Weltkrieg. Technisch gesehen waren die vergangenen zehn Jahre seit Beendigung des Krieges eine lange Zeit.

Zahlreiche ehemalige Mitarbeiter, auch Piloten, der alten Lufthansa haben sich naturgemäß bei der neuen Lufthansa um Anstellung beworben. Aber aus den eben geschilderten Gründen wurden nur relativ wenige Bewerber angenommen. Bei den Piloten wurden die Maschinen im gesamten ersten Jahr von Ausländern geflogen und die Deutschen konnten nur als Co-Pilot im Cockpit mitfliegen.

Vor diesem Hintergrund wäre eine „eingebaute Geschichte“ einer Ju 290, die noch am 21. April 1945 Berlin anfliegt, mit Sicherheit nicht unwidersprochen geblieben. Damals war „Der Spiegel“ ein Leitmedium mit breiter und interessierter Leserschaft. Gerade auch das ehemalige Personal der Alt-Lufthansa war außerordentlich am Neuanfang „ihrer“ Fluglinie interessiert, obgleich die beiden Gesellschaften außer dem Namen keine Gemeinsamkeiten hatten.

Und die drei Ju 290 waren die Flagschiffe der alten Lufthansa, deren Schicksal und Verbleib nicht uninteressant war. Eine Reederei weiß ja im Normalfall auch, wo ihre Schiffe verblieben sind. Es bleibt dabei, ob nun schon bereits in Barcelona parkend oder am 22.4.1945 aus Berlin ausfliegend, mindestens eine zivile Ju 290 der Lufthansa stand gegen Kriegsende unversehrt zur Verfügung!

Zur Ju 290 im Linienverkehr zwischen Deutschland und Spanien verfügte die Lufthansa zumindest theoretisch noch über eine Alternative. „Die Lufthansa hatte bis zum Schluss mit einigen wenige FW 200 ihr schrumpfendes Streckennetz beflogen; zwei davon erlebten das Kriegsende.“[88]

Hat unter Umständen nicht jene Maschine vom Typ Ju 290 in der spanischen Luftwaffe gedient, die in Barcelona „Bruch“ gemacht haben soll, sondern die Maschine, die Berlin mit unbekannten Ziel wieder verlassen hat?

Und es wäre zeitlich sogar möglich gewesen, diese Maschine technisch aufzurüsten, zum Beispiel durch Zusatztanks. Dann wäre das erste Ziel dieses Flugzeuges das Flugfeld Eberswalde-Finow gewesen, gut 50 Kilometer nordöstlich von Berlin. Genau dort lag die Spezialflugzeugwerft des KG 200, mit der Aufgabe, unterschiedliche Flugzeuge auf ihre speziellen Aufträge vorzubereiten und gegebenenfalls entsprechend umzurüsten.[89]

Hier wurden auch die erbeuteten Feindflugzeuge technisch umgerüstet. Endliche Feinbomber mussten bei ihren Einsätzen über Deutschland notlanden. Die Maschinen wurden dann umgerüstet und dem Geheimgeschwader des Dritten Reiches, dem KG 200, für Spezialaufträge zur Verfügung gestellt.[90]

Die so wieder in Dienst gestellten ehemaligen Feindmaschinen erhielten deutsche Kennzeichen und Hoheitsabzei-

---

[88] www.luftfahrt24.de/die-focke-wulf-200-condor

[89] https://de.wikipedia.org/wiki/Flugplatz_Eberswalde_Finow

[90] https://de.wikipedia.org/wiki/Kampfgeschwader_200

chen. Gerne geflogen wurden diese Maschinen allerdings nicht. Nicht weil dies flugtechnisch nicht interessant gewesen wäre, sondern weil manche eifrige Flakbesatzung die Umwandlung nicht oder zu spät erkannte. Es gab daher durchaus Fälle von „friendly fire“, also dem irrtümlichen Beschuss durch die eigene Flak.

Das Flugfeld in Eberswalde-Finow wurde erst am 26. April 1945 von den Deutschen geräumt und dabei teilweise gesprengt.[91]

[91] https://de.wikipedia.org/wiki/Flugplatz_Eberswalde_Finow

V. Verschollene Langstreckenflugzeuge des Dritten Reiches

„Die He 277 war Heinkels Beitrag für das Amerikabomber-Projekt des Reichsluftfahrtministerium (RLM). Die vier Antriebe waren in einem konventionellen Entwurf in je zwei Flügelgondeln untergebracht. Der Rumpf ähnelte dem der viermotorigen He-177-Version A-7 und B-7 und der Bristol Blenheim. Das Doppelseitenleitwerk ähnelte dem der geplanten He 177B.

Drei Prototypen und 10 Vorserienflugzeuge waren geplant. Als das He 277-Programm im April 1944 eingestellt wurde, war noch keiner der Prototypen fertiggestellt.“[92]

„Beschreibung He 277

Es handelte sich um ein Projekt, das Heinkel dem Reichsluftfahrtministerium (RLM) bereits 1940 unterbreitet hatte, um die Überhitzungsprobleme zu beseitigen, die die He 177 mit ihren paarweise gekoppelten Triebwerken hatte. Die Grundlage für die He 277 war die He 177B. Die vier Antriebe wurden dabei in konventioneller Bauweise in je zwei Gondeln pro Tragfläche untergebracht. Die Entwicklungsarbeiten wurden erst ab 1943 wieder aufgenommen. Die He 277 war ein freitragender Mitteldecker und ab dem dritten Prototyp mit Doppelleitwerk ausgeführt. Der Prototyp *He 277 V1*, eine umgerüstete He 177 A-3/R2, flog erstmals Ende 1943. Bis Mitte 1944 wurde eine kleine Se-

[92] https://de.wikipedia.org/wiki/Heinkel_He_277

rie von acht He 277B-5/R2 gefertigt, danach wurde die Produktion eingestellt.“[93]

Laut Angaben des Luftfahrtmuseums Hannover-Laatzen, das uns die vorstehende Beschreibung zur He 277B-5 liefert, hatte die Maschine eine Reichweite von 6.250 Kilometern, also für die damalige Zeit schon ganz anständig.

Schon die vorstehende Gegenüberstellung zur He 277 zeigt das Problem auf, wenn man sich dem Thema Langstreckenflugzeuge des Dritten Reiches nähern möchte. Die Krux bei der Sache ist, dass sich die Expertenwelt alles andere als einig ist.

Wenn man die verschiedenen Quellen und Foren durchforstet, stößt man schon fast auf eine Art Glaubenskrieg unter den technikaffinen Autoren. Da wird um jedes noch so kleine Detail gerungen, da werden Fotobeweise eingefordert und technische Leistungen wahlweise in Abrede oder in den Raum gestellt.

Das gilt auch für ein weiteres Langstreckenflugzeug des Dritten Reiches, für das Flugboot BV 222:

„Die Blohm & Voss BV 222 Wiking war ein großes deutsches Flugboot des Zweiten Weltkriegs. Drei dieser im Auftrag der Lufthansa entworfenen sechsmotorigen Flugzeuge wurden am 19. September 1937 von der Lufthansa für den Dienst auf Langstrecken bestellt. Aufgrund des im September 1939 begonnenen Zweiten Weltkrieges wurden diese Maschinen zu militärischen Transport- und Aufklärungsflugzeugen umgerüstet und weitere Maschinen gleich für die Luftwaffe hergestellt.

93 https://www.luftfahrtmuseum-hannover.de/images/wehrmann/Heinkel%20He%20274%20277.pdf

Der Erstflug fand am 7. September 1940 statt. Wahrscheinlich wurden 13 Flugzeuge gebaut, darunter die Prototypen V1 bis V8. Die Serienvarianten trugen die Bezeichnung C-09 bis C-13, wovon Letzteres bei Kriegsende noch nicht fertiggestellt war.“[94]

„Zwei dieser eigentlich nicht zu übersehbaren Riesenflugzeuge sind bis heute spurlos verschwunden, nachdem sie noch kurz vor Kriegsende nach Flensburg verlegt worden waren.

Dabei handelt es sich um die „BV 222 C-011“ und „C-013“. Nirgends gibt es Berichte über ihre Erbeutung, Vernichtung oder Selbstzerstörung.“[95]

Wie dem auch sei, die Maschine hatte eine 16köpfige Besatzung und konnte rund 90 Soldaten befördern. Das Flugzeug war 37 Meter lang, verfügte über eine Spannweite von 46 Metern und war fast 11 Meter hoch. Das Startgewicht lag knapp unter 50 Tonnen und die Reichweite betrug 6000 Kilometer. Als Antrieb fungierten sechs Motoren (6 x 1000 PS Bramo 323 Rz bzw. 6 x 1000 PS Jumo 207 C). Hier herrscht zumindest wohl wieder Einigkeit.

Natürlich konnten diese Flugboote nicht nur in irgendwelchen Buchten und Fjorden starten und landen, sondern ebenso sehr auf dem offenen Meer, auf Seen und auf Flüssen, zum Beispiel auf der Elbe bei Hamburg oder auf der Moldau bei Prag.

Die BV 222 hatte noch eine größere Schwester, die wir bei dieser Gelegenheit nicht vergessen wollen.

---

[94] https://de.wikipedia.org/wiki/Blohm_&_Voss_BV_222

[95] Friedrich Georg, „Hitlers letzter Trumpf, Grabert-Verlag Tübingen, 2009, Seite 84

„Die Blohm & Voss BV 238 war ein Flugboot des Herstellers Blohm & Voss aus der Zeit des Zweiten Weltkriegs. Es war das schwerste Flugzeug des Krieges, noch einige Tonnen schwerer als die B-29. Der erste Prototyp, die V1, flog erstmals am 11. März 1944, nachdem er am Vortag bereits einen kurzen Hüpfer gemacht hatte. Als Antrieb dienten sechs DB 603 in nach vorne gelagerten Triebwerksgondeln. Der Bau von zwei weiteren Prototypen wurde begonnen, aber nicht abgeschlossen… Bereits 1942 hatte man mit dem Bau von Teilen für die V1 begonnen, welche dann ab Januar 1944 zusammengesetzt wurden.“[96]

Das Schicksal und der Verbleib dieses Flugzeuges sind geklärt. Das auf dem Schaalsee bei Seedorf getarnt liegende Flugboot wurde von britischen Jagdbombern im Frühjahr 1945 schwer beschädigt und nach dem Krieg verschrottet. Interessant ist aber der Umstand, dieses erste Flugzeug wurde von Januar bis März 1944 zusammengebaut, während die anderen zwei Prototypen zwar in Bau gingen, aber angeblich nie fertiggestellt wurden. Wohlgemerkt, die Flugzeuge gingen in Bau, nicht in Planung!

Diese seltsame Marotte im deutschen Flugzeugbau, ständig irgendetwas anzufangen, aber es dann nicht fertigzubekommen, entspricht so überhaupt nicht jenen preußischen Tugenden, die uns Deutschen noch heute in aller Welt nachgesagt werden.

Hier noch zur Information die wichtigsten Daten zur BV 238: Länge 43,36 Meter, Höhe 13,4 Meter, Spannweite V 1 57,75 Meter (die Nachfolgemodelle sollten eine Spannwei-

---

[96] https://de.wikipedia.org/wiki/Blohm_&_Voss_BV_238

te von 60,17 Meter besitzen), max. Startmasse 85 Tonnen, Reichweite 7200 Kilometer.

Zusätzlich war noch eine Variante der BV 238 als landgestütztes Flugzeug offenbar wieder nur in Planung:

„Es wurde eine Landflugzeugversion mit dem Namen BV 238-Land vorgeschlagen, die in der Lage war, Transporte, Langstreckenbombardements und transatlantische Aufklärungsaufgaben auszuführen.

Der untere Rumpf wurde durch eine schlichte Verkleidung ersetzt, mit ausfahrbarem Unterwagen mit zwölf Haupt- und zwei Bugrädern. Ein Bombenschacht füllte den Raum zwischen den Radplätzen aus, ein weiterer lag hinter dem Hauptfahrwerk. Die Flügelschwimmer wurden in ähnlicher Weise durch einziehbare Auslegerstabilisierungsräder ersetzt. Oben öffneten sich Frontladetüren auf ein Frachtdeck mit Platz für mehrere Kampffahrzeuge. Das Bugrad könnte hochgeklappt werden, wodurch das Flugzeug „kniet" und die Fahrzeuge über eine Laderampe direkt auf und abfahren können. Alternativ könnten Fahrgastsitze eingebaut werden. Ein weiteres, oberes Deck hinter dem Crew Cockpit beherbergte weitere Passagiere und brachte die Gesamtkapazität auf 300 Mann. Umbenannt in die BV 250 im Jahr 1942, wurden drei Prototypen bestellt, aber keine war bis zum Ende des Krieges fertig."[97]

Das maximale Startgewicht dieser landgestützten Variante sollte dann bei 100.000 kg liegen und es stellt sich schon fast die Frage, was man mit einem solchen „Monster" ei-

---

[97] https://www.luftfahrtmuseum-hannover.de/index.php/de/preise/sammlungen/luftfahrtlexikon/329-i-ae-33-pulqui-ii-13

gentlich vorhatte. Aber da die bereits bestellten drei Prototypen im Zeitrahmen von 1942 bis 1945 „natürlich“ nicht fertig wurden, stellt sich diese Frage dann wohl doch nicht.

Um das alles einmal ein wenig einordnen zu können, machen wir mal einen Blick nicht nur über den Tellerrand, sondern gleich über den großen Teich und schauen uns die Boeing B-29 Superfortress kurz an. Diese Maschine galt als schwerstes amerikanisches Kampfflugzeug und gelangte zu trauriger Berühmtheit als Trägerflugzeug beim Abwurf der ersten Atombombe auf Hiroshima. Hier einige Daten zur Boeing B-29:

Länge 30,2 Meter, Spannweite 43,08 Meter, Höhe 8,47 Meter, Fluggewicht 54,5 Tonnen, Besatzung 10 bis 14 Mann, Normale Reichweite 5200 Kilometer. Antrieb: Vier 2200 PS Wright R-3350-23 Ceyclone Doppelsternmotoren.[98]

Selbstverständlich wäre es im Interesse der historischen Wahrheit wünschenswert, wenn jede Information zum damaligen Zeitgeschehen hieb- und stichfest bewiesen werden könnte. Aber wie ist zu erklären, wenn berufene Zeitzeugen etwas erzählen oder veröffentlichen, was nach gängiger technischer Geschichtsschreibung schlicht Unfug wäre?

Bevor wir bei den Flugzeugen weitermachen, schauen wir kurz auf die Raketen. Nach allgemeiner Darstellung war mit der Flügelbombe V 1 und der ersten echten Rakete, der V 2, das Arsenal der größeren Raketen des Dritten Reiches erschöpft. Es gab zahlreiche andere Raketen, die hier aber

---

[98] Kenneth Munson, „Die Weltkrieg II Flugzeuge“, Motorbuch Verlag Stuttgart, 7. Auflage 1977, Seite 57

nicht untersucht werden sollen. Von der V 2 gab es noch eine in der Reichweite verbesserte Version, die aber nicht mehr zum Kriegseinsatz gekommen sein soll und die Planung zu einer mehrstufigen Rakete.

„Die projektierte Reichweite dieser so genannten „Amerikarakete“, deren erklärtes Ziel es war, New York anzugreifen, betrug 5.500 km. Jedoch kam das Projekt nicht über das Planungsstadium hinaus.“[99]

„Im Programm der V-Waffen stand auch der Bau einer Rakete, die in der Lage gewesen wäre, New York oder Moskau zu bombardieren. Ende März 1945 war diese Rakete praktisch fertig und hätte ab Juni serienmäßig hergestellt werden können.“[100]

Jetzt kann schwerlich eine Rakete, die über das Planungsstadium nicht hinausgekommen ist, gleichzeitig einfach so in Serie gehen. Dazwischen liegen schon noch einige entwicklungstechnische Schritte. Beide Darstellungen gehen so einfach nicht zusammen.

Es kann natürlich sein, dass uns der SS-Obersturmbannführer Otto Skorzeny unwissentlich einen Bären aufgebunden hat, indem er Wissen von einer „Amerika-Rakete“ vom Hörensagen weitergibt. Aber sehr wahrscheinlich ist diese Vermutung nicht. Skorzeny war bestens vernetzt und der Mann, der die wichtigsten Kommandoun-

[99] https://de.wikipedia.org/wiki/Aggregat_4

[100] Otto Skorzeny, „Meine Kommandounternehmen“, Limes Verlag Wiesbaden und München, 3. Auflage 1977, Seite 156

ternehmen des Dritten Reiches plante oder sogar selber durchführte.

Ein anderes hübsches Beispiel in der Literatur zum Krieg bezieht sich auf die Atombombe:

„Nach der Entwarnung in Berlin traf Hitler in der Halle der Reichskanzlei überraschend den Oberstabsarzt, der nach dem 20. Juli seine Ohrverletzung behandelt hatte. Dr. Giesing… Nun begann Hitler unvermittelt vom Kriege zu sprechen. „In allerkürzester Zeit werde ich meine Siegwaffen einsetzen, und dann wird der Krieg ein glorreiches Ende nehmen. Das Problem der Atomzertrümmerung ist seit langem gelöst, und es ist soweit ausgearbeitet, dass wir diese Energie für Rüstungszwecke benützen können, und dann wird den Herren Hören und Sehen vergehen.““ In der dazugehörigen Fußnote ist vermerkt: „Giesing schrieb seine Aufzeichnungen im Juni 1945, also sechs Wochen vor Hiroshima!“[101]

Wir wollen uns jetzt auch nicht auf die Suche nach der deutschen Atombombe und ihrer möglichen Trägersysteme, ob nun Flugzeug oder Rakete, machen, sondern wir interessieren uns für den Verbleib von Langstreckenflugzeugen. Und bevor jetzt der Glaubenskrieg unter den „Raketen- und Atomforschern“ angeheizt wird, kommen wir lieber wieder auf diese Flugzeuge zurück, da geht es ebenfalls hoch her.

„Die Me 264 war ein viermotoriges Langstreckenflugzeug,… das wegen seiner immensen Reichweite von

[101] David Irving, „Führer und Reichskanzler“, F. A. Herbig Verlagsbuchhandlung München - Berlin, 1989, Seite 754

15.000 km auch als „Antipodenflugzeug“ bezeichnet wurde.

Der Erstflug fand am 23. Dezember 1942 statt. Die einzigen Prototypen V1 (anfangs mit Junkers Jumo 211) und V2 (BMW 801 D) wurden bei Luftangriffen zerstört. Danach wurde die Produktion der Me 264 nicht mehr aufgenommen.

Bahnbrechend wirkte die Messerschmitt Me 264 durch die Integraltanks in den Tragflächen anstatt der bis dahin üblichen Sack- oder Metallbehälter, was die Mitnahme von etwa 30 Prozent mehr Treibstoff ermöglichte. Die Messerschmitt Me 264 war das erste Flugzeug weltweit, welches mit diesen Tanks ausgestattet war, die später in der Luftfahrt Standard wurden.

Die Serienausführung der Messerschmitt Me 264 sollte 12.000 bis 15.000 km weit fliegen und 3.000 kg Bomben transportieren können.“ [102]

12.000 Kilometer Reichweite sind schon ein Ansage, da kam damals kein anderes Flugzeug überhaupt in die Nähe einer solchen Leistung! Das war zu dem Zeitpunkt einmalig in der Welt. Aber da geht noch mehr!

„Das mit zwei Endscheiben ausgestattete Leitwerk hatte bei der „Me 264“ V-1 und V-2 eine leichte V-Stellung. Ab V-3 erhielt die Maschine ein gerades Höhenleitwerk… Die Maschine besaß eine Brennstoffkapazität von 26.400 Litern in den Tragflächentanks. Weitere 13.000 Liter konnten als Außenlast in sechs Zusatzbehältern mitgeführt werden

[102] https://de.wikipedia.org/wiki/Messerschmitt_Me_264

… Die größte Reichweite der „Me 264“ betrug unter optimaler Kraftstoffzuladung und unter Einhaltung eines genau erarbeiteten Flugplans 15.800 Kilometer … Ab V-4 und V-5 sollten Strahltriebwerke zusätzlich eingebaut werden.“[103]

Soweit zumindest die Planung. Was davon letztlich tatsächlich eins zu eins umgesetzt wurde, ist unklar. Irgendwie stand eine Maschine, mit einer Reichweite von über 11.000 Kilometern nicht zur Verfügung, zumindest nicht mehr 1945!

Mit dieser Feststellung fängt das eigentliche Problem aber erst an. Wir kommen jetzt zu einem berufenen Zeitzeugen, der in der Nachkriegszeit einen Vortrag hält und dabei einen Dialog zwischen ihm und Adolf Hitler wiedergibt. Wir befinden uns im Führerbunker in Berlin Ende April 1945 und hören mal ins Gespräch rein:

„Aber mein Führer, wir haben doch Maschinen, ich kann Sie doch hinbringen, wo Sie wollen.“ Wir hatten Maschinen mit 30.000 l Brennstoff an Bord mit 11.000 Kilometer Reichweite. „Ich kann Sie nach Argentinien bringen, ich kann Sie nach Japan bringen, ich kann Sie zu irgendeinem Scheich in die Sahara-Wüste bringen.“ Er sagte: „Baur, Deutschland verlassen, kommt für mich überhaupt nicht in Frage. Ich hätte wohl zwei Möglichkeiten, die eine Möglichkeit wäre, von hier auf den Berg raufzugehen, die andere Möglichkeit von hier zu Dönitz rauf. Dann wäre ich 14 Tage später genau so weit wie heute.“[104]

---

[103] Friedrich Georg, „Hitlers letzter Trumpf, Grabert-Verlag Tübingen, 2009, Seite 68

[104] Institut für Zeitgeschichte München-Berlin: *Zeugenschrifttum Online, ZS 638, Baur, Hans* (PDF; 10 MB)

Hans Baur war Hitlers Chefpilot und Führer der Flugstaffel „Reichsregierung“. Er flog seit 1933 bis zum Ende 1945 Adolf Hitler und war auch für die Ausstattung seiner Flugstaffel verantwortlich. In den zwölf Jahren bei Hitler ist sicherlich genug Spannendes und Interessantes passiert, da brauchte Baur keine Wichtigtuerei um seinen Vortrag auszuschmücken. Er wäre auch Gefahr gelaufen, im Vortragspublikum befände sich nur eine fachkundige Person, die nachfragen würde. Damit wäre der ganze Vortrag geschmissen und Baur hätte sich nirgends mehr sehen lassen können!

Zur zitierten Textpassage vielleicht noch folgende Hinweise: „Vorliegendes Manuskript ist nach Tonbandaufzeichnungen angefertigt. Der Vortrag wurde vor der Deutschen Gesellschaft gehalten. Ort und Datum sind unbekannt. Das Manuskript ist nur mit Einverständnis des Archivars zu benutzen. 22.1.63“ Wir machen das hier mal trotzdem, da der Vortrag im Internet abrufbar ist.

Der Vortrag von Hans Baur „Die letzten Tage in der Reichskanzlei“, oder vielmehr die Abschrift des Tonbandes umfasst 47 Seiten und ist ursprünglich mit „VERTRAULICH“ gestempelt. Hinterlegt ist die Abschrift beim Institut für Zeitgeschichte in München und trägt dort das Aktenzeichen 2941/62. Die 47 Seiten sind registriert unter den Nummern ZS 638 - 3 bis ZS 638 - 50, wir wollen ja nicht, dass da noch was wegkommt. Das wiedergegebene Zitat findet sich auf Seite 23 der Abschrift.

Ob der Tonbandmitschnitt mit Kenntnis von Hans Baur vorgenommen wurde, darf sogar bezweifelt werden. Es ist nämlich ersichtlich, dass beim Tonbandwechsel kleinere Passagen des Vortrags nicht aufgezeichnet wurden. Diese

Stellen wurden in der Abschrift „…“ gekennzeichnet, aber nicht vervollständigt. Letzteres wäre wohl geschehen, wenn die Initiative zur Aufzeichnung von Baur ausgegangen wäre.

Aber zurück zum mysteriösen Flugzeug. Es ist eigentlich nicht anzunehmen, sofern Baur in seinem Vortrag nicht geflunkert hat, dass der Chefpilot seinem Führer ein Angebot unterbreitet, das er nicht einhalten könnte. Hitler wollte sich in dieser Situation von Baur verabschieden und hatte gerade seinen Entschluss mitgeteilt, nunmehr seinem Leben ein Ende zu setzen. Seinem Führer jetzt einen letzten Strohhalm hinzuhalten, den es gar nicht gab, wäre bei einem ja erhofften Sinneswandel bei Hitler dann für Baur der reine Selbstmord gewesen! Hitler hatte gerade aus tiefster Enttäuschung, was Baur ja mitbekommen hatte, Fegelein an die Wand stellen lassen.

Zudem hätte er alles auch eine Nummer kleiner verkaufen können und auf kleinere Flugzeuge verweisen können, zum Beispiel auf die Ju 290. Damit hätte man allemal zu Franco fliegen können. Natürlich hätte Hitler das nicht den Kopf gerettet, aber eben Baur, anstatt sich im Führerbunker eventuell um Kopf und Kragen zur reden. Und auch für das Vortragspublikum wäre eine Geschichte rund um die Ju 290 noch interessant genug gewesen. Baur hatte an dieser Stelle einfach keinen Grund, dummes Zeug zu erzählen!

Und damit kommen wir zu einem Flugzeug, was ebenfalls nicht zur Verfügung gestanden haben soll, aber immerhin von Hans Baur für die Flugstaffel „Reichsregierung“ schon mal bestellt wurde.

„Bereits vorher, im November 1943, hatte der persönliche Pilot des Führers, Flugkapitän Hans Baur, ein Exemplar der „Ju 390“ für die Regierungsflugstaffel (F.d.F.) angefordert. Das Flugzeug sollte dort als Ersatz oder Ergänzung für die bis dahin geflogene Fock-Wulf 200 „Condor“ dienen“[105]

Schauen wir aber vorher noch kurz, was diese zu ersetzende Maschine bereits zu leisten in der Lage war.

„Die Focke-Wulf Fw 200 „Condor“... ist ein viermotoriges Tiefdecker-Langstreckenverkehrsflugzeug für 26 Passagiere und vier Mann Besatzung... Von den 276 gebauten Fw 200 verwendete die Luftwaffe im Zweiten Weltkrieg 263 Maschinen als Seeaufklärer, Fernbomber und Transportflugzeug... Die Fw 200 „Condor“ konnte im Liniendienst mit 30 Personen an Bord 1.500 Kilometer weit fliegen...“[106]

Die maximale Reichweite der Focke-Wulf Fw 200 „Condor“ ohne Zusatztanks soll bei rund 3.550 Kilometer gelegen haben.[107]

Aber schon diese Maschine konnte noch mehr und überwand die Atlantikstrecke zwischen Afrika und Brasilien:

„Am 27. Juni 1939 startete die D-AXFO mit Flugkapitän Alfred Henke und Flugkapitän Günther Schuster zum ersten Flug eines Landflugzeuges von Deutschland nach Südamerika (11.100 km, Flugzeit 34:48 h). Dabei überquerte sie den Südatlantik von Banjul in Gambia (damals Bathurst) nach Natal in der Rekordzeit von 9:47 h und erreichte am 29. Juni 1939 Südamerika.“[108]

---

[105] Friedrich Georg, „Hitlers letzter Trumpf, Grabert-Verlag Tübingen, 2009, Seite 87

[106] https://de.wikipedia.org/wiki/Focke-Wulf_Fw_200

[107] www.flugzeuginfo.net/acdata_php/acdata_fockewulf_fw200_dt.php

[108] https://de.wikipedia.org/wiki/Focke-Wulf_Fw_200

Und bereits ein Jahr zuvor stellte die Maschine beeindruckende Rekorde auf:

„Am 10. August 1938 flog die Fw 200 V1 „Condor“ D-ACON der Lufthansa als erstes landgestütztes Passagierflugzeug (mit Zusatztanks) nonstop die 6371 Kilometer lange Strecke von Berlin-Staaken zum Floyd Bennett Field in New York in 24 Stunden, 56 Minuten und 12 Sekunden (dies entsprach einer Durchschnittsgeschwindigkeit von 255,499 km/h). Auf dem Rückflug vom Floyd Bennett Field nach Berlin-Tempelhof legte die Maschine eine Strecke von 6392 Kilometern in 19 Stunden und 55 Minuten zurück. Dies entsprach einer Durchschnittsgeschwindigkeit von 321 km/h. Beide Flüge wurden von der FAI als Flugweg-Rekorde, 2. Kategorie (Rekord mit Besatzung), anerkannt.“[109]

„Konstruiert hat die „Condor“ Kurt Tank, der seit 1931 das Konstruktionsbüro von Focke-Wulf in Bremen leitete. Von ihm stammt auch der Entwurf für die Focke-Wulf 190, einen der beiden Standardjäger der deutschen Luftwaffe im Zweiten Weltkrieg. Wegen seiner Mitgliedschaft in der NSDAP und seiner Tätigkeit als Wehrwirtschaftsführer erhielt er nach dem Krieg Berufsverbot. Er arbeitete jedoch weiter als Flugzeugkonstrukteur, erst in Argentinien, danach in Indien.“[110]

Die vorstehenden Fakten zur Fw 200 „Condor“ sind deshalb außerordentlich interessant, weil das Nachfolgemodell für die Regierungsstaffel ja offensichtlich noch leistungs-

[109] https://de.wikipedia.org/wiki/Flugplatz_Staaken
[110] www.luftfahrt24.de/die-focke-wulf-200-condor

fähiger sein sollte. Stellt sich die Frage, wofür? Im November 1943, als Hans Baur seine Bestellung aufgab, war der Machtbereich des Großdeutschen Reiches schon wieder im Begriff zu schrumpfen.

„Die Ju 390 der Junkers Flugzeug- und Motorenwerke in Dessau war eine vergrößerte Weiterentwicklung der viermotorigen Ju 290… Die Ju 390 war mit sechs Motoren ausgestattet, ansonsten entsprach sie (bis auf die Maße und die Reichweite) ihrem Vorgängermodell. Von der Ju 390 wurde lediglich 1943 im Junkerswerk Merseburg ein Prototyp gebaut, wofür der Rumpf der Ju 90 V6 verwendet wurde. Die Maschine wurde verlängert und erhielt völlig neue, um acht Meter längere Tragflächen mit jetzt sechs Motoren und vier Hauptfahrwerken. Außerdem erhielt die Maschine statt der ovalen die neuen und größeren trapezförmigen Seitenleitwerke. Die Maschine besaß auch eine Transportklappe an der Unterseite der Rumpfhecks.

Das Ju 390 V1 genannte Flugzeug mit dem Stammkennzeichen GH+UK machte am 20. Oktober 1943 von Merseburg aus den Jungfernflug… Im November 1944 wurde die Maschine zum Junkers-Werkflugplatz in Dessau verlegt. Sie wurde dort stillgelegt und alle Propeller abgebaut. Im April 1945 wurde die Maschine von Junkers-Werksangehörigen in Brand gesetzt, da sie den Alliierten nicht in die Hände fallen sollte… Eine zweite Maschine (sie wurde als kompletter Neubau begonnen) war die Ju 390 V2. Sie war in Merseburg (nach anderer Angabe in Dessau) im Bau, wurde jedoch bis zum Kriegsende nicht fertiggestellt. Dem Flugbuch des Oberleutnants Eisermann von der Erprobungsstelle Rechlin ist hingegen zu entnehmen, dass er die Ju 390 V2 am 3. Februar 1945 von Rechlin nach Lärz überführte."[111]

Es wird also noch mysteriöser! Eine Maschine wird gebaut und fliegt, dann werden erst die Propeller abgebaut und um ganz sicher zu gehen, wird das Flugzeug in Brand gesetzt. Eine zweite Maschine, die nicht fertiggestellt wurde, fliegt im Februar von Rechlin nach Lärz. Ganz großes Kino bahnt sich an!

Beim hilfreichen Luftfahrtmuseum in Hannover-Laatzen kann man in Erfahrung bringen, die Reichweite der Ju 390 lag theoretisch bei 9.700 und real bei 8.000 Kilometer ohne Zusatztanks. Und was diese bewirken können, haben wir gerade bei der Fw 200 „Condor" eindrucksvoll gelesen!

„Die V1 wurde im Junkers-Werk in Dessau gebaut und weitgehend montiert, und der erste Testflug fand am 20. Oktober 1943 statt. Seine Leistung war zufriedenstellend genug, dass das Luftfahrtministerium 26 zusätzlich zu den zwei Prototypen bestellte. Am 29. Juni 1944 bemerkte der Generalluftzeugmeister Milch, dass Junkers sieben Ju-390-Flugzeuge in Fertigung hatte. Die Verträge über 26 Ju 390 wurden jedoch am 20. Juni 1944 annulliert und alle Arbeiten im September 1944 eingestellt."[112]

Endlich sind sich mal alle Experten einig! Auch eine Ju 390 braucht man nicht weiter im Auge zu behalten. 1945 gab es mit absoluter Sicherheit keine einsatzfähige Ju 390!

Wenn die Verträge am 20. Juni 1944 im Hinblick auf die Fertigung von 26 Flugzeugen annulliert worden sind, dann

[111] https://de.wikipedia.org/wiki/Junkers_Ju_390
[112] https://www.luftfahrtmuseum-hannover.de/.../447-junkers-ju-390

könnte dies auch bedeuten, dass Junkers als Staatsbetrieb[113] das so hinnimmt, aber auf den Umstand verweist, sieben Maschinen sind bereits „auf Kiel“ gelegt. Davon erfährt der Generalluftzeugmeister am 29. Juni 1944. Das eine muss mit dem anderen also gar nichts zu tun haben. Man kann ja die Fertigung von 26 Flugzeugen annullieren und trotzdem die bereits begonnen Maschinen zu Ende bauen. Wenn es anders war, warum hat man dann die Arbeiten erst im September 1944 eingestellt und nicht sofort? Vermutlich doch, weil eben die im Bau befindlichen Flugzeuge noch im Zeitraum Juli bis September fertiggestellt worden sind. Vielleicht, je nach Baufortschritt im Juni, auch weniger Maschinen als sieben, dass aber gar keine Maschine mehr zu Ende gebaut wurde, lässt sich so nicht zwingend herleiten. Das eine schließt das andere nicht aus.

In diesem Zusammenhang würde es auch verwundern, wenn man dem Bau aller Maschinen im Juni den Garaus machen will, aber noch im Vormonat die Anforderungen an das Flugzeug hochschraubt.

„Im Mai 1944 wurden Überlegungen bei Junkers angestellt, wie die „Ju 390“ gewichtsmäßig erleichtert werden könne, um die bis jetzt erreichte Flugstrecke von 8.500 km noch zu verbessern. Der Grund dafür war, dass aus politischen Gründen (!) die Flugstrecke auf 11.000 km bei einer Nutzlast von 8 t heraufgesetzt worden war. Diese neu geforderten Leistungen wollte man bei einem Überlastab-

[113] https://de.wikipedia.org/wiki/Junkers_Flugzeug-_und_Motorenwerke

fluggewicht von 80,5 t durch den Ausbau von 5 t Ausrüstung und Bewaffnung erreichen.“[114]

Die Gedanken wird man sich bei Junkers in dem Moment gemacht haben, als diese neue Forderung auch erhoben wurde, also im Mai 1944. Es ist kaum anzunehmen, man stellt für ein Flugzeug neue Anforderungen in den Raum und beschließt vier Wochen später, man benötigt so eine Maschine ohnehin nicht. Es ist doch viel wahrscheinlicher, man benötigt schon so ein Flugzeug mit der entsprechenden Leistungsfähigkeit, aber man braucht für den vorgesehenen Zweck nicht 26 Stück davon.

Und dennoch wird die Existenz von mehr als einer Ju 390 als Prototyp in Abrede gestellt. Expertenwissen geht halt vor Logik. Alles gut also, wenn da jetzt nur nicht diese lästigen berufenen Zeitzeugen wären, die immer Dinge benennen, von denen es die Nachkriegsexperten doch besser wissen (wollen). Und es bleibt dabei: Es verwundert ein wenig, dass immerhin sieben Flugzeuge vom Riesentyp Ju 390 in Fertigung sind und offenbar allesamt unabhängig vom Baufortschritt verschrottet wurden.

Die Ju 390 hatte eine Länge von 34,2 Meter, eine Spannweite von 50,32 Meter, ein Höhe von 6,89 Meter. Die Nutzlast lag bei über 10.000 kg. Die Startmasse für die Serienmodelle lag bei 78,5 Tonnen! Die Höchstgeschwindigkeit lag beladen bei 456 km/h und unbeladen bei 505 km/h. Die Dienstgipfelhöhe lag bei 6.000 Metern. Die theoretische Maximalreichweite (ohne Zusatztanks) wird mit 10.000 Kilometer, real mit 8.000 Kilometer angegeben.

---

[114] Friedrich Georg, „Hitlers letzter Trumpf, Grabert-Verlag Tübingen, 2009, Seite 86

Die Höchstflugdauer wird mit 32 Stunden angegeben! Als Triebwerke dienten sechs 14-Zylinder-Doppelsternmotoren BMW 801 G-2 mit je 1700 PS Startleistung.[115]

Also noch mal: Die Flugzeuge in einer solchen Kleinserie werden ja nach und nach montiert, das heißt, sie haben unterschiedliche Fertigungsstufen. Mit hoher Wahrscheinlichkeit waren einige Maschinen, wenn auch nicht alle sieben, schon im Zusammenbau der Komponenten weit fortgeschritten. Im September 1944, sieben Monate vor Kriegsende, „als alle Arbeiten eingestellt“ wurden, herrschte natürlich ein gewisser Rohstoff- und Materialmangel, aber das man nicht mehr das eine oder andere Flugzeug vom Typ Ju 390 hätte zu Ende bauen können, kann auch niemand ernsthaft behaupten.

Es erfolgte nämlich gerade im Jahr 1944 der höchste Produktionsauswurf im Krieg überhaupt. Das Deutsche Reich stellte in diesem letzten vollständigen Kriegsjahr über 40.500 Flugzeuge her! Davon über 25.000 Jagdflugzeuge, aber eben auch noch rund 5.500 Schlachtflugzeuge und über 1.600 Aufklärungsflugzeuge sowie immerhin noch 18 Maschinen vom Typ Ju 290!

Im Rumpfkriegsjahr 1945, also im Zeitraum Januar bis April 1945, wurden noch weitere über 7.500 Maschinen, davon alleine fast 1.000 Strahlflugzeuge, gefertigt und größtenteils noch ausgeliefert.[116]

Im Jahre 1944 umfasste die deutsche Rüstungsproduktion unter anderem rund 70.000 LKW, zusätzlich fast 40.000

---

[115] https://de.wikipedia.org/wiki/Junkers_Ju_390

[116] Werner Baumbach, „Zu spät?“, Motorbuchverlag Stuttgart, 4. Auflage 1978, Seite 313 ff.

Zugfahrzeuge, rund 8.000 leichte Panzerwagen, über 9.000 mittlere Panzerwagen und 2.500 schwere Panzer, davon 1.850 „Panther" und knapp 650 „Königstiger". An Geschützen ab 7,5 cm wurden im gleichen Jahr gut 36.000 Stück gebaut, ferner wurden über 5.200 Lokomotiven gefertigt und über 66.000 Eisenbahnwaggons neu auf die Gleise gesetzt.[117]

„Nebenbei" schraubte man auf den Werften des Reiches auch noch die U-Boote der Kriegsmarine zusammen: „Zwischen 1944 und 1945 liefen 131 U-Boote des Typs XXI bei Blohm & Voss in Hamburg, der AG Weser in Bremen und bei der Schichau-Werft in Danzig vom Stapel. Davon konnten vor dem Kriegsende noch 118 Boote bei der Kriegsmarine in Dienst gestellt werden."[118]

Vor diesem Hintergrund ist doch eine Verschrottung aller im Bau (!) befindlichen Flugzeuge vom Typ Ju 390 die noch viel größere Materialverschwendung, es sei denn, es hätte wirklich absolut keinen Bedarf mehr für die Langstreckenflugzeuge gegeben. Aber offensichtlich ist dem nicht so, jedenfalls meldet sich das Reichsluftfahrtministerium (RLM) zu Wort!

„Anfang 1945 sollte die „Ju 390" plötzlich wieder in Serie gebaut werden. Anscheinend wollte sich das RLM nicht allein auf die geplanten Langstreckendüsenbomber verlassen. Am 17. April 1945 hieß es jedoch in einem Fernschreiben: „„… Der Junkers „Lastkraftwagen" kann nicht gebaut werden, wegen Strahlenfertigung …" Damit ist

---

[117] Werner Oswald, „Kraftfahrzeuge und Panzer der Reichswehr, Wehrmacht und Bundeswehr", Motorbuch Verlag, Stuttgart, 6. Auflage 1973, Seite 319

[118] https://de.wikipedia.org/wiki/U-Boot-Klasse_XXI

gleichzeitig bewiesen, dass der Begriff „Junkers Lastkraftwagen“ eine Tarnbezeichnung für die „Ju 390“ war.“[119]

„Es erscheint an dieser Stelle interessant, dass sich noch am 17. April 1945 offenbar eine einsatzfähige „Ju 390“ im deutschen Machtbereich aufhielt. SS-Obergruppenführer Dr. Kammler schickte an seinen Chef, den Reichsführer SS Heinrich Himmler, an diesem Tag auf dem Dienstweg eine geheime, persönlich abgezeichnete Vierzeilen-Telegramm-Meldung mit dem folgenden Text: „Betr. LKW. Junkers. – Gemaeß Führer-Befehl gehen Maßnahmen Strahlflugzeuge militärischen voraus. - Bin deshalb nicht in der Lage gewesen, gewünschten LKW freizustellen.“[120]

Ein Flugzeug für irgendeinen Zweck „freistellen“ kann man aber nur, wenn dieses Flugzeug überhaupt vorhanden ist und für den beabsichtigten Zweck auch einsatzfähig wäre, also in diesem Fall fliegen kann!

Es würde auch niemand ein gar nicht vorhandenes Flugzeug überhaupt anfordern! Zudem würde man auf eine unsinnige Anforderung auch nicht zurückmelden, man könne das Flugzeug nicht „freistellen“, sondern man würde mitteilen, das Flugzeug steht nicht zur Verfügung, weil nicht mehr verfügbar im Sinne von gar nicht vorhanden!

Und es erscheint an dieser Stelle noch viel interessanter, wer hier etwas anfordert. Es ist nicht die Luftwaffe, sondern der Reichsführer SS! Was will denn Mitte April 1945

[119] Friedrich Georg, „Hitlers letzter Trumpf, Grabert-Verlag Tübingen, 2009, Seite 88

[120] Friedrich Georg, „Hitlers letzter Trumpf, Grabert-Verlag Tübingen, 2009, Seite 94

die SS überhaupt mit einem Langstreckenflugzeug? Oder genauer, was könnte der Herr Reichsführer SS denn vielleicht persönlich mit so einem Flugzeug vorgehabt haben können?

Und es erscheint an dieser Stelle noch sehr viel interessanter, wer denn den Wunsch seines Chefs (!) nach so einem Flugzeug unter dem Hinweis auf einen alles in Stein gehauenen Umstand, nämlich eines „Führerbefehls", konsequent ablehnt: Dr. Hans Kammler.

Dr. Kammler kann es sich offenbar leisten, dem Reichsführer SS in die Parade zu fahren. Er kann es tatsächlich! Denn Kammler hat zu diesem Zeitpunkt eine Machtfülle, die nicht einmal mehr von Göring oder dem Rüstungsminister Speer erreicht wird.

Wenn also Kammler der Flugzeuganforderung des Reichsführer SS bewusst nicht nachkommt, dann kann dies nur bedeuten, das Flugzeug wird von jemandem anderen für einen anderen Zweck noch benötigt. Dieser andere kann eigentlich nur Kammler selber sein!

Und wo wir jetzt schon mal so weit gekommen sind, wird es Zeit, wieder einen jener berufenen Zeitzeugen ins Bild zu holen, der uns entgegen allem Expertenwissen einen Hinweis gibt, was nun wirklich im April 1945 Sachstand ist.

Der Pilot und Luftfahrtautor, Peter Wilhelm Stahl, zuletzt Oberleutnant und Staffelkapitän beim KG 200, veröffentlichte unter anderem sein Buch „Geheimgeschwader KG 200". In diesem Buch befindet sich zwischen den Textseiten 72 und 77 eine vierseitige Bildtafel. Im Mittelteil sehen wir drei Fotos, die uns die viermotorige Ju 290 zeigen, und wir bekommen einen Eindruck, wie groß dieses Flugzeug war.

Auf der letzten Seite der Bildtafel ist dann ein Foto einer sechsmotorigen Ju 390 zu sehen. Dieses Foto trägt folgende Bildunterschrift: „Auch die wenigen vorhandenen V-Muster der Ju 390 gehörten zum Flugzeugbestand des „Geheimgeschwaders“. Die Aufnahme entstand im Frühjahr 1945 auf dem Flugplatz in Prag.“[121]

Auf dem Foto sehen wir auch kein Flugzeugwrack, sondern offenbar werden an der Maschine sogar Startvorbereitungen getroffen. Die Bildunterschrift spricht von wenigen vorhandenen V-Mustern, es geht also nicht nur um die Maschine auf dem abgebildeten Foto. Und zumindest diese Maschine vom Typ Ju 390 befindet sich im Frühjahr 1945 in Prag.

Die „wenigen vorhandenen V-Muster“ sind genau die Maschinen, die bei Junkers von Juli bis September 1944 montiert wurden.

Warum sollte sich der ehemalige Angehörige des KW 200 und Luftfahrtautor P.W. Stahl hier mit einem Foto und einer Bildunterschrift zum Deppen machen, wenn es zu diesem Zeitpunkt gar keine Ju 390 mehr geben könnte? Noch schlimmer, er schreibt von wenigen vorhandenen Mustern dieses Typs, die zum Bestand seines Geschwaders gehörten, aber deren Bau angeblich gestoppt worden sei? Der Bau der V-Muster wurde eben nicht gestoppt, sondern die Serienfertigung!

Und auch der Motorbuch-Verlag, wo dieses Buch erschien, ist ja kein Wald- und Wiesenverlag, sondern einer

[121] P. W. Stahl, „Geheimgeschwader KG 200“, Motorbuch Verlag Stuttgart, 5. Auflage 1986, Bildtafel Seite 76

der renommiertesten Verlage für Militärgeschichte, gerade auch im Bereich Militärtechnik.

Spätestens die Experten des Verlages wären wohl vor Drucklegung dazwischengesprungen, wenn ihr Autor sich gerade offensichtlich zum Deppen macht! Und wir beziehen uns darüber hinaus auf die bereits 5. Auflage des Buches, welches inzwischen eine breite Leserschaft erreicht hatte. Wäre tatsächlich ein Fehler unterlaufen, war wahrlich genug Zeit, diesen zu korrigieren!

Die Darstellung von P.W. Stahl, so sie nicht stimmt, wäre vergleichbar mit einer Behauptung des Panzergenerals Heinz Guderian, er sei noch im Frühjahr 1945 persönlich mit dem Panzer „Maus“ an die Front gerollt.

Es kann doch ernsthaft keinen Zweifel daran geben, dass die hier getroffenen Aussagen zur Ju 390 auch stimmen.

Man fragt sich wirklich, ob die ganzen Falschinformationen, die zu den verschiedensten Aspekten des Zweiten Weltkrieges gestreut werden, wirklich auf Fahrlässigkeit oder Schlamperei beruhen oder ob nicht vielmehr doch eine gewisse Absicht dahinterstecken könnte.

Jedenfalls ist deutlich geworden, das Dritte Reich verfügte sehr wohl über leistungsfähige Langstreckenflugzeuge. Der Umstand, einige von ihnen sind nicht in den (Groß-) Serienbau gegangen, heißt noch lange nicht, die Maschinen seien gar nicht oder nur als Prototypen gebaut worden.

VI. Die Aktion Bernhard

Am 15. August 1970 erschien in der amerikanischen Zeitung „The New York Times“ auf Seite 20 ein Nachruf für George J. McNally, der im Alter von 64 Jahren an einem Herzinfarkt verstorben war.

McNally diente rund 20 Jahre im Weißen Haus nicht weniger als vier US-Präsidenten als Kommunikationsdirektor. Wann immer einer seiner Dienstherren in der weiten Welt unterwegs war, hielt er den direkten Kontakt zum Präsidenten aufrecht.

Interessanter für uns an dem Nachruf ist, dass McNally 1942 in die Armee eintrat und drei Jahre später nach Europa geschickt wurde, „wo er einen Versuch der Nazis aufdeckte, den Kontinent mit gefälschten englischen Banknoten zu überfluten.“[122]

Nun muss so ein Nachruf wohl immer möglichst positiv ausfallen, aber ganz so toll wie hier dargestellt, war die Rolle von George J. McNally nun auch wieder nicht. Richtig ist allerdings, dass er tatsächlich darauf spezialisiert war, gegen Fälschungen und vor allem gegen die Fälscher vorzugehen.

Er selbst ist in der Darstellung dieser Geschichte auch wesentlich bescheidener geblieben: Alles begann nämlich wenige Tage nach der Kapitulation der deutschen Truppen. McNally erhielt in seiner Dienststelle in Frankfurt am Main den Anruf eines amerikanischen Abwehroffiziers, der in diesem Telefonat berichtete, „ein deutscher Hauptmann habe ein Lastwagen voll englischer Banknoten übergeben,

---

[122] https://www.nytimes.com/1970/08/15/archives/col-george-mcnally-64-dies-exchief-of-white-house-unit.html

deren Wert in die Millionen gehe. Außerdem trieben große Mengen englischen Papiergeldes die Enns hinunter und würden von der Bevölkerung und von alliierten Soldaten eifrig herausgefischt."[123]

So schön die Einleitung seiner Geschichte ist, aber man darf wohl gerade amerikanischen Ermittlern mit Querverbindungen zu Geheimdiensten nicht ungeprüft alles abnehmen. Denn McNally irrt sich, oder verschleiert bewusst, sowohl beim Ort als auch beim Zeitpunkt des Geschehens gleich am Anfang seines Artikels.

Wir haben es nämlich nicht wenige Tage nach der Kapitulation der deutschen Truppen am 8. Mai 1945 um Mitternacht, sondern man schreibt den 5. Mai 1945. Die Enns ist der längste Binnenfluss Österreichs und mündet südöstlich von Linz in die Donau, hier schwammen weder britische Pfundnoten noch fischten alliierte Soldaten hier zu diesem Zeitpunkt irgendetwas aus dem Flusswasser. Dass ging deshalb schon nicht, weil man noch gar nicht vor Ort war, sondern gerade Linz besetzte: „Am 5. Mai um 11:07 Uhr trafen die ersten amerikanischen Panzer am Hauptplatz ein."[124]

Gefischt wurde gerade woanders, etwas weiter südlich: „Am 5. Mai hatten dann die Einwohner „wie verrückt" die Briten-Scheine aus dem unteren Traunsee gefischt."[125]

---

[123] Major George J. McNally und Fred Sondern, „Falschmünzer in staatlichem Auftrag" in „Geheime Kommandosache", Verlag DAS BESTE GmbH, Stuttgart, Zürich, Wien, Band 1, 1965, Seite 317

[124] https://de.wikipedia.org/wiki/Linz

[125] Kristian Knaack, „Der Kunst-Schatz des Führers", Grabert Verlag Tübingen, 2010, Seite 316

Damit man die Scheine dort fischen konnte, wurden sie vorher in den Fluss Traun geworfen, aber darauf kommen wir später noch mal zurück.

McNally fährt in seinem Artikel fort, er hätte sich vor Ort begeben und in dreiundzwanzig Kisten, jeweils so groß wie ein Sarg, habe man anhand der beigefügten Listen Banknoten im Wert von 21 Millionen Pfund Sterling bei dem Hauptmann sichergestellt.

Wenige Tage später wäre auch ein Abgesandter der Bank von England eingetroffen, Harry Reeves mit Namen, seinerseits begleitet von drei Kriminalbeamten von Scotland Yard. Gemeinsam wollte man sich nun an die Aufklärung dieses Falles machen. Da hatten die fünf Männer sich etwas vorgenommen, schließlich ging es schlicht und einfach um das größte Geldfälschungsunternehmen der Geschichte, die „Aktion Bernhard".

Der SS-Brigadeführer und Generalmajor der Polizei, Walter Schellenberg, hatte als Chef des Amtes VI des Sicherheitsdienstes SS (SD) dieses Unterfangen nach dem Leiter der Aktion, SS-Sturmbannführer Bernhard Krüger, entsprechend benannt.[126]

Im Kern ging es um die Fälschung von Währungen der Feindstaaten, um deren Wirtschaft entsprechend zu schaden. Wobei der Begriff „Fälschung" einerseits natürlich zutrifft, aber andererseits das Ziel der ganzen Unternehmung nur unvollständig darstellt. Es ging um die Schaffung „echter" Noten. Geldscheine, die von den Originalbanknoten nicht zu unterscheiden waren.

---

[126] https://de.wikipedia.org/wiki/Aktion_Bernhard

„Im Oktober 1939, einen Monat nach Kriegsbeginn, trafen sich in streng geheimen Verhandlungen u. a. Reinhard Heydrich, Leiter der Sicherheitspolizei und des Sicherheitsdienstes, SS-Brigadeführer Otto Rasch, die SS-Sturmbannführer Alfred Naujocks und Bernhard Krüger. Eine als streng geheim deklarierte Anweisung von Heydrich an Naujocks enthielt die entscheidenden Details der Unterredung: „Es darf sich hier nicht um eine Fälschung oder Nachahmung im üblichen Sinne handeln, sondern um eine nachträgliche, unautorisierte Herstellung von englischen Pfund-Noten. Die Scheine müssen derart originalgetreu hergestellt sein, dass selbst die erfahrensten britischen Pfund-Noten-Spezialisten keine Unterschiede herausfinden können.““[127]

Um Falschgeld in entsprechender Menge herzustellen, konzentrierte man sich auf den Nachdruck des englischen Pfund Sterling, der damaligen Weltleitwährung.

„Seit Jahrzehnten wurden in aller Welt die Noten der Bank von England fast wie gemünztes Geld angesehen; ängstliche Gemüter in Europa und Asien hatten sie als wertbeständige Sicherheit gehortet.“[128]

Die britische Währung war aber nicht nur ein Wertspeicher, sondern hatte damals zusätzlich die Funktion einer

---

[127] https://www.moneymuseum.com/pdf/gestern/05_neuzeit/26_Geldfaelscheraktion.pdf

[128] Major George J. McNally und Fred Sondern, „Falschmünzer in staatlichem Auftrag“ in „Geheime Kommandosache“, Verlag DAS BESTE GmbH, Stuttgart, Zürich, Wien, Band 1, 1965, Seite 318

Weltleitwährung. Ein Angriff auf das Pfund Sterling bedeutete zugleich ein Anschlag auf das gesamte Weltwährungssystem.

„Das britische Pfund wurde im 19. Jahrhundert zur internationalen Leitwährung und erfüllte somit die gleiche Funktion wie heute der US-Dollar. Die Gründe dafür liegen auf der Hand. Als erste Industrienation war Großbritannien im 19. Jahrhundert der kapitalkräftigste Staat der Welt.

Die Briten exportierten ungeheure Summen nach Übersee und traten in Kontinentaleuropa als finanzstarke Investoren auf. Ohne britisches Kapital wäre die Industrialisierung in anderen Ländern wohl kaum so rapide fortgeschritten.

Das britische Pfund wurde daher überall auf der Welt als Zahlungsmittel akzeptiert. Erst nachdem Großbritannien im 20. Jahrhundert durch die beiden Weltkriege finanziell stark geschwächt wurde, übertrug man 1944 auf der Bretton-Woods-Konferenz dem US-Dollar die Funktion der internationalen Leitwährung.“[129]

Hierbei wurden mit einem erheblichen Aufwand Noten der Wertstufen 5, 10, 20 und 50 Pfund gedruckt. Für die Durchführung der Aktion rekrutierte Krüger rund 140 KZ-Insassen, die über die nötigen Kenntnisse und Fähigkeiten zur Geldfälschung verfügten. Drucktechnisch wurde das Verfahren im KZ Sachsenhausen nördlich von Berlin umgesetzt.

---

[129] https://www.währungsrechner.org/währung-im-jahrhundert-in-england

„Dennoch dauerte es über ein Jahr, bis die Ingenieure der Firma die Papierzusammensetzung analysiert - und schließlich auch die Spitzenqualität entwickelt hatten, die in allen Teilen mit der englischen Vorlage übereinstimmte. Dazu schrieb Robert Bartsch, Betriebsleiter des Werkes, 40 Jahre später: „Es wurden spezielle Faserstoffe, vor allem die relativ dünne Ramie-Faser (Chinagras) aus dem fernen Osten, unter Beimischung erstklassig aufgeschlossener Leinenfasern beim Vorlagemuster als Stoffzusammensetzung festgestellt. Darauf hatten wir aus Sicherheitsgründen unbedingt zu achten.“ Um die Beschaffung der Ramie-Faser aus Ostasien und des Leinens aus der Türkei kümmerte sich das Reichssicherheitshauptamt selbst.

„Die allerschwierigste Aufgabe war allerdings“, so Bartsch, „die ganz bestimmt irgendwie eingearbeiteten Sicherheitsmerkmale der Bank of England zu erkennen und deren Realisierung zu überprüfen. Ohne diese eigenen Sicherheitsmerkmale zu erfüllen, wäre es wohl zwecklos gewesen, sich weiter mit dem Problem zu befassen.“““[130]

Nach hunderten von Versuchen gelang es schließlich, das Papier der Originalpfundnoten perfekt herzustellen. Gleiches an Perfektion gelang bei der Herstellung der notwendigen Druckplatten.

„Parallel zur Papierproduktion liefen in Werkstätten des Sicherheitsdienstes die sehr komplizierten Gravurarbeiten zur Herstellung der Druckplatten. Diese Arbeiten dauerten

---

130 https://www.moneymuseum.com/pdf/gestern/05_neuzeit/26_Geldfaelscheraktion.pdf

ebenfalls fast ein Jahr. Die Farben bezog das RSHA unter der Hand aus der Reichsdruckerei, allerdings wurden sie zusätzlich mit Chemikalien versehen, damit sie schneller ins Papier eindrangen. Diese Farbveränderungen hatten den zusätzlichen Effekt, dass die Scheine, nach der Trocknung, älter aussahen. Gleichzeitig analysierten mehrere Mathematiker in endlosen Versuchen das System der Registriernummern auf den englischen Scheinen. Mit der Entdeckung der Formel war auch eine der letzten Hürden für die Serienproduktion genommen.“[131]

Die technischen Zweige des Geheimdienstes waren in der Dellbrückstraße im Berliner Westen untergebracht. „Im Laufe der Zeit kam die betreffende Werkstätte der Gruppe VI F so weit, dass sie die Pässe sämtlicher Länder der Erde einwandfrei nachmachen konnte, und nicht nur die Pässe allein, sondern auch jedes beliebige andere Personaldokument, vom Autoführerschein bis zum Doktordiplom.“[132]

„Gerade in diesen Tagen konnte übrigens die Paßfälscherabteilung der Gruppe VI F ihren ersten großen Erfolg buchen. Man hatte soeben die erste Serie von Schweizer Reisepässen produziert, die einwandfrei und praktisch verwendbar waren. Die Schweizer Pässe waren nämlich sehr schwer nachzumachen, und außerdem pflegten die Schweizer Polizeiorgane gerade die Pässe ihres Landes, die an der Grenze vorgewiesen wurden, besonders gründlich und

---

131 https://www.moneymuseum.com/pdf/gestern/05_neuzeit/26_Geldfaelscheraktion.pdf

132 Walter Hagen (Wilhelm Höttl), „Unternehmen Bernhard“, Verlag Welsermühl, Wels und Starnberg, 1955, Seite 73

sorgfältig zu prüfen. Die Schweiz musste ja, vor allem während des Krieges, unerwünschten Zugang fernzuhalten suchen. Jetzt aber waren die Fälschungen, die man in der Dellbrückstraße hergestellt hatte, so gut gelungen, dass nach Meinung der Sachverständigen von VI F keine Schweizer Behörde imstande sein würde, die Dokumente als unecht zu erkennen."[133]

Nachdem die Druckplatten, die Farben und das richtige Papier zur Verfügung stand, erfolgten die ersten Nachdrucke der Pfund-Sterling-Noten. Und das Ergebnis dieser Nachdrucke konnte sich sehen lassen. Zur ultimativen Überprüfung bediente man sich eines besonderen Verfahrens:

„Ein paar Banknoten wurden dem Schweizer Bankverein zur Prüfung geschickt. Im beiliegenden gefälschten Brief der Reichsbank erklärte man, dass man diese Scheine für unecht halte. Nach eingehender Prüfung antworteten die Schweizer, dass die Banknoten echt seien und die Bank von England bescheinigt habe, dass die Seriennummern und Ausgabedaten den umlaufenden Geldscheinen entsprächen."[134]

„Im Zuge der Umstellung der Falschgeldproduktion auf Massenfertigung erfolgte die Verlagerung der Papierproduktion zur Papierfabrik Hahnemühle in Relliehaussen

---

[133] Walter Hagen (Wilhelm Höttl), „Unternehmen Bernhard", Verlag Welsermühl, Wels und Starnberg, 1955, Seite 72

[134] Otto Skorzeny, „Meine Kommandounternehmen", Limes Verlag Wiesbaden und München, 3. Auflage 1977, Seite 205

(jetzt Ortsteil von Dassel). Nach Angaben der Papierfabrik stellte die Hahnemühle rund 1,5 Millionen Druckbogen für Pfundnoten her.“ [135]

Bei den Fälschungen wurde darauf geachtet, dass die Seriennummern und Ausgabezeiten der Noten mit den echten Scheinen der Bank von England übereinstimmten. Die Produktion erreichte monatlich durchschnittlich 400.000 Scheine, einen Höhepunkt erreichte die Herstellung „im Sommer 1943 mit monatlich etwa 650.000 Banknoten.“[136]

Schließlich hatte man Noten in einem Nennwert von rund 132 bis 140 Millionen Pfund Sterling gedruckt. Das klingt nicht so gewaltig, war es aber! Mit einer Kaufkraftberechnung tut man sich schwer, weil man zum Beispiel auch eine Inflation berücksichtigen müsste. Aber ein „Trick“ könnte weiterhelfen, wenn man die Summe in Gold 1944 umrechnet und von Gold 2020 in Euro zurückrechnet.

Zur Kaufkraft des Goldes vielleicht nur soviel: „…blieb die Kaufkraft des Goldes über Jahrhunderte hinweg konstant. 1658 konnte man in England mit derselben Menge Gold dieselbe Menge Ware kaufen wie 1930, in den USA dieselbe Menge in den Jahren 1802, 1930 und 1972 …“[137]

Im Jahre 1944 wurde das Bretton Woods System[138] eingeführt, um das Währungssystem neu zu ordnen. Für uns

---

[135] https://de.wikipedia.org/wiki/Aktion_Bernhard
[136] https://de.wikipedia.org/wiki/Aktion_Bernhard
[137] Bruno Bandulet, „Das geheime Wissen der Goldanleger“, Kopp Verlag, Rottenburg, 2007, Seite 172
[138] https://de.wikipedia.org/wiki/Bretton-Woods-System

wichtig ist der Umstand, dass der Wert einer Unze Gold auf 35 US-Dollar festgelegt wurde und rund vier US-Dollar einem Pfund Sterling entsprachen.

„Mit dem Internationalen Währungsfonds wurde im Abkommen von Bretton Woods eine Parität von 1,00 £ = 4,03 US $ vereinbart.“[139]

Man könnte also folgende Rechnung aufmachen:

1944 / Bretton Woods System: 1 Pfund = 4 US Dollar
132 Millionen Pfund = 528 Millionen US Dollar
1 Unze Gold = 35 Dollar = 8,75 Pfund Sterling
132 Millionen : 8,75 = 15.085.715 Unzen Gold
8,75 Pfund Sterling = 1 Unze = 31,5 Gramm Gold
1 Pfund Sterling = 3,6 Gramm Gold
15.085.715 Unzen x 31,5 Gramm = 475.200.022 Gramm = 475.200 Kilogramm Gold = 475,2 Tonnen Gold
475.200 Kilo Gold x 50.000 Euro (im Jahre 2020) = 23.760.000.000 = 23,76 Milliarden Euro

Wir reden also von einem heutigen Gegenwert von rund 24 Milliarden Euro und zwar in Form von gedrucktem Bargeld! Man mag einwenden, der Goldpreis mit 35 US-Dollar je Unze war 1944 völlig unterbewertet. Das könnte aber auch für den Goldkurs 2020 gelten. Dieser könnte auch zu hoch sein und wenn er um 25 Prozent fällt, dann sind wir bei einem Gegenwert von 18 Milliarden Euro. Das alles ändert aber nichts an der Tatsache, wer damals zu

[139] https://de.wikipedia.org/wiki/Bank_of_England

diesem Kurs an Gold gekommen wäre und es für seine Erben bis 2020 irgendwo eingelagert hätte, dem wären genau diese Erben heute dankbar.

Als Kompromiss machen wir einen zweiten Versuch und bedienen uns der Kaufkraft, wie sie dankenswerterweise die Experten des Britischen Nationalarchivs in umständlichen Berechnungen ermittelt haben. Demnach ergibt eine Summe von 140 Millionen Pfund Sterling aus dem Jahre 1940 einen Gegenwert von 5,5 Milliarden Pfund Sterling 2017. Damals hätte man damit 548.590 Pferde kaufen können oder 98,5 Millionen Tageslöhne für Handwerker zahlen können.[140]

Wobei die vorstehende Berechnung schon aufwendig war, aber dennoch nur den Binnenwert des Pfund-Sterlings widerspiegelt. Würde man jetzt noch versuchen den Außenwert zu benennen, wird das Ergebnis vermutlich nicht exakter, sondern eher schwammiger.

Schauen wir jetzt auf den Eurokurs für das Pfund Sterling im Jahre 2017, der im Mittel bei 0,9 lag, dann erhalten wir eine Summe von bummelig immer noch 5 Milliarden Euro Kaufkraft in Bargeld.

Der englische Historiker David Irving unterstellt in seinen Werken für 1944 einen Kurs von 1 £ = 12 RM,[141] also ein Pfund Sterling entsprechen 12 Reichsmark. Demnach wä-

---

[140] https://www.nationalarchives.gov.uk/currency-converter/

[141] David Irving, „Die Geheimwaffen des Dritten Reiches", ARNDT-Verlag, Kiel, 2000, Seite 348 f.

ren 132 Millionen Pfund rund 1,6 Milliarden Reichsmark, was nach einem Kaufkraftäquivalent (laut Bundesbank[142]) von 1 zu 4 (1942) einem Eurowert von rund 6,4 Milliarden entsprechen würde.

Der Wert von 1 £ = 12 RM liegt verdächtig dicht am Nachkriegsverhältnis der Deutschen Mark zur britischen Währung und dürfte alleine aus diesem Grund viel zu niedrig angesetzt sein.

„Im Jahr 1998 musste man für ein Britisches Pfund Sterling ca. 2,91 DM zahlen. Die D-Mark gewann im Laufe des betrachteten Zeitraums gegenüber dem Pfund deutlich an Wert. Im Jahr 1953 wurde das Pfund noch für durchschnittlich etwa 11,70 DM gehandelt.“[143]

Bleiben wir beim Gegenwert in Gold, weil die Kaufkraftberechnung in Pfund Sterling auch nur für einen Vergleich in Großbritannien selber wirklich weiterhilft. Und egal, welche Kaufkraft, welche Wechselkurse man heranzieht, im Zweifel – wenn auch mit größeren Unsicherheiten – greift auch die Deutsche Bundesbank bei der Berechnung der Kaufkraftäquivalente historischer Beträge auf diese Methode zurück.[144]

---

142 https://www.bundesbank.de/resource/blob/615162/3334800ed9b5dcc976da0e65034c4666/mL/kaufkraftaequivalente-historischer-betraege-in-deutschen-waehrungen-data.pdf

143 https://de.statista.com/statistik/daten/studie/466296/umfrage/wechselkurs-des-britischen-pfundes-gegenueber-der-d-mark/

144 https://www.bundesbank.de/resource/blob/615162/3334800ed9b5dcc976da0e6

Hierbei muss man sich immer vor Augen halten, die Notierung von Gold in welcher Währung und zu welchen Zeitpunkt auch immer sagt nichts über den „Wert“ des Goldes aus, sondern zeigt nur den Zustand der jeweiligen Währung. Zu jeder Zeit (!) konnte man sich für eine Unze Gold einen guten Anzug kaufen.

Dass wir mit unserer „Gold-Methode“ eher richtig liegen, bestätigt auch eine andere, zudem zeitgenössische Quelle. In der Anklageschrift der Hauptkriegsverbrecher vor dem Internationalen Militär-Gerichtshof in Nürnberg von 1945 findet sich auch der Vorwurf, die Deutschen hätten das Gold der Tschechoslowakei geraubt. „23.000 kg Gold im Nominalwert von 5.265.000 Pfund Sterling“.[145] Mithin also ein Kilogramm Gold für ziemlich genau 229 £, folglich ein Gramm Gold 0,0229 £, also eine Unze Gold entsprechend 7,214 £. Leider wissen wir nicht, ob der Nominalwert zum Zeitpunkt des Raubes oder zum Zeitpunkt der Anklage berechnet wurde, aber sei es drum.

Die Nennwerte wurden in unterschiedlichen Auflagen gedruckt. Nimmt man beispielhaft den Nennwert 10 Pfund Sterling, dann ergibt die Summe von 132 Millionen eine Anzahl von 13,2 Millionen Scheinen. Die Aktion Bernhard lief von 1942 bis 1945. Unterstellt man eine reine Produktionszeit von 30 Monaten, vorher mussten ja die Druckplatten und vor allem auch das richtige Papier hergestellt werden, dann kommt man auf einen Monatsausstoß von durch-

---

5034c4666/mL/kaufkraftaequivalente-historischer-betraege-in-deutschen-waehrungen-data.pdf

[145] Internationaler Militär-Gerichtshof Nürnberg, Amtlicher Wortlaut in Deutscher Sprache, Nürnberg 1947, Band 1, Seite 65

schnittlich 440.000 Geldscheinen. Den Höhepunkt erreichte die Aktion wie bereits dargestellt im Sommer 1943 mit einer monatlichen Produktion von 650.000 Falschgeldnoten.

Aber selbst diese perfekten Fälschungen wurden noch in die Qualitäten A, B und C eingeteilt. Unterstellt man 15 % A-Noten = wird von Bank of England nicht als Falschgeld erkannt, 25 % B-Noten = werden von Geschäftsbanken als echt angenommen, und 60 % C-Noten = werden im normalen Geschäftsverkehr akzeptiert, dann wurden rund 2 Millionen Scheine mit einem Nennwert in Höhe von annähernd 20 Millionen Pfund Sterling in der A-Qualität gefertigt. Die heutige Kaufkraft nur dieser Scheine läge bei über 3,5 Milliarden Euro.

Ein 100 Euroschein wiegt ziemlich genau 1 Gramm (1,02 Gramm). Eine Banknote von 1908 mit einem Nennwert über 100 Deutsche Reichsmark bringt es immerhin auf 2 Gramm. Diese Gewichtsklasse dürfte auch für den Pfund Sterling gegolten haben. Somit hatten alleine die A-Noten ein Gesamtgewicht von 4.000 Kilo, also 4 Tonnen. Sollte man die Geldscheine in Zentnerkisten verpackt haben, dann mussten immerhin 80 Kisten transportiert werden.

Selbst wenn die Hälfte dieser A-Blüten während des Krieges in Umlauf gelangt wären, wofür es aber keine gesicherten Hinweise gibt, hätten die restlichen rund 1 Million Scheine im Nennwert von 10 Millionen Pfund Sterling eine Kaufkraft von heute rund 1,75 Milliarden Euro. Diese ganzen Berechnungen sind nur beispielhaft zu sehen, denn weder ist die genaue Stückelung der Nennwerte bekannt, noch kann der Anteil der A-, B- und C-Noten verifiziert werden. Viele Zahlenangaben basieren auf Angaben eines einzigen Zeugen.

„Oskar Stein, Häftling Nr. 47832 und Vorarbeiter im Block 19, war gegenüber der SS zuständig für die Registrierung der gefälschten Scheine. Er führte heimlich - und unter der ständigen Gefahr, entdeckt zu werden - eine eigene Liste über die hergestellten und abgelieferten Banknoten. Ihm ist zu verdanken, dass wir Angaben über das ganze Ausmaß der Falschgeldproduktion besitzen. Nach seinen Angaben wurden im KZ-Sachsenhausen insgesamt 8,96 Millionen Pfundnoten in einem Wert von 134,6 Millionen Pfund Sterling gedruckt. An das RSHA wurden davon als „erste Qualität" 671.620 Noten abgeführt, das entsprach 7,5 Prozent aller gedruckten Geldscheine. Nach ihren Werten waren davon:

- 5-Pfund-Banknoten im Gesamtwert von 1,32 Millionen Pfund Sterling
- 10-Pfund-Banknoten im Gesamtwert von 1,76 Millionen Pfund Sterling
- 20-Pfund-Banknoten im Gesamtwert von 2,82 Millionen Pfund Sterling
- 50-Pfund-Banknoten im Gesamtwert von 4,46 Millionen Pfund Sterling

Gesamtwert: 10,36 Millionen Pfund Sterling."[146]

---

[146] https://www.moneymuseum.com/pdf/gestern/05_neuzeit/26_Geldfaelscheraktion.pdf

Mit Verlaub, aber warum sollte jemand in dieser Situation eine eigene Liste führen? Warum sollte sich jemand in konkrete Todesgefahr begeben, wo doch das eigene Schicksal im hohen Maße vom eigenen Wohlverhalten abhängig ist. Welchen Nutzen hätte eine solche Liste überhaupt? Selbst wenn er diese Daten eines fernen Tages der Bank von England hätte zukommen lassen können, dann hätte sich für die Bank durch die „Echtheit“ der Fälschungen auch nichts geändert. Die nächste Frage ist, wie Oskar Stein denn sein Zahlenwerk über die Haft hinaus gerettet hat? Seine Angaben mögen stimmen oder aber eben auch nicht.

Aufgrund ihrer hohen Kaufkraft und ihrer hohen Gesamtzahl sind die Falschgeldnoten sicherlich über einen längeren Zeitraum in den Umlauf gebracht worden, zuerst die 5-Pfund-Noten und dann aufsteigend die Noten zu 10, 20 und zuletzt 50 Pfund Sterling.

Und hier sind wir am Knackpunkt der Geschichte angelangt. Die Aktion Bernhard wurde in der Nachkriegszeit eher klein geredet. Denn eine Frage sollte offenbar nicht gestellt werden, die nach dem Verbleib des Geldes! Eine „hübsche“ Geschichte findet sich zum Thema zum Beispiel im westdeutschen Blätterwald:

„Auch Geldscheine aus dem KZ in Oranienburg sind Sammlerstücke, und das aus guten Gründen: Hier wurden im Auftrag der Lagerleitung Pfund- und Dollarnoten von ausgesuchten Häftlingen gefälscht.

Die Druckplatte einer Fünf-Pfund-Banknote gelang dabei so vortrefflich, dass die englische Regierung nach dem Krieg die echten Fünf-Pfund-Noten aus dem Verkehr ziehen musste, eine Blamage ersten Ranges. Englische Besatzungssoldaten hatten die gelungenen Fälschungen gegen Zigaretten und Schnaps erstanden und nach England zurückgebracht."[147]

Also, erst einmal halten wir die Konzentrationslager auseinander, auch wenn das KZ Sachsenhausen in der Stadt Oranienburg lag.

„Das Konzentrationslager Oranienburg (kurz *KZ Oranienburg*) war ein frühes deutsches Konzentrationslager in der Zeit des Nationalsozialismus. Es wurde im März 1933 durch die Sturmabteilung (SA) auf einem ehemaligen Brauereigelände in der Stadt Oranienburg eingerichtet und war das erste Konzentrationslager in Preußen. Bis zur Schließung im Juli 1934 waren insgesamt etwa 3.000 Menschen im KZ Oranienburg inhaftiert worden."[148]

„Das KZ Sachsenhausen, Volltitel Konzentrationslager Sachsenhausen, amtliche Abkürzung *KL Sachsenhausen*, war ein ab 1936 eingerichtetes nationalsozialistisches deutsches Konzentrationslager. Es befand sich im Ortsteil Sandhausen der Stadt Oranienburg nördlich von Berlin. Es ist jedoch weder örtlich noch zeitlich identisch mit dem KZ Oranienburg, das 1933 bis 1934 in Oranienburg in der Nähe des Stadtzentrums bestand."[149]

---

[147] Frank Feldmann, „Der Teufel sitzt der Queen im Nacken", LZ-Magazin, Landeszeitung Lüneburg, 9. Januar 1999
[148] https://de.wikipedia.org/wiki/KZ_Oranienburg
[149] https://de.wikipedia.org/wiki/KZ_Sachsenhausen

Nachdem dies geklärt ist, stellen wir fest, die „Lagerleitung“ hat überhaupt nichts in Auftrag gegeben. Der Auftrag kam von höherer Stelle und die ganze Aktion wurde natürlich alleine schon aus Gründen der Geheimhaltung vom anderen Lager separiert.

„Von 1942 bis 1945 mussten im KZ Sachsenhausen bis zu 144 jüdische Häftlinge unter Zwang ausländische Währungen, vor allem englische Pfundnoten, in Milliardenhöhe für die Aktion Bernhard fälschen. Dafür wurde im sogenannten „kleinen Lager“ in zwei Baracken die „Fälscherwerkstatt“ eingerichtet.“[150]

Nicht nur die Druckplatte der Fünf-Pfund-Note gelang vortrefflich, sondern auch die anderen Wertstufen wurden mit gleicher Perfektion nachgedruckt, wie ja die Prüfung durch den Schweizer Bankenverein ergeben hatte.

Dass britische Soldaten Schnaps und Zigaretten auf dem Schwarzmarkt gegen Pfund-Noten eingetauscht haben sollen, stellt nun wirklich alles auf den Kopf. Die Soldaten bekamen ihren Sold in Pfund-Sterling. Bedarf an Zigaretten und Alkohol – auch als Währungsersatz – hatte die deutsche Bevölkerung, nicht die Besatzungssoldaten. Die britischen Soldaten haben sich Uhren, Fotoapparate und Wertgegenstände mit Schnaps und Zigaretten „besorgt“, wenn sie denn überhaupt „bezahlt“ und nicht „beschlagnahmt“ haben. Tabakwaren und Alkohol konnten sich die britischen Soldaten für den Eigenbedarf und darüber hinaus in der eigenen Kantine beschaffen. Somit hätten sie zwar

[150] https://de.wikipedia.org/wiki/KZ_Sachsenhausen

theoretisch auch die Möglichkeit gehabt, damit einen Nebenverdienst als Tabak- und Schnapshändler aufzuziehen, aber mit Sicherheit nicht damit Pfund-Sterling in der Kasse klingelt.

Denn wer aus der Bevölkerung soll denn im Besitz der falschen Pfund-Noten gewesen sein, um hiermit britischen Soldaten ausgerechnet Schnaps und Zigaretten abzukaufen? Selbst wenn es jemanden gegeben hätte, wer tauscht denn Devisen gegen eine Ersatzwährung ein, die wiederum nur auf dem illegalen Schwarzmarkt Verwendung finden kann? Selbst wenn jemand so dumm wäre, dann hätte er sich nicht die Ersatzwährung gekauft, um damit anschließend seinen Hunger zu stillen, sondern hätte sich gleich eine ordentliche Mahlzeit gegönnt. Im Vordergrund des Schwarzmarkthandels stand ja nicht der Wunsch nach blauem Dunst und Besäufnis, sondern das Organisieren von Lebensmitteln!

Es war ja der Idealfall, wenn jemand selber Antialkoholiker und Nichtraucher war, damit er seine wertvolle Ersatzwährung nicht selber durch Konsum schmälerte, sondern damit eben „einkaufen“ gehen konnte.

Damit aber nicht genug, denn ein Deutscher, der 1945/1946 die Engländer womöglich wissentlich mit Falschgeld bezahlt hätte, konnte sich im Fall des Falles gleich von alleine an die berühmte Wand stellen. Man stelle sich vor, man hat dummerweise eine C-Note und der zu betrügende Tommy ist im Zivilberuf Bankkassierer. Dieses Szenario mit den Soldaten, die in großen Mengen Falschgeld aus Deutschland mitgebracht hätten, ist an den Haaren herbeigezogen.

Zudem müssten ja auch erhebliche Mengen falscher Pfund-Noten im Nachkriegsdeutschland im Umlauf gewesen sein, damit die Tommys überhaupt einen nennenswerten Betrag in falschen Pfund-Sterling-Noten nach England hätten einführen können. Die ganze Darstellung grenzt schon an groben Unfug. Dass auf diesem Weg die Bank von England sich gezwungen gesehen hätte, alle, auch die echten 5-Pfund-Noten aus dem Bargeldumlauf zu nehmen, um sie gegen neue Scheine zu ersetzen, ist weder schlüssig noch in irgendeiner Form glaubhaft.

Diese ganze Verschleierung, dieses falsche Informationen streuen zur Aktion Bernhard ist gar nicht auf dem Mist irgendwelcher Zeitungsredakteure gewachsen, sondern die Grundlagen hierfür wurden vorher geschaffen. Zu kritisieren ist allerdings, die Schreiberlinge stützen sich auf irgendwelche Verlautbarungen, ohne dabei mal selbst den Kopf einzuschalten.

Kommen wir zu Wilhelm Höttl alias Walter Hagen, einem SS-Mann, der als Adjutant vom Chef des Reichssicherheitshauptamtes (RSHA), Ernst Kaltenbrunner, mit der Aktion Bernhard des SD persönlich gar nichts zu tun hatte.

„Ein gewisser Walter Hagen will in seinem Buch *Unternehmen Bernhard* die ganze Geschichte beschreiben. Hagen ist der Deckname für Wilhelm Höttl, einen der Mitarbeiter Walter Schenllenbergs im Amt VI (Ausland) des RSHA. Vor dem Nürnberger Tribunal zog er sich aus der Affäre, indem er brav die Rolle des Zeugen der Anklage spielte. Er war schon immer ein Meister des Doppelspiels. Heute gibt er selbst zu, dass er seit 1943 Verbindungen zur *Schwarzen Kapelle* im Vatikan hatte und später Kontakte mit Allen Dulles, dem späteren CIA-Chef, in der Schweiz aufnahm. Damit sind wir wieder im Zauberkreis des Geheimdienstes."[151]

Walter Hagen alias Wilhelm Höttl war mit der eigentlichen Durchführung der Aktion Bernhard gar nicht befasst und bestätigt dies in seinem eigenen Buch „Unternehmen Bernhard" (zum Beispiel wörtlich auf Seite 121). Aber mit einem Kunstgriff katapultiert sich Höttl zumindest für sein Buch quasi selber in den Mittelpunkt des Geschehens und schmückt dies reichlich fantasievoll aus:

„Kaltenbrunner war bereits seit Stunden überfällig. Vermutlich war er mit seinem Wagen in eine jener Kolonnen zurückdrängender Wehrmachtseinheiten geraten, ... Man hatte für ihn in einem kleinen Blockhäuschen, das früher einmal als Stall gedient hatte, einen Arbeitsraum provisorisch eingerichtet. Diesen Raum hatte ich jetzt bezogen, und ich nutzte die Wartezeit, um Telefonanrufe für Kaltenbrunner entgegenzunehmen ... Alle die Kommandeure und Dienststellenleiter, die sich da telefonisch an Kaltenbrunner wandten, baten, von wenigen Ausnahmen abgesehen, um das Gleiche: um Befehle. Niemals hatte ich die Schwäche des autoritären Systems, besser gesagt, des Führerprinzips, so deutlich empfunden wie in der Grenzsituation der letzten Stunden. Kein Offizier, kein Beamter, so hoch sein Rang auch war, wagte es, eine Entscheidung allein zu verantworten; bis zur letzten Minute wollte sich jeder durch einen Befehl von oben „abdecken". Ich zögerte nicht, diese

[151] Otto Skorzeny, „Meine Kommandounternehmen", Limes Verlag Wiesbaden und München, 3. Auflage 1977, Seite 205

Abhängigkeit von der „Zentrale" auszunützen; ich gab selbst die verlangten Befehle und konnte zu meiner Befriedigung feststellen, dass sie ohne Widerspruch angenommen wurden, obgleich sie nicht von Kaltenbrunner kamen."[152]

Gut gebrüllt, Löwe! Höttl gibt Befehle! Die ganze Schilderung ist natürlich Quatsch, Höttl war Adjutant bei Kaltenbrunner, nicht sein Stellvertreter. Kaltenbrunner war auch nicht tot, sondern im Verkehr stecken geblieben. Was hätte dieser wohl gemacht, wenn er im Nachgang von irgendeiner Entscheidung auf Grundlage eines Befehls von Höttl Kenntnis erlangt hätte? Man stelle sich vor, der langjährige Adjutant der Luftwaffe bei Hitler, Nicolaus von Below, hätte Einheiten der Wehrmacht Rückzugsbefehle erteilt, weil sein Chef gerade im Nebenraum eine Rede hält und nicht unterbrochen werden will.

Und weil Höttl nur der Kofferträger von Kaltenbrunner war, wurde er später in Nürnberg nicht auch auf die Anklagebank gesetzt, sondern als Zeuge gehört!

Hagen / Höttl fährt dann in seinem Buch fort: „Unerwartet wurden die schematischen Anfragen unterbrochen: Es meldete sich ein SS-Oberleutnant (dessen Name mir entfallen ist) als Führer eines „reichswichtigen Transports" und bat, ihm sofort zwei leistungsfähige Lastkraftwagen zu schicken. Er habe kurz nach Abgang des Transports von Redl-Zipf, einem kleinen Ort zwischen Salzburg und Linz, der lediglich durch seine Bierbrauerei bekannt ist, bereits

[152] Walter Hagen (Wilhelm Höttl), „Unternehmen Bernhard", Verlag Welsermühl, Wels und Starnberg, 1955, Seite 7

ein Fahrzeug durch Achsenbruch eingebüßt, und nun sei ein weiterer Wagen unweit Ebensee von der Straße zum Traunfluß abgerutscht und könne unter keinen Umständen mehr flott gemacht werden. Ich lehnte es kategorisch ab, auch nur einen Versuch zu machen, der Bitte des Oberleutnants nachzukommen; das Wichtigtun mit irgendeinem Transport schien mir in diesen Stunden, wo es um größere Dinge ging, geradezu grotesk.“[153]

So, geschafft! Höttl steht im Mittelpunkt des Geschehens! Und das Wichtigtun mit irgendeinem Transport kann ihm jetzt gar nicht groß genug sein! Schade, dass ihm der Name des SS-Oberleutnants entfallen ist, echt ärgerlich! Der ehemalige SS-Offizier Wilhelm Höttl ist beim Schreiben seines Buches selbst ganz aufgeregt, in welche tolle Geschichte er plötzlich selbst involviert ist. Er hat nicht nur den Namen des Anrufers vergessen, sondern auch gleich noch die richtige Dienstbezeichnung. Der SS-Oberleutnant, wenn er denn angerufen hat, wird sich bei der SS-Dienststelle Kaltenbrunner jedenfalls als Obersturmführer gemeldet haben, seinem SS-Dienstgrad, und nicht als Oberleutnant, das wäre er bei der Wehrmacht gewesen.

Aber in der Fantasie Höttls kommt es noch besser: „Als er von mir keinen Lastkraftwagen zugesagt erhalten konnte, bat er um die Erlaubnis, den einen Lastkraftwagen, der fahrunfähig noch bei Redl-Zipf stand, einer dortigen Wehrmachtseinheit gegen Quittung übergeben zu dürfen, während er versuchen wollte, die Kisten von dem anderen Lastwagen an der Traun auf seine Personenwagen umzula-

[153] Walter Hagen (Wilhelm Höttl), „Unternehmen Bernhard“, Verlag Welsermühl, Wels und Starnberg, 1955, Seite 8

den. Angesichts einer derartigen Pedanterie riß mir nun endgültig die Geduld und ich schrie ins Telefon: „Werfen Sie die Ladung einfach in die Traun und schicken Sie Ihre Leute nach Hause!“““[154]

Also, der Höttl war es! Nein, so war es mit Sicherheit nicht! Seine Kenntnisse über Redl-Zipf und den Lastkraftwagen, der von einem Hauptmann der Wehrmacht übergeben wurde, sogar die genaue Summe von 21 Millionen Pfund als Ladung, den Umstand von den Ermittlungen von McNelly und Reeves und den drei Beamten von Scotland Yard hat er nicht aus eigener Erinnerung niedergeschrieben, sondern bei McNelly entliehen. Und er liefert auch gleich die Erklärung, weshalb eigentlich ein Hauptmann der Wehrmacht den Amerikanern Teile der Blüten aushändigen konnte, obwohl doch die Räumung von Redl-Zipf der SS oblag: Gegen „Quittung“ hat die SS der Wehrmacht die Ladung des „reichswichtigen Transportes“ ausgehändigt, um sie anschließend bei den Amis abzuliefern. Aha! Jetzt stellt sich allerdings die Frage, weshalb die SS der Wehrmacht die Ladung des „reichswichtigen Transportes“ überlassen hat, statt sich gegen „Quittung“ den Wehrmachts-Lastkraftwagen aushändigen zu lassen?

Und wir sind noch vor Kriegsende, Kaltenbrunner ist noch in Amt und Würden und nicht von den Amerikanern verhaftet. Zu diesem Zeitpunkt fordert Höttl den Obersturmführer der SS auf, seine Leute nach Hause zu schicken? Fahnenflucht als Empfehlung bei der SS? Na ja, da konnte Höttl aber froh sein, dass sein Chef davon keinen

---

[154] Walter Hagen (Wilhelm Höttl), „Unternehmen Bernhard“, Verlag Welsermühl, Wels und Starnberg, 1955, Seite 8

Wind bekommen hat! Das Standgericht mit sofortiger Umsetzung des sicheren Urteils ist ihm so erspart geblieben.

In dem Literaturverzeichnis und Quellenregister seines Buches „Unternehmen Bernhard“ ist der McNelly-Bericht nicht aufgeführt. Aber Höttl ist so ungeschickt, dass er selber im besagten Buch auf Seite 11 schreibt: „Erst im September 1952 wurde der Öffentlichkeit wenigstens teilweise bekannt, was MacNelly und Reeves festgestellt hatten, und zwar durch einen Artikel des amerikanischen Nachrichten-Magazins „Reader‘s Digest“, der um die ganze Welt ging.“ Es sei mal dahingestellt ob der Artikel 1952 schon „um die ganze Welt ging“, aber als Angestellter des amerikanischen CIC wird er zu diesem Zeitpunkt selber Zugriff auf die amerikanische Ausgabe des Magazins „Reader‘s Digest“ gehabt haben.

Tja, dumm gelaufen! Aber Höttl hat an anderer Stelle aufgepasst. Bei McNally treiben die Blüten in der Enns, wo sie nie waren. Höttl baut die Traun in seine Geschichte ein, weil sie da ja tatsächlich gefischt wurden!

„Höttl wurde von CIA-Direktor Allen Welsh Dulles für den CIC in Linz rekrutiert, wo er bis 1949 beschäftigt war. Wozu er sich den alliierten Geheimdiensten zur Verfügung stellte, liegt weitgehend im Dunkeln.“[155]

Wirklich? In Nürnberg dient er sich als Zeuge an und zum Thema Aktion Bernhard schreibt er unter Verwendung eines falschen Namens ein „Grundlagenwerk“. Wie ungern

---

[155] https://de.wikipedia.org/wiki/Wilhelm_Höttl

Höttl bei der Wahrheit bleibt, darüber berichtet der SS-Offizier Otto Skorzeny:

„Seiner Meinung nach kostete die Befreiung des Duce 50.000 falsche Pfund Sterling! Dabei fügt Höttl einfach eine Null an die Zahl der Geldsumme, die Radl ausgehändigt wurde und die wir zum größten Teil dem Amt VI zurückerstatteten. 1943 waren 50.000 Pfund Sterling eine Riesensumme. Für Auskünfte sehr viel Geld auszugeben, wäre das sicherste Mittel gewesen, den verschiedenen italienischen Polizeidienststellen aufzufallen."[156]

Kleine Teilbeträge aus der Aktion Bernhard sind während des Krieges in die Bezahlung von Spionageunternehmungen, Agentenlöhne und angeblich in „Devisenumtauschgeschäfte" geflossen. Letzteres machte allerdings wenig Sinn, wenn man selber über „echte" Falschgeldnoten verfügte. Weshalb man überhaupt Devisen in andere Devisen umtauschen sollte, statt gleich damit zu bezahlen, macht ebenfalls nicht wirklich Sinn. Ursprünglich war auch geplant, größere Mengen Falschgeld direkt über England abzuwerfen, hierzu kam es aber in Folge des Kriegsverlaufes nicht mehr.

„Von 1942 bis 1945 wurden Banknoten zu 5, 10, 20 und 50 Pfund Sterling hergestellt. Später wurde der Plan aufgegeben, die falschen Pfundnoten in größerem Umfang in Umlauf zu bringen."[157]

---

[156] Otto Skorzeny, „Meine Kommandounternehmen", Limes Verlag Wiesbaden und München, 3. Auflage 1977, Seite 219

[157] https://de.wikipedia.org/wiki/Aktion_Bernhard

Wenn dieser Sachverhalt stimmt, dann erstaunt umso mehr, wie die Bank von England reagierte. Selbst wenn geringe Mengen Falschgeld von hoher Qualität im Umlauf gewesen wären, könnte man dieses Geld einfach akzeptieren und keiner würde etwas merken. Aber die Bank macht etwas anderes, sie sieht sich nämlich zum Handeln gezwungen!

„Die Bank of England rief nach dem Krieg alle Pfund-Noten ab fünf Pfund zurück. Sie vernichtete damit zwar auch die echten Banknoten, dafür waren aber alle Fälschungen aus dem Verkehr gezogen. Es gab aber keine andere Möglichkeit, weil diese kaum von den falschen zu unterscheiden waren. Neue Pfund-Noten wurden nach und nach neu herausgegeben (£5: 1945, £10: 1964, £20: 1970, £50: 1981) und hatten dann zusätzliche Sicherheitsmerkmale.“[158]

Dieses Vorgehen wäre aber so gar nicht nötig gewesen, wenn eine dieser so typischen Widerstandsgeschichten, die in allen möglichen Zusammenhängen gerne kolportiert werden, zutreffen würde: „Die Fälschungen waren so perfekt, dass sie fast nicht vom Originalgeld unterschieden werden konnten. Einer der ehemaligen Häftlinge konnte jedoch zur Überraschung seiner britischen Befrager mit erstaunlicher Schnelligkeit gefälschte Noten erkennen. Als Erklärung gab er an, dass die druckfrischen Noten noch nachbearbeitet wurden, um diesen das Aussehen gebrauchter Scheine zu verleihen. Dazu gehörte auch das Zusam-

[158] https://de.wikipedia.org/wiki/Aktion_Bernhard

menheften von Scheinen mittels Sicherheitsnadeln, ein damals übliches Vorgehen, das kleine Einstichlöcher im Papier hinterließ. Im Bestreben, die Pläne ihrer Auftraggeber zu hintertreiben, stachen die Häftlinge dabei durch das Wappen, was kein patriotischer Brite tun würde.“ [159]

Wenn es denn so einfach war, die falschen Banknoten auszusortieren, und dieses niedliche „Geheimnis“ auch noch den Engländern bekannt war, dann hätte es doch gar kein Problem gegeben. An jedem Bankschalter wären die Scheine entdeckt worden und die ganze Aufregung um die Aktion Bernhard hätte nie stattgefunden.

Die von den Häftlingen unter Anleitung hergestellten Scheine wurden von den deutschen Auftraggebern zudem penibel geprüft, man mag sich gar nicht ausmalen, was wohl passiert wäre, wenn solche Mätzchen aufgeflogen wären.

Über einen Zeitraum von mindestens zehn Jahren nach Kriegsende (!) wurden die Falschgeldnoten offenbar langsam, aber kontinuierlich in den Umlauf gegeben. Über 30 Jahre benötigte die Bank von England, um ihre Umtauschaktion still und leise durchzuführen, damit nicht schlagartig das Vertrauen in den Pfund Sterling erschüttert werden würde, wenn man den gesamten Bargeldumlauf ohne vernünftige Begründung in einer Aktion durch die Ausgabe neuer Scheine in allen Wertstufen hätte austauschen wollen.

Die Anbringung neuer Sicherheitsmerkmale auf den Neuausgaben schützte nur vor neuen Fälschungen. Wäre dies

[159] https://de.wikipedia.org/wiki/Aktion_Bernhard

der alleinige Grund gewesen, dann hätte man mit der höchsten Wertstufe begonnen und nicht mit dem niedrigsten Nennwert. Folglich sah man sich gezwungen, zuerst die 5-Pfund-Note einzutauschen, weil hiervon die meisten Fälschungen kursierten. Die Bank hat dann nach und nach auch die anderen Wertstufen ausgetauscht.

Damit steht aber auch fest, die Falschgeldnoten sind nach dem Krieg (!) in hohen Summen in den Bargeldumlauf gebracht worden. Dazu muss sie aber jemand besessen haben, der quicklebendig war und die Scheine vor Kriegsende in Besitz genommen und außer Landes gebracht hat! Der Nachkriegserfolg (!) der Aktion Bernhard war viel größer, als allgemein überhaupt vermutet.

Ein wirkungsvoller Schritt gegen neue Geldfälschungen, gelang selbst der Deutschen Bundesbank erst 1990, nachdem die erste DM-Serie seit 1960, also bereits 30 Jahre, im Umlauf war.

„Die ab 1990 ausgegebene neue Notenserie sollte dem technischen Fortschritt in der Druck-, Vervielfältigungs- und Kopiertechnik, der neue Fälschungsmöglichkeiten eröffnete, Rechnung tragen. Die Echtheitsmerkmale wurden verbessert und ergänzt und die Noten verstärkt für die fortschreitende Automatisierung des täglichen Barzahlungsverkehrs einsatzfähig gemacht. Alle neuen Noten haben ertastbare Kennzeichen für blinde oder sehbehinderte Menschen. Außerdem befindet sich über der jeweiligen Stadtansicht ein auf der Spitze stehendes Sechseck, das sog. Durchsichtsregister, das aus bestimmten, genau platzierten Zeichen auf der Vorder- und Rückseite der Noten besteht, die sich in der Durchsicht zu einem „D“ ergänzen.

Der aluminiumbeschichtete Sicherheitsfaden tritt an verdünnten Papierstellen an die Oberfläche und ist mit dem Notenwert beschriftet. Zu den bisherigen Notennennwerten kam noch eine Stückelung zu DM 200."[160]

Im Zeitraum 1910 bis 1960 hatte man in Deutschland folgende Banknoten gesehen: Die Reichsmark des Kaiserreiches, die Reichsmark der Weimarer Republik, die Reichsmarkscheine mit den Nennwerten der Inflation, das städtische Notgeld, die Rentenmark, die Reichsmark des Dritten Reiches, die Deutsche Mark aus amerikanischem Druck, dergleichen aus deutschem Druck, die Kleingeldscheine der französischen Besatzungszone, die Mark der Länder, die Deutsche Mark der Bundesbank, die Kuponmark der DDR (galt einen Monat!), die Mark der Deutschen Notenbank (der DDR), die Mark der Staatsbank der DDR. Zudem waren jede Menge Kassenscheine und Schatzanweisungen im Umlauf. Letztere zum Beispiel mit dem Nennwert „2,10 Mark Gold = ½ Dollar" (1923).

Der Pfund-Sterling hingegen war jahrzehntelang eine Institution. Alleine der Verdacht, die britische Währung wäre Opfer einer groß angelegten Bargeld-Fälschungsaktion im Umfang von Milliardensummen geworden, wäre für die Bank von England der absolute Super-GAU gewesen. Rufen wir uns in Erinnerung, die „halbe Welt" hortete den Pfund-Sterling gerade auch in Form von Bargeld!

Die Erfahrungen aus der Aktion Bernhard lassen sich auch an ganz anderer Stelle ablesen, sozusagen bei denen, die damit den größten Erfolg hatten und deshalb genau um

---

160 Albert Pick, „Papiergeld-Spezialkatalog Deutschland 1874 bis heute", Battenberg Verlag Augsburg, 1991, Seite 172

die Gefahr wussten! Die Deutsche Bundesbank hatte aufgrund der Erfahrungen der Deutschen vorgesorgt:

„Geheimbunker der Deutschen Bundesbank

Jahrzehntelang war er eines der bestgehüteten Geheimnisse der Bundesrepublik Deutschland: Der Bunker der deutschen Bundesbank in Cochem.

Zwischen den Moselhängen, versteckt im Wohngebiet von Cochem-Cond, lagerten hier während der Zeit des Kalten Krieges in einer unterirdischen Bunkerfestung 15 Milliarden D-Mark einer Ersatzwährung, die bei einem Wertverlust der Mark durch eingeschleustes Falschgeld die deutsche Währung ersetzt hätte. Der Bunker wurde von 1964-1988 geheim gehalten. Die Bevölkerung wusste zwar, dass es einen Bunker in Cochem gibt, allerdings waren Sinn und Zweck des Bunkers selbst den Nachbarn vollkommen unbekannt. Zudem war der Bunker durch die beiden Tarnwohnhäuser, die offiziell als Schulungszentrum für Bundesbankmitarbeiter genutzt wurden, perfekt getarnt.“[161]

Das Nachrichtenmagazin „Focus“ schaute sich dann die Örtlichkeit, aber offenbar nur die, mal genauer an: „Durch den einst als eine Art Doppelgarage getarnten Eingang geht es 30 Meter in die Tiefe der Zeitgeschichte. Meterdicke Betonwände, gepanzerte Zwischentüren, Gitterboxen mit Schlössern: Hier hat die Bundesbank unter dem Eindruck von sowjetischer Bedrohung, Mauerbau und Kubakrise die deutsche Notstandwährung in Kartons und Säcken versteckt. Die Vorderseite der Scheine wirkt vertraut, nicht aber die Rückseite mit geometrischen Figuren und anderen

[161] www.bundesbank-bunker.de/ueber-das-museum/bunker-story

Farben. Im Falle eines Krieges, einer Hyperinflation oder einer Falschgeldflut aus dem Ostblock wollte die Bundesregierung zahlungsfähig bleiben.“[162]

Auch hier gilt Obacht beim Lesen des Textes! Wenn die Bundesbank sich gleich eine Reservewährung in Höhe von 15 Milliarden DM (!) in den Keller legt, dann macht sie dies eben nicht wegen der Gefahr einer Hyperinflation. Die Ersatzwährung hätte dann eine andere Bezeichnung, z.B. „Neue Mark“ oder wie in den zwanziger Jahren „Rentenmark“. Sie würde nicht Deutsche Mark (DM) lauten und auch noch die gleichen Wertstufen (!) umfassen. Die Scheine lauteten auf DM, hatten zur Unterscheidung abweichende Rückseiten und waren im Erscheinungsbild der Vorderseite „vertraut“ und hatten die gängigen Nennwerte.

Auch für den Kriegsfall benötigt man eben keine Ersatzwährung, sondern bestenfalls eine Reserve an Banknoten, die bereits im Umlauf sind, keinesfalls aber eine Reserve, die von den gängigen Noten abweicht. Auch im Zweiten Weltkrieg haben sich weder das Dritte Reich noch seine Gegner eine Ersatz- oder Kriegswährung gegeben. Bliebe vielleicht noch die Angst, das im Umlauf befindliche Bargeld könnte in Folge eines Atomkrieges radioaktiv kontaminiert sein. In einem solchen Fall dürfte sich der Kreis noch verbliebener Bargeldzahler aber ebenfalls deutlich reduziert haben, da bräuchte es mit Sicherheit keiner 15 Milliarden DM mehr.

---

[162] https://www.focus.de/finanzen/news/perfekt-getarnt-das-deutsche-fort-knox-hier-lagerte-die-bundesbank-heimlich-einen-milliardenschatz_id_5367629.html

Die Ersatzwährung, richtiger, die Ersatzscheine (!), hatten nur einen einzigen Zweck: im Falle einer Falschgeldflut eben genau einen solchen Angriff durch kurzfristige Ausgabe neuer Scheine möglichst wirkungslos verpuffen zu lassen!

Damit die Bundesregierung zahlungsfähig bleibt, benötigt gerade diese Bargeld am allerwenigsten, die zahlte damals wie heute mit Buchgeld. Bargeld benötigten die Bürger, die bargeldlosen Zahlungssysteme unserer Gegenwart waren noch gar nicht im Einsatz. Damals gab es neben dem Buchgeld im Prinzip nur ein bargeldloses Zahlungsmittel was dem Bargeld entsprach, nämlich den Scheck (und den Wechsel). Und wer nicht gedeckte Schecks in Umlauf brachte, wurde ähnlich bestraft wie ein Geldfälscher, weil es im Kern nichts anderes war.

Aus alle dem folgt, die Deutsche Bundesbank legt sich nicht Ersatzscheine im Wert von 15 Milliarden Deutsche Mark in einen eigens hierfür gebauten Bunker, wenn es nur die hypothetische Gefahr einer Falschgeldflut gegeben hätte, von der man noch nicht einmal vermuten konnte, in welcher Qualität überhaupt die eigene Währung gefälscht werden würde. Eine solche Vorkehrung haben auch alle anderen Zentralbanken in den Jahrhunderten davor, seit es Bargeld überhaupt gibt, ja auch nicht getroffen.

Wenn also die Deutsche Bundesbank dennoch derartige Vorkehrungen trifft, dann alleine deshalb, weil sie dies aufgrund historischer Erfahrungen für geboten hielt! Und diese historischen Erfahrungen beruhen nicht auf einem mehr oder weniger gelungenen Versuch, sondern auf ein bestehendes Beispiel, eine solche Gefahr ist nicht nur abstrakt vorhanden, sondern real gegeben!

Die Aktion Bernhard ist genau diese historische Erfahrung. Sie war eben nicht nur ein Versuch, der zwar qualitativ beängstigende Fälschungen hervorbrachte, aber letztlich daran scheiterte, diese Meisterwerke nicht in Umlauf zu bringen. Sie sind in hoher Zahl in den Umlauf gekommen und haben die Bank von England an den Rand der Verzweiflung getrieben.

Durch den stark ausgeweiteten Bombenkrieg seitens der Alliierten war auch das KZ Sachsenhausen als Produktionsort der Blüten nicht mehr sicher. Man entschloss sich daher, die Herstellung des Falschgeldes ebenso unter Tage zu verlegen, wie man dies bei allen kriegswichtigen Produkten bereits gemacht hatte oder noch beabsichtigte.

„Das KZ-Nebenlager Redl-Zipf, Deckname Schlier, war ein Außenlager des KZ Mauthausen auf dem Gemeindegebiet von Neukirchen an der Vöckla in Österreich. Es diente ab 1943 zur Produktion von Triebwerken der V 2. 1945 wurde das Geldfälscherkommando der Aktion Bernhard hierher verlegt … Das Lager Schlier beherbergte ab April 1945 auch die 141 Häftlinge des Geldfälscherkommandos der Aktion Bernhard, die aus dem KZ Sachsenhausen nach Zipf gebracht wurden.“[163]

Diesen Umstand stellten die Ermittler McNally und Reeves dann auch fest: „Wir fuhren nach Redl-Zipf – und fanden dort eine jener unterirdischen Anlagen mit Vorratsstollen und Werkstätten, die zur so genannten „Alpenfestung“ gehörten. Darin wollten die Deutschen, wie Goebbels hatte

[163] https://de.wikipedia.org/wiki/KZ-Nebenlager_Redl-Zipf

verbreiten lassen, ihren letzten Widerstand leisten. Im Stollen 16, einem sechzig Meter langen Tunnel, fanden wir Banknotenpressen und andere Maschinen. Aber weder Druckplatten, noch Papier, und auch keine Unterlagen oder Aufzeichnungen.“[164]

Die alliierten Ermittler kamen deutlich zu spät in Redl-Zipf an. Denn bereits Anfang Mai 1945 wurde „aufgeräumt“.

„Das Lager wurde am 3. Mai 1945 unter dem letzten Lagerkommandanten, SS-Obersturmführer Adolf Bendele evakuiert, und die Häftlinge wurden auf Lastwagen und zum Teil zu Fuß ins KZ Ebensee transportiert. Die SS setzte dann am 4. Mai 1945 das Lager in Brand, so dass heute nur mehr einzelne Grundmauern der Lagerbaracken zu sehen sind. Die Anlage selbst besteht noch heute, der Trafobunker kann besichtigt werden, die Stollen befinden sich jedoch im Firmengelände der Brauerei und sind nur im Rahmen einer Führung zugänglich.“[165]

Der Ort Ebensee am Traunsee liegt ziemlich genau mittig zwischen Redl-Zipf im Norden und dem Toplitzsee im Süden. Von Redl-Zipf nach Ebensee sind es rund 50 Straßenkilometer, von Ebensee zum Toplitzsee sind es gut 55 Straßenkilometer, Fahrzeit per LKW damals jeweils eine gute Stunde.

---

[164] Major George J. McNally und Fred Sondern, „Falschmünzer in staatlichem Auftrag“ in „Geheime Kommandosache“, Verlag DAS BESTE GmbH, Stuttgart, Zürich, Wien, Band 1, 1965, Seite 319

[165] https://de.wikipedia.org/wiki/KZ-Nebenlager_Redl-Zipf

Hätte man das restliche Falschgeld, Druckplatten und Zubehör einfach durch Versenken entsorgen wollen, hätte man dies besser, leichter und schneller am Attersee erledigen können. Der Attersee liegt zwischen Redl-Zipf und Ebensee, man kommt direkt am See vorbei. Da man es nicht tat, musste offenbar noch etwas passieren.

Es wurde daher am 3. Mai 1945 nicht nur nach Ebensee evakuiert, sondern spätestens hier wurde noch einmal sortiert. Ein Teil des Geldes wurde in Besitz genommen, einen Teil deponierte man in Ebensee und den Rest verbrachte man samt Druckplatten und Zubehör zum Toplitzsee. Oder glaubt wirklich jemand, die von ihrem Eid entbundene SS würde das jetzt herrenlos gewordene schöne Geld – perfekt gefälschte Devisen! – tatsächlich komplett im übernächsten See versenken? Warum auch, es wäre völlig unsinnig und dumm dazu! Der oberste Dienstherr war tot, das Dritte Reich ein Trümmerhaufen. Es gab nichts mehr zu dienen, aber noch jede Menge zu verdienen!

„Gegen Ende des Krieges wurden Druckplatten und verbliebenes Falschgeld im österreichischen Toplitzsee versenkt. Dort wurden sie zum Teil 1959 von Tauchern wieder geborgen.“[166]

Der Toplitzsee liegt unmittelbar neben dem Grundlsee. Zum dauerhaften Versenken eignete sich dieser tiefe See besonders gut. Nicht ohne Grund war die Marinefor-

[166] https://de.wikipedia.org/wiki/Aktion_Bernhard

schungsanstalt aus Kiel eben genau hierher an den Toplitzsee verlagert worden.[167]

Wenn man die rund 55 Straßenkilometer von Ebensee nach Gößl am Toplitzsee fährt, dann führt einen der Weg nach gut 45 Kilometer ohne Umwege direkt durch den Ort Altaussee. In diesem Ort hatte der Chef des RSHA, Dr. Ernst Kaltenbrunner, sein letztes Quartier bezogen.

„Gegen Ende des Krieges verschanzte sich Kaltenbrunner mit einigen letzten Getreuen in der sogenannten Alpenfestung bei Altaussee, in der bis zum bitteren Ende Widerstand geleistet werden sollte und in die viele prominente Nationalsozialisten geraubte Schätze gebracht hatten, um für die Zeit nach dem Krieg vorzusorgen. Am 7. Mai 1945 floh Kaltenbrunner gemeinsam mit seinem Adjutanten Arthur Scheidler mit Hilfe von zwei Altausseer Jägern auf die Wildenseehütte. Einer der Jäger verriet den am 8. Mai 1945 im Ausseerland einrückenden Amerikanern das Versteck Kaltenbrunners."[168]

Die vor Ort in einem stillgelegten Salzbergwerk eingelagerten Kunstgegenstände waren nicht durchgängig geraubt, sondern es befanden sich auch durchaus legal angekaufte Werke in den Stollen. In den allerletzten Tagen wurde auch die Privatsammlung Hitler vom Obersalzberg noch dorthin verbracht, genauer gesagt am 5. Mai 1945, wie Hitlers Sekretärin Christa Schroeder berichtet:

---

[167] Franz W. Seidler, „Phantom Alpenfestung?", Pour le Mérite - Verlag für Militärgeschichte Selent, 2000, Seite 18

[168] https://de.wikipedia.org/wiki/Ernst_Kaltenbrunner

„Am Abend des gleichen Tages erschien plötzlich Fegeleins Adjutant Hannes Göhler. Ich teilte ihm mein Unbehagen über das mit, was bisher hier geschehen war und noch geschehen sollte. Ich sagte ihm, dass auch die Gemälde alle vernichtet werden sollten. Er war genau wie ich der Meinung, dass dies unverzeihlich sei und schickte am nächsten Morgen einen Lastkraftwagen, der die Gemälde usw. nach Fischhorn bringen sollte. Ich suchte die wertvollsten Gemälde, alle künstlerischen Kostbarkeiten, Evas Tafelsilber, silberne Kassetten usw. in den Kavernen zusammen und beauftragte die Männer BKD mit der Verladung auf dem Lastkraftwagen. Es befanden sich sehr großflächige Gemälde darunter, wie z. B. ein Bordone und Tintoretto, die, da die Treppe zur Straße zerstört, schwierig über den Schneematsch bedeckten Südhang zu transportieren waren. Die SS-Männer hielten mit ihrem Missvergnügen darüber nicht zurück. Also, von Disziplin war da nichts mehr zu spüren!

Der Lastkraftwagen mit den Gemälden ist übrigens später in der Salzbergsiedlung Altaussee gelandet. Herr Dr. Emmerich Pochmöller, der während des Zweien Weltkrieges die Generaldirektor der österreichischen Salinen und mit der Bergung von Kunstschätzen beauftragt war, hat einige Jahre später in einer Unterhaltung mit Henriette von Schirach erwähnt: „Da schickten sie mir in letzter Minute, kurz vor dem Eintreffen der Amerikaner, vom Obersalzberg auch noch einen Teil der Privatsammlung Hitlers!“[169]

---

[169] Christa Schroeder, „Er war mein Chef“, Albert Langen-Georg Müller Verlag GmbH München, 3. Auflage 1985, Seite 216

„Der Sonderauftrag Linz war eine von Adolf Hitler eingesetzte und ihm direkt unterstellte informelle Organisation, die den Auftrag hatte, Kunstwerke für ein von Hitler in Linz an der Donau geplantes Führermuseum durch Beschlagnahme und Ankauf zusammenzutragen und NS-Raubkunst auf die Museen des Großdeutschen Reiches zu verteilen.“[170]

„In den stillgelegten Werksanlagen (Werker genannt) des Altausseer Salzbergwerkes wurde ab 1943 ein großes Depot für Kulturgüter eingerichtet. Nach den notwendigen Verschalungs- und Verzimmerungsarbeiten gelangten ab August 1943 vorerst Kunstschätze aus österreichischen Kirchen, Klöstern und Museen zur Einlagerung. Ab Januar 1944 wurde auch der Bestand von etwa 4.700 Kunstwerken eingelagert, der unter dem Decknamen Sonderauftrag Linz von Adolf Hitler angesammelt wurde und für das geplante Führermuseum in Linz bestimmt war.

Gegen Kriegsende umfasste das gesamte Depot in acht stillgelegten Werksanlagen („Werker“) etwa 6.500 Gemälde sowie zahlreiche wertvolle Statuen, Möbel, Waffen, Münzen und Bibliotheken. Der Wert dieser Kulturgüter wurde nach dem Krieg auf ungefähr 3,5 Milliarden US-Dollar geschätzt…

In der amerikanischen Armee gab es einen Stab von Beauftragten für den Schutz von Baudenkmälern, Kunst und Archiven (Monuments, Fine Arts, and Archives Section), der in München einen Central Collecting Point für geborgene Kulturgüter eingerichtet hat. In diesen CCP gelangte

[170] https://de.wikipedia.org/wiki/Sonderauftrag_Linz

auch der Großteil der im Salzbergwerk Altaussee gelagerten Kunstgüter. Diese wurden, soweit möglich, nachfolgend an die Staaten, aus denen sie stammten, zurückgegeben. Die Klärung der Eigentumsverhältnisse war allerdings in vielen Fällen schwierig."[171]

Und dieser Klärungsprozess hält teilweise heut noch an, auf den Internetseiten des Deutschen Historischen Museums kann man stundenlang nach verloren gegangenem Familienschmuck Ausschau halten und berechtigte Ansprüche anmelden. Man kann sogar unberechtigte Ansprüche anmelden, „gelegentlich" – das ist teilweise in der Datenbank sogar vermerkt! – kam es zu irrtümlichen Rückgaben. Offenbar wurden diese Irrtümer ihrerseits aber nicht rückgängig gemacht. Immerhin, es gab Rückgaben, dank der Amerikaner.

„Das Deutsche Historische Museum erstellte in Zusammenarbeit mit dem Bundesamt für zentrale Dienste und offene Vermögensfragen eine Bild-Datenbank mit über 6.600 Bildern, grafischen Arbeiten, Skulpturen, Möbeln, Porzellanarbeiten und Tapisserien. Diese Zusammenführung von Fotos der Gegenstände und dem Karteikartenbestand des DHM ist seit August 2008 vollständig im Internet verfügbar."[172]

Also die Amis haben zumindest die teilweise Rückgabe dessen ermöglicht, was vorher die Deutschen zum Teil

---

[171] https://de.wikipedia.org/wiki/Bergungsort_Salzbergwerk_Altaussee
[172] https://de.wikipedia.org/wiki/Sonderauftrag_Linz

sogar bezahlt haben. In eigener Sache waren die Amerikaner dann nicht ganz so korrekt.

„In das Kalibergwerk „Merkers-Kaiseroda“ in Thüringen hatte die Deutsche Reichsbank in Berlin die Goldreserven des Deutschen Reiches, die Devisen und Reichsmark-Banknoten aus dem Tieftresor der Neuen Münze in Berlin bringen lassen. In diesem Tieftresor lag aber auch wertvolles Museumsgut, das mit nach Thüringen evakuiert wurde. Die Museumsbeamten dokumentierten 32 Lastzüge in acht Kolonnen, dagegen ist in einem Brief des Prokuristen der verantwortlichen Frachtfirma von 45 Lastzügen und Omnibussen die Rede. Am 4. April 1945 eroberte die US-Army Merkers-Kaiseroda. Ihr war der „Staatsschatz“ des Deutschen Reiches in die Hände gefallen, ferner „Treuhandgut“, worunter sich auch „Raubgold“ befand, und Kunstgut der höchsten Kategorie.“[173]

In diesem Fall regelten die Amerikaner die Rückgabe gar nicht, sie behielten einfach alles, da „die „Werke“ rechtlich Amerika gehören würden, wie das in einem amerikanisch-deutschen Abkommen, das nach dem Zweiten Weltkrieg geschlossen wurde, festgelegt worden sei. Gemeint waren damit die Kapitulationsbedingungen, die den „Diebstahl in Deutschland“ für immer legalisierten – sofern er für oder von der Regierung der Vereinigten Staaten von Amerika

[173] Kristian Knaack, „Der Kunst-Schatz des Führers“, Grabert Verlag Tübingen, 2010, Seite 288

und nicht von einem „privaten Räuber in Uniform“ ausgeführt wurde.“[174]

Doch dreister ging man mit dem Gold und Silber der Deutschen Reichsbank um nach dem Motto „the winner takes it all“.

„Hinzu kam verschlimmernd, dass die Amerikaner bei der Eroberung Deutschlands 1945 sämtliche Gold-, Silber- und Devisenreserven der Deutschen Reichsbank gestohlen hatten.

Die USA haben ihre ehemaligen Alliierten und den deutschen Kriegsgegner bis heute über ihre wahre Beute noch nicht richtig informiert. So spricht der Eizenstat-Bericht von einer beschlagnahmten Goldmenge von 233 Tonnen, obwohl doch über 361 Tonnen Gold aus Deutschland mitgenommen wurden. Auch haben die USA der Nachwelt das Silber der Reichsbank mit über 301 Tonnen ganz und gar verschwiegen.“[175]

Vermutlich landeten die oben erwähnten 23 Tonnen Gold aus der Tschechoslowakei am Ende in den USA.

Was aber noch viel, viel wertvoller als Gold, Gemälde, Teppiche und Perlen in irgendwelchen Salzbergwerken war, erbeuteten die Amerikaner in vielen Unternehmungen und im Deutschen Patentamt! Und diese Beute wurde einbehalten und niemals auch nur mit einen Cent Entschädigung bezahlt!

---

[174] Kristian Knaack, „Der Kunst-Schatz des Führers“, Grabert Verlag Tübingen, 2010, Seite 292

[175] Andreas Argens, „Gebt unser Geld zurück!“, Hohenrain-Verlag Tübingen, 2009, Seite 111

„Am 26. Mai 1947 berichtete der Direktor des OTS, John C. Green, über das bis dahin erreichte Verteilen der deutschen Beute an die amerikanische Wirtschaft. Sechshundert Angestellte hätten die deutschen Patente und Dokumente klassifiziert und auf Mikrofilm bebannt.

Bis dahin seien bereits 400.000 Kopien von wissenschaftlichen Dokumenten an interessierte Kunden für eine Gebühr von 3 bis 4 Dollar je Dokument verkauft worden. Die Aufträge kämen in einer Rate von täglich 1.000 herein. Bis Mai 1947 seien 75.000 technische Originalberichte fertiggestellt worden. Es gäbe aber noch 2.000 Lastwagenladungen von Dokumenten, die rund 400.000 nicht bearbeitete Dokumente aus Deutschland enthielten.

Viele dieser Patente und Erfindungen würden amerikanische Beamte als von „unschätzbarem Wert“ einschätzen. Mehrere große amerikanische Unternehmen seien willens gewesen, bis zu 20 Millionen Dollar für die Exklusivrechte an einem einzigen deutschen Herstellungsprozess zu bezahlen.

Green stellte fest, dass das deutsche „Gehirnplünderungs“projekt ein gemeinsames „Joint-Venture“ von Business und Regierung sei. Allein 6.000 Fachleute seien von der amerikanischen Industrie nach Deutschland geschickt worden, um die Akten, Patente und Fabriken der IG-Farben zu durchsuchen. Der militärisch-industrielle Komplex der USA laufe auf Hochtouren.“[176]

Noch mal kurz zurück zur Anklageschrift gegen die Deutschen in Nürnberg: „Nach der Besetzung der Tschecho-

---

[176] Friedrich Georg, „Unternehmen Patentraub 1945“, Grabert Verlag Tübingen, 2008, Seite 322

slowakei am 15. März 1939 beschlagnahmten und stahlen die Angeklagten ... beraubten Bibliotheken, Laboratorien und Kunstmuseen ihrer Bücher, Gemälde, Kunstgegenstände, wissenschaftlichen Apparate und Einrichtungen, stahlen alle Goldreserven und ausländische Zahlungsmittel der Tschechoslowakei...“[177]

Na, da haben die Amerikaner aber richtig Glück gehabt, dass die von ihnen (!) im Nachhinein (!) geschaffenen Rechtsnormen nur gegen die Deutschen Anwendung fanden.

Die Männer, die in den letzten Kriegstagen die Aktion Bernhard im Dritten Reich zu Ende brachten, wussten natürlich auch von den Kunsteinlagerungen in Altaussee. Aber hierauf hatte man keinen direkten, ungesehenen Zugriff und „Sperrgepäck“ war in den nächsten Tagen nicht gefragt und wurde in naher Zukunft auch nicht benötigt.

Mit der Versenkungsaktion am Toplitzsee beschäftigt sich nach dem Krieg im Jahre 1963 auch das Magazin „Der Spiegel“: „Der Bauer Hermann Steinegger in Gößl, einem winzigen Gebirgsort im österreichischen Salzkammergut, wurde in der Nacht zum 29. April 1945 durch heftiges Klopfen aus dem Schlaf gerissen. Als er schlaftrunken die Tür öffnete, erblickte er SS-Männer. „Los“, kommandierte einer der Schwarzuniformierten, „anspannen zum Toplitzsee!“ Zwölfmal ächzte der Ochsenkarren des Bauern mit schweren Kisten, die von zwei Lastwagen umgeladen worden waren, zum nahen See. Dort ruderten die letzten Ge-

---

[177] Internationaler Militär-Gerichtshof Nürnberg, Amtlicher Wortlaut in Deutscher Sprache, Nürnberg 1947, Band 1, Seite 64

treuen Adolf Hitlers mit den Kisten hinaus und versenkten sie."[178]

So, jetzt wissen wir alles ganz genau! Was hätte die SS bloß ohne Bauer Steinegger gemacht? Die ganze Aktion wäre ohne seinen Ochsenkarren gefährdet gewesen, hätte vielleicht nie stattfinden können. Man sieht vor seinem geistigen Auge förmlich, wie die letzten Getreuen Hitlers durch die Nacht zur Mitte des Sees rudern und Geld und Gold in die Tiefe rauschen lassen. Man wähnt sich fast am legendären Bergsee von Guatavita in Kolumbien ein paar hundert Jahre zuvor. „Danach sprang der König in den See, und der Goldstaub auf seinem Körper sank zusammen mit Smaragden und Gold auf den Grund."[179]

Nun gut, das brauchte der „König" diesmal nicht, der hatte gerade den Entschluss gefasst, sich in seiner Hauptstadt selbst zu richten. Kronzeuge für den Spiegel-Artikel ist natürlich kein geringer als unser ehemaliger SS-Obersturmbannführer Wilhelm Höttl! „Einer der besten Kenner der Vorgänge um den Toplitzsee, der in Bad Aussee lebende ehemalige SS-Obersturmbannführer Dr. Wilhelm Höttl …" schrieb der Spiegel seinerzeit,[180] aber ohne zu erwähnen, was den Mann noch so umtrieb. Seit „1953 arbeitete Höttl unter dem Decknamen „Papermill" wieder für Nachrichtendienste."[181]

---

[178] Der Spiegel, „Toplitzsee - Tod nach Mitternacht", Ausgabe Nr. 48/1963, Seite 69 und 70

[179] https://de.wikipedia.org/wiki/Eldorado

[180] Der Spiegel, „Toplitzsee - Tod nach Mitternacht", Ausgabe Nr. 48/1963, Seite 71

[181] https://de.wikipedia.org/wiki/Wilhelm_Höttl

Das genannte Datum, 29. April 1945, mag sogar stimmen. Wer weiß das schon genau, außer vielleicht Bauer Steinegger? Gut möglich, dass man vorgearbeitet und den groben, anstrengenden Teil der Entsorgung bei Zeiten bewerkstelligt hat. Die Amerikaner waren rasch auf dem Vormarsch, da war es vielleicht sogar geboten, die Versenkungsaktion als erstes vorzunehmen. Gut möglich allerdings auch, Bauer Steinegger hatte das genaue Datum gar nicht mehr im Kopf und die Spiegel-Reporter haben es in ihrem Artikel nur erneut verbraten, weil so eine genaue Zeitangabe die Story seriöser erscheinen lässt.

In diesem Fall hätten sie das Datum aus dem eigenen Archiv. Denn bereits 1959 berichte der „Spiegel“ über Dr. Determann und die Vorkommnisse am Toplitzsee:

„Im Kriege war Determann Leiter des Chemophysikalischen Instituts der Kieler Marineversuchsanstalt gewesen, das an dem steiermärkischen See mit Unterwassersprengstoff experimentierte. In der Nacht zum 29. April 1945 hatte Determann einer Gruppe von SS-Offizieren seine Institutsboote leihen und den Rat geben müssen, an welcher Stelle am besten mehrere Kisten mit „Geheimen Reichssachen“ ins Wasser geworfen würden.“[182]

Über die „genauen Fakten“ der Spiegel-Geschichten aus den Jahren 1959 und 1963, die Höttl „als einer des besten Kenner“ zu bestätigen weiß, kann er in seinem eigenen Buch 1955 noch nicht berichten: „Die Spuren des letzten Bernhard-Transportes aus Redl-Zipf verloren sich, und

[182] Der Spiegel, „Blüten-Lese“, Ausgabe vom 19. August 1959, Seite 21

hiermit kehren wir wieder an den Ausgangpunkt unserer Erzählung zurück, bei der Marine-Versuchsstation am Toplitzsee. Einheimische haben später ausgesagt, sie hätten beobachtet, wie Angehörige der dort stationierten Spezialeinheiten große Kisten und Blechkanister in den See versenkten. Aber diesen Aussagen ist nur ein sehr beschränkter Zeugniswert zuzumessen. Es ist freilich nahe liegend, dass Geräte der Versuchsstation und Banknotenkisten des Bernhard-Transports, soweit sie nicht mehr vernichtet werden konnten, auf diese Weise beseitigt worden sind."[183]

Für 1955 jedenfalls gilt, Höttl weiß gar nichts Genaues und es sind zudem alles nur „Erzählungen", die er abgeliefert hat. Aber mit Zeugenaussagen ist das eben immer so eine Sache. Und auch Wilhelm Höttl war schon mal Kronzeuge.

„Während des Nürnberger Prozesses gegen die Hauptkriegsverbrecher stand Höttl als Zeuge der Anklage zur Verfügung. Anklagevertreter Major William F. Walsh zitierte am 14. Dezember 1945 eine eidesstattliche Erklärung Höttls vom 26. November 1945. Demnach habe Eichmann ihm Ende August 1944 ein „grosses Reichsgeheimnis" anvertraut: *„In den verschiedenen Vernichtungslagern seien etwa vier Millionen Juden getötet worden, waehrend weitere 2 Millionen auf andere Weise den Tod fanden, wobei der Grossteil davon durch die Einsatzkommandos der Sicherheitspolizei waehrend des Feldzuges gegen Russland durch Erschiessen getötet wurden.*""[184]

---

[183] Walter Hagen (Wilhelm Höttl), „Unternehmen Bernhard", Verlag Welsermühl, Wels und Starnberg, 1955, Seite 257

[184] https://de.wikipedia.org/wiki/Wilhelm_Höttl

Da war es aber für Höttl ein großes Glück, dass der Trottel Adolf Eichmann selbst große Reichsgeheimnisse nicht für sich behalten konnte. Noch größeres Glück für Höttl war vielleicht der Umstand, beim CIC auf der Gehaltsliste zu stehen. Wie glaubhaft ist es denn, Eichmann habe Ende August 1944, als sich die Niederlage des Dritten Reiches bereits klar abzeichnete, ein solches Geständnis abgeliefert, was ihm unweigerlich dem Galgen einen großen Schritt näher gebracht hätte? Um nicht missverstanden zu werden, es geht hier nicht um die Schuld Eichmanns, sondern um die Glaubwürdigkeit eines Wilhelm Höttl.

Der Chef von Eichmann, Ernst Kaltenbrunner, wurde gleich in Nürnberg zum Tode verurteilt.

Adolf Eichmann erst später in Israel, nachdem der israelische Geheimdienst ihn aus Argentinien entführte hatte.[185]

Der Adjutant (!) von Ernst Kaltenbrunner, Wilhelm Höttl, durfte hingegen als freier Mann weiterleben. Gerne im Dienste der US-Amerikaner, aber bei Bedarf auch im Namen ihrer Majestät von England.

Eine Art „Vertriebsleiter" bei der Aktion Bernhard, wenn auch mit untergeordneter Bedeutung, war übrigens ein gewisser Friedrich Schwend.

„Friedrich Schwend, Deckname *Dr. Fritz Wendig* (* 6. November 1906 in Böckingen; † 1980 in Lima, Peru) war in den 1940er Jahren SS-Sturmbannführer und im Auftrag und unter Kontrolle des Reichssicherheitshauptamtes (RSHA) Vertriebsleiter der Aktion Bernhard. Diese fälschte im Auftrag der SS große Mengen englischer Pfundnoten. Ziel der Aktion war, die englische Wirtschaft zu destabili-

---

[185] https://de.wikipedia.org/wiki/Adolf_Eichmann

sieren und Devisen zu beschaffen. Auf Empfehlung von Wilhelm Höttl wurde er 1943 Vertriebsleiter der gefälschten Devisen; die offizielle Bezeichnung der Dienststelle lautete "Sonderstab Generalkommando III. Germanisches Panzerkorps"... Nach Kriegsende stellte sich Schwend am 12. Mai 1945 den US-Truppen in Tirol. Er offenbarte seine Verstecke in Österreich und Südtirol, allein das gefundene Gold hatte einen Wert von 200.000 USD. Von 1945 bis 1946 arbeitete Schwend für den CIC, 1946 setzte er sich über eine der „Rattenlinien" nach Peru ab."[186]

Na ja, das überrascht jetzt nicht wirklich, wenn die „Anstellung" auf Empfehlung von Wilhelm Höttl erfolgte. Dem CIC konnte Schwend wohl auch nicht wirklich weiterhelfen, dafür war seine eigene Rolle viel zu klein. Und hätte er den Überblick gehabt, dann hätte ihn sein Weg zwar schon nach Südamerika geführt, aber nicht nach Peru, sondern nach Argentinien. Und wer bitteschön, der in einem staatlich beauftragten Geldfälschungsprozess in nachrangiger Position tätig war, würde den Amerikanern Gold im Wert von 200.000 US-Dollar freiwillig aushändigen? Man liest das immer so gedanken- und ahnungslos ...

Also worüber reden wir hier? 200.000 Dollar geteilt durch 35 Dollar pro Unze (festgelegter Kurs ab 1944) entsprechen exakt 5714,285714285714 Unzen Gold. Eine Unze Gold sind 31,5 Gramm, die Multiplikation ergibt ohne jegliche Nachkommastelle die Summe von genau 180.000 Gramm, also 180 Kilogramm Gold. Bei einem mittleren Goldpreis von € 50.000 pro Kilogramm Gold in

[186] https://de.wikipedia.org/wiki/Friedrich_Schwend

2020, bedeutet dies ein Gegenwert von 9 Millionen Euro! Kommentar überflüssig.

Noch besser wird das Ganze, wenn man über den nunmehrigen (nach dem Krieg!) CIC-Zuarbeiter lesen kann:

„Der Großverteiler des Falschgeldes war ein geschickter Geschäftsmann namens Friedrich Schwend, dem man einen Ehrendienstgrad in der „Allgemeinen SS" gab, und der natürlich bei jeder Geldausgabe eine Provision verdiente. Vermutlich hat Schwend nach dem Kriege den größten Teil der verfügbaren englischen Pfunde versteckt oder verbrannt, und der englische Geheimdienst hat sich jahrelang ernsthaft mit dieser Sache beschäftigt und Nachforschungen angestellt."[187]

Diese Darstellung stammt von dem SS-Offizier Otto Skorzeny, der durch seine zahlreichen Kommandounternehmungen durchaus der Welt der Geheimdienste zuzurechnen ist, und kommt so unverfänglich daher. Wenn man mehr zu den Hintergründen kennt, dann haben diese Zeilen eine viel weitergehende Bedeutung und sie stecken voller Ironie.

Es beginnt schon mit dem „Ehrendienstgrad", schon hier macht sich der echte SS-Haudegen Skorzeny lustig über den „Großverteiler", der sich „bei jeder Geldausgabe eine Provision verdiente". Diese „Pfeife" möchte man hinzufügen. Und mit dem Umstand, Schwend habe nach dem Kriege „den größten Teil der verfügbaren Pfund", also des größten Teils dessen, was der kleinen Leuchte Schwend

[187] Otto Skorzeny, „Meine Kommandounternehmen", Limes Verlag Wiesbaden und München, 3. Auflage 1977, Seite 205

überhaupt ausgehändigt wurde, „versteckt oder verbrannt", und der englische Geheimdienst hat sich jahrelang (!) ernsthaft (!) mit dieser (!) Sache beschäftigt und Nachforschungen angestellt!

Er muss sich beim Schreiben vor der Schreibmaschine gekringelt haben vor lachen! Wie ahnungslos der britische Geheimdienst in den ersten Nachkriegsjahren gewesen sein muss, wenn er sich mit solchem Aufwand einem inszenierten Nebenkriegsschauplatz widmete. Der „große Schwend" war zudem ja längst bei den amerikanischen Kollegen unter Vertrag, was sollte denn aus dieser Quelle noch sprudeln?

Skorzeny war in die Aktion Bernhard persönlich nicht involviert, aber wie jedem denkenden Mensch war es ihm doch klar, das seine SS-Kameraden nicht weit über 100 Millionen Pfund mit Riesenaufwand in einer nie gekannten Fälschungsqualität drucken, um diese dann bei Kriegsende einfach zu versenken.

Von den Milliarden-Werten der Aktion Bernhard hatte Schwend doch nur Krümmel gesehen, der Großteil der Blüten war doch gar nicht verausgabt worden, schon gar nicht an Schwend. Im Gegensatz zu seinem damaligen Anwerber Höttl setzt sich der etwas nervenschwache Schwend dann lieber nach Peru ab, um von der Bildfläche zu verschwinden.

Offiziell betrieb Höttl nach dem Krieg mehr schlecht als recht eine Schule. „1961 wurde der Ausseer Privatmittelschule das Recht zur Abhaltung von Reifeprüfungen entzogen, und im Jänner 1964 ging sie in Konkurs."[188]

---

[188] https://de.wikipedia.org/wiki/Wilhelm_Höttl

Das Geld war offenbar schon ein Jahr vorher knapp, als er 1963 mit dem „Spiegel" arbeitete und den Redakteuren gerne erzählte, was diese hören wollten. Die „Erkenntnisse" von Höttl über die Alpenfestung und die letzten Kriegstage im Salzkammergut wurden dann in einem vierseitigen Interview unter dem marktschreierischen Titel „Skorzenys Wunderraketen liegen im Toplitzsee" entsprechend ausgewalzt.[189]

Ja, der Höttl mal wieder. Wenn Wilhelm Höttl wirklich „einer der besten Kenner der Vorgänge" gewesen wäre, dann hätte er weder mit den alliierten Geheimdiensten noch mit dem „Spiegel" zusammenarbeiten müssen. Er hätte auch nicht in Aussee mit einer Schule pleite gehen müssen, im Gegenteil, er hätte der deutschen Gemeinde in Buenos Aires die neue „Wilhelm-Höttl-Schule" stiften können! Gott sei dank blieb es ihr erspart.

Man merkt aber förmlich, wie der „Spiegel" immer noch sauer ist, dass die Konkurrenz vom „Stern" ihnen mal die Story vor der Nase weggeschnappt hat.

„Im Jahr 1959 hatte Stern-Reporter Wolfgang Löhde im Toplitzsee aus 80 Metern Tiefe 17 Kisten voll gefälschter Pfundnoten und zwei Kisten mit Dokumenten geborgen, die im Rahmen der Aktion Bernhard hergestellt und in den letzten Kriegstagen von einem SS-Kommando hier versenkt worden waren."[190]

Mit heranrücken des Kriegsendes musste nicht nur das Geld „verschwinden", auch die Fälscher wurden nicht mehr benötigt. Jetzt liegt die Vermutung nahe, man entle-

---

[189] Der Spiegel, „Skorzenys Wunderraketen liegen im Toplitzsee", Ausgabe Nr. 48/1963, Seite 72 ff.

[190] https://de.wikipedia.org/wiki/Der_Schatz_vom_Toplitzsee

digt sich der unliebsamen Zeugen, aber genau das fand nicht statt.

„Am 5. Mai 1945 wurde das Sonderkommando in Ebensee an das Rote Kreuz übergeben. Fast alle der 142 KZ-Häftlinge hatten die Zeit im KZ überlebt und wurden befreit.“[191]

Wäre die Aktion Bernhard ein Reinfall gewesen, dann wäre man mit Sicherheit so verfahren, aber diese Unternehmung war ein voller Erfolg! Bei einem erfolgreichen Banküberfall schädigt man gemeinhin auch nicht jenen Bankangestellten, der einem gerade brav den Tresor aufgemacht hat.

Die Initiatoren der Aktion Bernhard müssen mit dem Ergebnis derart zufrieden gewesen sein, dass den Helfern kein Haar gekrümmt wurde, sondern die Freiheit geschenkt wurde. Andere Behauptungen dienen wieder nur der gewollten Legendenbildung.

„Alle Häftlinge werden in einer höchst geheimen Aktion umgebracht, während Maschinen, Drucksätze und Papiervorräte im Toplitzsee versenkt werden.“[192] Diese vom polnischen Historiker Janusz Piekalkiewicz verbreite Version ist falsch!

Daran ändert auch diese Fehleinschätzung über Janusz Piekalkiewicz nichts: „Er stellt laut Sebastian Haffner „die

[191] https://de.wikipedia.org/wiki/Aktion_Bernhard
[192] Janusz Piekalkiewicz, „Spione Agenten Soldaten“, F. A. Herbig Verlagsbuchhandlung München, 1988, Seite 513

tatsächlichen Ereignisse … von Tag zu Tag mit größter Genauigkeit dar, wie sie sich nachweisbar abgespielt haben. Dabei befleißigt er sich größtmöglicher Objektivität und Unparteilichkeit“.“[193]

Der amerikanische Ermittler und Augenzeuge McNally teilt uns mit: „Aber in Ebensee trafen wir keinen Fälscher mehr an… Zu unserem Glück hatte die SS alle Lagerakten bis in die letzten Tage mit deutscher Gründlichkeit weitergeführt. Namen und Geburtsorte aller Beteiligten waren verzeichnet. Und somit begann eine Suche, die uns monatelang beschäftigte und in alle Gegenden des ehemaligen Großdeutschen Reiches führte. Nach und nach fanden wir mehr als vierzig der wichtigsten Fälscher und konnten, prüfend und vergleichend, ihre oft unglaublich klingenden Aussagen zu einem Bild zusammenfügen.“[194]

Noch mal in aller Deutlichkeit: „Fast alle der 144 Zwangsfälscher haben die Haft überlebt – als Mitarbeiter beim „Unternehmen Bernhard“, das nach dem leitenden SS-Mann Bernhard Krüger benannt war.“[195]

Auch die Recherchen des Money Museum in der Schweiz bestätigen nahtlos die bisherigen Zeitabläufe:

---

[193] https://de.wikipedia.org/wiki/Janusz_Piekałkiewicz

[194] Major George J. McNally und Fred Sondern, „Falschmünzer in staatlichem Auftrag“ in „Geheime Kommandosache“, Verlag DAS BESTE GmbH, Stuttgart, Zürich, Wien, Band 1, 1965, Seite 319 f.

[195] https://www.spiegel.de/geschichte/hitlers-bluetenkrieg-gegen-england-a-948435.html

„Am 16. März verließ der Sonderzug nebst Häftlingen und ihrer SS-Bewachung Sachsenhausen, um drei Tage später das KZ Mauthausen in Österreich zu erreichen. Zum Aufbau der Fälscherwerkstatt kam es dort nicht mehr; die Front rückte immer näher. Am 4. April ging der Transport weiter zum KZ Schlier. Dort beobachteten die Häftlinge, wie am Abend des 28. April 1945 wasserdichte Kisten mit fertigen Pfundnoten und das geheime Archiv des Referats VI F 4 im RSHA auf zwei LKWs verladen wurden und mit unbekanntem Ziel davon fuhren. Am 5. Mai erlebten die Häftlinge schließlich ihre Befreiung.“[196]

Nicht unwahrscheinlich, die „Sortierung“ der Blüten wurde schon bei ihrer Verladung auf zwei LKWs vorgenommen. Die guten ins Töpfchen, die schlechten ins Kröpfchen, in den Schlund des Sees. Ein LKW für die Versenkungsaktion am Toplitzsee, der andere LKW als Bestandteil des Konvois in Richtung Prag.

Kommen wir zum Finale der Aktion Bernhard, soweit es das Dritte Reich angeht. Denn eine „Kleinigkeit“ wollte noch erledigt werden.

In der Nacht zum 5. Mai 1945 hat dann die SS vermutlich unter Leitung des SS-Offiziers Heinz Schürmann im Ort Ebensee von der Flussbrücke Traun einen Teil der Falschgeldnoten in den Fluss Traun geworfen und so wurden diese in den Traunsee gespült, wo sie wie zuvor erwähnt von den Einwohnern „wie verrückt“ aus dem unteren Traunsee gefischt wurden. Die Aktion diente erfolgreich dazu, den

---

196 https://www.moneymuseum.com/pdf/gestern/05_neuzeit/26_Geldfaelscheraktion.pdf

wahren Ort des Verbleibes des Restgeldes und der Druckplatten vorerst zu verschleiern.

Damit war die Aktion Bernhard offiziell beendet. Und der SS-Offizier Schürmann, Berliner Büroleiter seines Chefs und noch zu diesem Zeitpunkt in Ebensee[197], wird sich zügig vom Ort des Geschehens entfernt haben. Bereits am Vortag, dem 4. Mai 1945, war sein Chef frühmorgens mit einer kleinen Kolonne von Ebensee aufgebrochen, um noch am gleichen Tag sein Ziel zu erreichen, den Raum Prag!

„Am 6. Mai 1945 wurde das Lager Ebensee von Soldaten der 80th Infantry Division, einer Division der 3. US-Armee befreit."[198]

Einer der befreiten Häftlinge meldete sich nach dem Krieg mit einem Buch zur Aktion Bernhard zu Wort. Adolf Burger legte mit dem Werk „Des Teufels Werkstatt. Die Geldfälscherwerkstatt im KZ Sachsenhausen"[199] seine Sicht der Dinge dar.

In einer Buchbesprechung in der Frankfurter Allgemeinen Zeitung muss der Autor Siegfried Stadler, nachdem er das Werk über den grünen Klee gelobt hat, aber gegen Ende seiner Rezension dann auch einräumen: „In dieser Mischung aus Autobiographie, historischem Abriß und Sachbuch erweist sich Burgers „Tatsachenbericht" als Konglomerat. Die vielen Druckfehler verstärken den Eindruck,

[197] Kristian Knaack, „Der Kunst-Schatz des Führers", Grabert Verlag Tübingen, 2010, Seite 316
[198] https://de.wikipedia.org/wiki/KZ_Ebensee
[199] Adolf Burger, „Des Teufels Werkstatt", Verlag Neues Leben, Berlin 1997

dass die stilistisch ganz unterschiedlichen Teile in aller Eile zusammengefügt wurden."[200]

Was soll man da sagen? Bei den Geldscheinen hatte er offenbar sorgfältiger gearbeitet.

„Der ehemalige Zwangsfälscher und Memoirenautor Burger war überzeugt davon, dass viele als „ehrenwerte Bürger geltende Männer" mit Bernhard-Geldern Villen, Hotels, Unternehmen kauften. Keiner hat das je durchblickt."[201]

Schön, dass wenigstens Adolf Burger von einem Sachverhalt überzeugt ist, den ansonsten nie jemand durchblickt hat!

Und in die gleiche Kategorie passt ein Satz aus dem mehrfach genannten Buch unseres Zeitzeugen Wilhelm Höttl. Er bezieht sich auf die Arbeit von Scotland Yard Ende (!) der 40er Jahre und schreibt 1955: „Von dem Ergebnis der Ermittlungen Scotland Yards ist nichts bekannt geworden. Sollte das „Unternehmen Bernhard" noch immer nicht zu Ende sein?"[202]

Klar, auch hier weiß Höttl nicht genaues, aber wenigstens geht ihm noch ein Licht auf: Die „Aktion Bernhard" fand ihr Ende nicht 1945 am Toplitzsee! Entweder bemerkt er später, bei seinen Aussagen Ende der 50er, Anfang der 60er Jahre gegenüber dem Magazin „Der Spiegel", diesen

---

[200] Frankfurter Allgemeine Zeitung vom 02.09.1997, „Gauner und Ideologen", F.A.Z. GmbH, Frankfurt am Main

[201] https://www.spiegel.de/geschichte/hitlers-bluetenkrieg-gegen-england-a-948435.html

[202] Walter Hagen (Wilhelm Höttl), „Unternehmen Bernhard", Verlag Welsermühl, Wels und Starnberg, 1955, Seite 264

Widerspruch zu seinem eigenen Buch nicht, oder er hofft, nach zehn Jahren liest ohnehin niemand mehr den „Tatsachenbericht“ (so der Originaluntertitel seines Buches), den er wohl nicht ohne Grund als „Walter Hagen“ publiziert hat. Überhaupt: Ein „Tatsachenbericht“ in der Ich-Form von Walter Hagen über Wilhelm Höttl geschrieben, darauf muss man erst mal kommen!

Interessant ist auch die Frage, wie die Idee zu dieser größten Fälschungsgeschichte geboren sein könnte. Vermutlich orientierte man sich an dem bis dahin größten gelungenen Geldfälschungscoup, der sich rund zwanzig Jahre vorher in Portugal zutrug.

Artur Virgílio Alves dos Reis, ein portugiesischer Betrüger, schaffte das Unmögliche. Er ließ 1924 eine Originalserie Banknoten mit gleichen Seriennummern von den Originaldruckplatten nochmals drucken. Um eine Verwechslung der Noten auszuschließen, gab er vor, die Nachdrucke würden noch die Überstempelung ANGOLA erhalten, was natürlich nie geplant war.

„Seine Idee war, im Namen der Bank den Auftrag für eine Serie von 500-Escudo-Scheinen an eine private Firma zu erteilen und so gefälschte Banknoten zu erhalten, die man nicht von echten Scheinen unterscheiden konnte … Über Karel Marang, der einem Unternehmen für Gelddruck vorstand, wurde schließlich der Kontakt mit dem britischen Unternehmen *Waterlow & Sons* hergestellt, das auch normalerweise offizielle Druckaufträge aus Portugal bearbeitete … Nachdem alle Zweifel ausgeräumt waren, wurden bei *Waterlow & Sons* schließlich 200.000 Banknoten mit einem Nominalwert von 500 Escudos gedruckt."[203]

Die tatsächlich gelieferten und in Umlauf gebrachten Noten brachten Portugal zeitweise an den Rand des Zusammenbruchs. Stutzig wurde man erst, als man Notenpaare in Händen hielt, deren Scheine die gleiche Seriennummer trugen und die beide zweifelsfrei echt waren!

Der wahre Drahtzieher hinter dieser Geschichte soll aber gar nicht Reis gewesen sein, sondern jemand, von dem man annahm, er sei nur dessen Berater gewesen. Der Mann ist heute nahezu in Vergessenheit geraten.

Gustav Hennies nannte sich der Mann, der in Wahrheit Johann Georg Adolf Döring hieß. Der am 20. November 1881 in Friedrichsbrück geborene Döring besuchte die Volksschule, arbeite später in einer Fabrik als Zigarrenmacher und versuchte sich in Kassel als Tabakhändler. Dennoch gelang es ihm, sich mit den Feinheiten der Großfinanz vertraut zu machen.

Als einzigem Beteiligten an dem portugiesischen Banknotenskandal gelang es ihm, durch die Maschen des Gesetzes zu schlüpfen.

„Er wurde zwar am 20. September 1932 in Berlin wegen der Banknotenaffäre verhaftet, jedoch weder an Portugal ausgeliefert noch in Deutschland vor Gericht gestellt. Döring starb am 29. August 1936 verhältnismäßig arm unter mysteriösen Umständen."[204]

---

[203] https://de.wikipedia.org/wiki/Alves_dos_Reis

[204] Frederic Sondern, „Der große portugiesische Banknotenschwindel" in „Berühmte Kriminalfälle", Das Beste aus Readers`s Digest, Verlag DAS BESTE GmbH, Stuttgart, Zürich, Wien, 1966, Seite 9 ff.

Laut Aussage des langjährigen Reichsbankpräsidenten der Deutschen Reichsbank war die Geldfälschungsaktion zu Lasten des Pfund Sterling der Reichsbank weder bekannt noch war man in irgendeiner Form involviert. Vermutlich hätte allein der Gedanke, Geld zu fälschen, diese Herren entrüstet.

„Dr. Hjalmar Schacht erläuterte mir nach dem Kriege, dass die Herstellung falscher Sterling-Pfunde der Reichsbank nicht bekannt war."[205]

Der eingangs erwähnte George J. McNelly peppte seine Story noch mit einigen Nebensächlichkeiten auf, auf die hier einzugehen nicht lohnt. Aber einen weiteren Punkt sollte man noch richtigstellen. „Der Meisterfälscher Krüger ist seit diesen Tagen verschwunden. Obwohl ein halbes Dutzend Polizeibehörden nach ihm suchte, war bisher keine Spur von ihm zu entdecken."[206]

Der ursprüngliche Artikel ist 1952 in der amerikanischen Ausgabe von „Reader's Digest" und später auch in Deutschland veröffentlicht worden, aber die Schlussangaben zu Krüger stimmten schon damals nicht:

„Krüger war Mitglied der NSDAP (Mitgliedsnummer 528.739) und der SS (Mitgliedsnummer 15.249). Krügers Familie war bereits während des Krieges nach Dassel gezogen, wo er auch im Jahre 1946 von den britischen Behörden verhaftet wurde. Er verbrachte insgesamt vier Jahre

---

[205] Otto Skorzeny, „Meine Kommandounternehmen", Limes Verlag Wiesbaden und München, 3. Auflage 1977, Seite 205

[206] Major George J. McNally und Fred Sondern, „Falschmünzer in staatlichem Auftrag" in „Geheime Kommandosache", Verlag DAS BESTE GmbH, Stuttgart, Zürich, Wien, Band 1, 1965, Seite 323

in alliierter Haft. Juristisch wurde er nie belangt. Nach der Haftentlassung lebte er weiter in Dassel und arbeitete bei der Papierfabrik Hahnemühle, die das Papier für die gefälschten Pfundnoten geliefert hatte."[207]

[207] https://de.wikipedia.org/wiki/Bernhard_Krüger_(SS-Mitglied)

VII. Gauleiter Karl Hanke – Letzter Reichsführer SS

Karl Hanke war, entgegen des im Nachkriegsdeutschland gern gezeichneten Bildes des brutalen Gauleiters, offenbar ein ganz anderer Charakter. Er war weder auf den Kopf gefallen noch einfach brutal oder eine auffallend unangenehme Erscheinung.

Wer war Karl Hanke? Er wurde am 24.8.1903 in Lauban / Schlesien geboren und evangelisch getauft. Sein Vater war Lokomotivführer. Hanke besuchte die Volksschule und das Gymnasium (Obersekundareife). Er absolviere die Deutsche Müllerschule und hatte einen Berufsabschluss als Müller. Danach arbeitete er als Volontär in der Mühlenindustrie und in einer Eisenbahnwerkstatt.

Es folgte der Besuch des Berufspädagogischen Instituts in Berlin und die Militärzeit als Zeitfreiwilliger. 1928 nahm er eine Tätigkeit als Gewerbelehrer auf und wurde im gleichen Jahr Mitglied der NSDAP. 1931 wechselte er aus dem Schuldienst in die hauptamtliche Tätigkeit für die Partei als Gau- und Betriebszellenredner sowie als Ortsgruppenführer.

Im Alter von 28 Jahren wurde er durch die Wahl am 24.4.1932 bereits Mitglied des Preußischen Landtages. Bei der am 6.11.1932 durchgeführten Reichtagswahl erlangte er seine Wahl zum Reichstagsabgeordneten im Wahlkreis 3 (Potsdam II). Es folgte die Beschäftigung als Hauptamtsleiter in der Reichspropagandaleitung der NSDAP.

Nach der Ernennung von Dr. Joseph Goebbels zum Minister für Volksaufklärung und Propaganda wird Karl Hanke persönlicher Referent und Sekretär von Goebbels.

Im Februar 1938 wird Karl Hanke, nachdem er bereits im April 1937 zum Ministerialdirektor im Reichspropagandaministerium ernannt wurde, im gleichen Ministerium Staatssekretär. Trotz dieser Position dient er als Freiwilliger in der Wehrmacht und nimmt als Panzerschütze am Polenfeldzug teil. Im Westfeldzug gegen Frankreich wird er zum Leutnant befördert und wird Kompanieführer. Das hätte selbst seinerzeit auch nicht jeder gemacht. Karl Hanke war also bewährter Frontsoldat.

Nach dem Rücktritt von Gauleiter Josef Wagner wird Karl Hanke im Alter von 37 Jahren im Februar 1941 Gauleiter und Oberpräsident von Niederschlesien.[208]

Und Karl Hanke ist keineswegs grobschlächtig. Nicolaus von Below, von 1937 bis 1945 als Adjutant der Luftwaffe 12 Jahre im direkten Umfeld von Adolf Hitler tätig, beschreibt ihn beispielsweise so: „Ich schätzte Hanke. Wir waren mit ihm befreundet und hatten in den letzten Monaten viele gemeinsame Gespräche. Ich kannte seine klugen und von tiefem Ernst bestimmten Ansichten zu vielen Fragen der Politik und des Lebens.“[209]

Der langjährige persönliche Pressereferent von Dr. Goebbels, Wilfred von Oven, schreibt: „Abends sind wir bei Gauleiter Hanke, Goebbels früherem Staatssekretär, zu Gast. Er macht einen vorzüglichen Eindruck auf mich. Er ist Schlesier, hat einen bemerkenswerten Kopf, sehr massiv, sehr energisch, das dunkle Haar etwas gelichtet,

---

[208] Karl Höffkes, „Hitlers politische Generale - Die Gauleiter des Dritten Reiches“, Grabert-Verlag Tübingen, 1986, Seite 121

[209] Nicolaus v. Below, „Als Hitlers Adjutant 1937 - 1945“, v. Hase & Koehler Verlag Mainz, 1980, Seite 178

schmalen Mund, sehr lebendig Augen. Er ist von ironischer, trockener, ruhiger Art und strotzt von Tatkraft."[210]

Rüstungsminister Albert Speer beschreibt Karl Hanke ebenfalls als angenehmen Zeitgenossen, unterhielt jahrelang eine intensive Freundschaft zu ihm und schreibt auch im Nachkriegsdeutschland völlig unbekümmert: „Eines Tages, etwa im Sommer 1944, besuchte mich mein Freund Karl Hanke, der Gauleiter von Niederschlesien. Er hatte mir in früheren Jahren viel von dem polnischen und französischen Feldzug erzählt, hatte von den Toten und Verwundeten, von Schmerzen und von Qualen berichtet und sich dabei als mitfühlender Mensch gezeigt."[211]

Hanke ist das, was man einen attraktiven Mann nennt, nicht umsonst hatte er eine intensive Affäre mit der auffallend hübschen und reizvollen Gattin seines Chefs, Magda Goebbels. Die Geschichte ging so weit, dass Magda sich scheiden lassen wollte und erst die persönliche Intervention von Adolf Hitler sorgte für eine Beendigung dieser delikaten Angelegenheit.[212]

Die andere Seite von Karl Hanke war die des knallharten Militärs: „Um Breslau wird hart gekämpft. Hier hat sich der Gauleiter (Hanke) nicht feige gedrückt, sondern die

---

[210] Winfred von Oven, „Finale Furioso - Mit Goebbels bis zum Ende", Grabert-Verlag Tübingen, 1974, Seite 385

[211] Albert Speer, „Erinnerungen", Verlag Ullstein GmbH Frankfurt/M. - Berlin, 3. Auflage 1969, Seite 385

[212] David Irving, „Hitlers Weg zum Krieg", Lizenzausgabe Manfred Pawlak Verlagsgesellschaft mbH, F. A. Herbig Verlagsbuchhandlung, München, Berlin, 1978, Seite 415

Organisation des Widerstandes übernommen und sich an die Spitze der Verteidigung gestellt. Als der stellvertretende Bürgermeister (Spielhagen) aus der bedrohten Stadt fliehen will, lässt er ihn verhaften und auf dem Marktplatz vor dem Standbild Friedrichs des Großen durch ein Volkssturm-Peloton standrechtlich erschießen.“[213]

Im Zusammenhang mit der Mobilisierung des letzten Aufgebotes des Dritten Reiches liest sich das auch so: „Seine Mitarbeiter rieten ihm, Fahnenflüchtlinge öffentlich erhängen zu lassen unter dem Motto, das Gauleiter Hanke bei seiner fanatischen Verteidigung Breslaus als wirksam erkannt hatte: „Wer den Tod in Ehren fürchtet, erleidet ihn in Unehren.“““[214]

Am 4. Mai 1945 hatte sich der Festungskommandant von Breslau, General der Infanterie General Niehoff, zur Kapitulation entschlossen.[215]

„Der letzte Besucher dieses Tages war Gauleiter Hanke, der immer noch versuchte, die Kapitulation der Stadt zu vereiteln. Als dies nichts fruchtete, verschwand er im Fieseler Storch von General Niehoff aus der Festung. General Niehoff aber zog es vor, das Schicksal seiner Kampfgefährten zu teilen. Er nahm den zweiten „Ausbruchsweg“

[213] Winfred von Oven, „Finale Furioso - Mit Goebbels bis zum Ende“, Grabert-Verlag Tübingen, 1974, Seite 557

[214] David Irving, „Hitlers Krieg Götterdämmerung 1942 - 1945“, Lizenzausgabe Manfred Pawlak Verlagsgesellschaft mbH, F. A. Herbig Verlagsbuchhandlung, München - Berlin, 1986, Seite 414

[215] v. Ahlfen / Niehoff, „So kämpfte Breslau“, Lizenzausgabe Motorbuch Verlag Stuttgart, 1976, Gräfe und Unzer Verlag München, Seite 108

nicht wahr. In der Nacht zum 5. Mai versammelte General Niehoff die Kommandeure und gab bekannt, dass er den Kampf einstellen werde."[216]

„So aber konnte seine Flucht mit diesem Storch nun mit den Beweis erbringen, dass Hankes Parolen schließlich, als es um sein eigenes Leben ging, doch nur Lippenbekenntnisse gewesen waren."[217]

Das kann man so sehen, aber gab es für Hanke vielleicht noch andere Gründe, als nur die nackte Angst ums Überleben? Den Verteidigern von Breslau drohte die sowjetische Gefangenschaft, vor der ohnehin schon alle Soldaten panische Angst hatten. Karl Hanke war Gauleiter der NSDAP und daher nicht nur ein militärischer, sondern auch ein politischer Gegner der Sowjets, der alleine schon deshalb wohl mehr zu befürchten hatte, als „nur" die Kriegsgefangenschaft.

Aber Hanke hatte darüber hinaus seit kurzer Zeit noch eine weitere Funktion und einen Auftrag: „Gauleiter Hanke, der noch immer seine belagerte Festung Breslau verteidigte, sollte Himmler als Reichsführer SS und Chef der Deutschen Polizei ersetzen."[218]

So hatte es Adolf Hitler am 29.4.1945, einen Tag vor seinem Tod, verfügt, nachdem er Heinrich Himmler noch in

---

[216] Franz Kurowski, „Bedingungslose Kapitulation", Druffel-Verlag Leoni am Starnberger See, 1983, Seite 230

[217] v. Ahlfen / Niehoff, „So kämpfte Breslau", Lizenzausgabe Motorbuch Verlag Stuttgart, 1976, Gräfe und Unzer Verlag München, Seite 109

[218] David Irving, „Hitlers Krieg Götterdämmerung 1942 - 1945", Lizenzausgabe Manfred Pawlak Verlagsgesellschaft mbH, F. A. Herbig Verlagsbuchhandlung, München - Berlin, 1986, Seite 466

Schimpf und Schande aus Amt und Würden gejagt hatte, weil dieser offenbar den Engländern die Kapitulation angeboten hatte.

Nun mag man einwenden, dass allen Beteiligten klar war, dass es ohnehin nur noch um Tage ging. Da wäre die neue Funktion als Reichsführer SS und Chef der Deutschen Polizei zeitlich eh stark begrenzt. Aber Karl Hanke sollte diese Funktionen auch nach (!) dem Krieg ausüben, es ging bei seiner Berufung um die Kabinettsliste der Zeit nach Adolf Hitler!

„Ich stoße vor meinem Tode den früheren Reichsmarschall Hermann Göring aus der Partei aus und entziehe ihm alle Rechte, die sich aus dem Erlaß von 29. Juni 1941 sowie aus meiner Reichstagserklärung vom 1. September 1939 ergeben könnten. Ich ernenne an Stelle dessen den Großadmiral Dönitz zum Reichspräsidenten und Obersten Befehlshaber der Wehrmacht.

Ich stoße vor meinem Tode den früheren Reichsführer SS und Reichsminister des Innern Heinrich Himmler aus der Partei sowie aus allen Staatsämtern aus. Ich ernenne an seiner Stelle den Gauleiter Hanke zum Reichsführer SS und Chef der deutschen Polizei, den Gauleiter Paul Gießler zum Reichsminister des Innern …“[219]

Den es war ja klar, auch ein besiegtes Deutschland musste eine Regierung haben, jedenfalls nach dem Völkerrecht (was die Alliierten dann aber nicht kümmerte). Und Karl

---

[219] Jürgen Thorwald, „Das Ende an der Elbe“, Vollständige Taschenbuchausgabe Droemersche Verlagsanstalt Th. Knaur Nachf., München/Zürich. Lizenzausgabe des Steingrüben-Verlages Stuttgart, 24.-29. Tsd., 1968, Seite 172

Hanke war darüber hinaus, im Gegensatz zu dem geschassten Himmler, auch persönlich eher unbelastet.

„Dann werden plötzlich am 23. Mai 1945 auf Drängen der Sowjets und der Amerikaner Dönitz und gleichzeitig die gerade tagende Reichsregierung, denen die Alliierten bisher noch militärische Ehren bezeugt haben, unter entehrenden und entwürdigenden Umständen verhaftet, entwaffnet, von allen persönlichen Sachen „befreit“ und als Gefangene abtransportiert. Am 5. Juni 1945 übernehmen die Alliierten durch eine Erklärung in Berlin offiziell die Verwaltung in ganz Deutschland und befehlen: „Deutschland unterwirft sich allen Forderungen, die ihm jetzt oder später auferlegt werden.“ Anstelle der Reichsregierung wird ein in Berlin tagender Alliierter Kontrollrat gebildet. Aus der Gefangenschaft heraus protestiert Reichspräsident Dönitz gegen diese Maßnahmen, weist auf das Völkerrecht hin und stellt fest, dass nur die deutsche Wehrmacht kapituliert habe, das Deutsche Reich nicht aufgehört habe zu bestehen und seine legitime Reichsregierung nur an der Ausübung ihres Amtes gehindert sei.“[220]

Vor diesem Hintergrund wird klar, wäre Hanke in Breslau in die Hände der Sowjets gefallen, dann hätte man sich nach wenigen Tagen bereits wieder einen neuen Reichsführer SS und Chef der Deutschen Polizei suchen können. Hankes ganze Berufung hätte, wäre er in Breslau geblieben, nachdem der Festungskommandant sich zur Kapitula-

---

[220] Rolf Kosiek, „Deutsche Geschichte im 20. Jahrhundert“, Grabert Verlag Tübingen, 2004, Seite 359

tion entschlossen hatte (!), gar kein Sinn gemacht! Die Festung Breslau kapitulierte dann am 6. Mai 1945.

Und selbst wenn die Festung nicht kapituliert hätte, wäre eine weitere Anwesenheit von Hanke genau genommen sogar kontraproduktiv gewesen. Er war jetzt nicht mehr vorrangig Gauleiter, sondern Reichsführer SS und Chef der deutschen Polizei. Zur Aufrechterhaltung von Recht und Ordnung gab es gerade bei einer Kapitulation der Wehrmacht wahrlich genug zu tun!

Dass die Alliierten gar nicht vorhatten, mit einer Nachkriegsregierung in Deutschland zusammenzuarbeiten, sondern kurzerhand alles selber in die Hand nahmen, indem sie die neue Reichsregierung am 23. Mai 1945 sogar verhafteten (!),[221] konnte niemand ahnen, es war schlicht unvorstellbar.

„Er hatte am späten Abend die Nachricht vom Tode Hitlers erhalten. Vor allem aber war ihm aus einer Quelle, die unbekannt geblieben ist, mitgeteilt worden, dass er an Stelle Himmlers zum Reichsführer SS und Chef der deutschen Polizei sowie zum Reichsinnenminister ernannt worden war.“ [222]

Wann genau das gewesen war, wird immer nicht mitgeteilt, dabei ergibt sich der Zeitpunkt aus dem Sachverhalt selber. Und auch die geheimnisvolle Quelle ist eigentlich ziemlich offenkundig.

---

[221] Karl Dönitz, „Zehn Jahre und zwanzig Tage“, Bernard & Graefe Verlag München, 1977, Seite 466

[222] Jürgen Thorwald, „Das Ende an der Elbe“, Vollständige Taschenbuchausgabe Droemersche Verlagsanstalt Th. Knaur Nachf., München/Zürich. Lizenzausgabe des Steingrüben-Verlages Stuttgart, 24.-29. Tsd., 1968, Seite 257

Hanke erfährt am späten Abend von Tod Hitlers. Da dieser am Spätnachmittag des 30. April 1945 Selbstmord begangen hat, dürfte Hanke die Nachricht am gleichen Tag erhalten haben. Am Folgetag wendet sich bereits Admiral Dönitz als Staatspräsident per Rundfunkansprache an das deutsche Volk und sagt unter anderem:

„Der Führer hat mich zu seinem Nachfolger bestimmt. Im Bewusstsein der Verantwortung übernehme ich die Führung des deutschen Volkes in dieser schicksalsschweren Stunde …“[223]

In seinem ersten Tagesbefehl als neuer Oberbefehlshaber der Wehrmacht vom 1. Mai 1945 erklärt Dönitz:

„Der Führer hat mich zu seinem Nachfolger als Staatsoberhaupt und als Obersten Befehlshaber der Wehrmacht bestimmt. Ich übernehme den Oberbefehl über alle Teile der deutschen Wehrmacht …“[224]

Es ist ja nicht anzunehmen, dass Hanke erst am Abend des 1. Mai oder gar später vom Tod Hitlers erfahren hat, obwohl Dönitz schon im Rundfunk gesprochen hat. Und auch den genannten Tagesbefehl wird Hanke gekannt haben, schließlich waren die Fernschreibverbindungen nach Breslau noch intakt. Das letzte Fernschreiben des AOK 17 traf am 5. Mai 1945 in Breslau ein.[225]

---

[223] Karl Dönitz, „Zehn Jahre und zwanzig Tage“, Bernard & Graefe Verlag München, 1977, Seite 438

[224] Karl Dönitz, „Zehn Jahre und zwanzig Tage“, Bernard & Graefe Verlag München, 1977, Seite 438

[225] v. Ahlfen / Niehoff, „So kämpfte Breslau“, Lizenzausgabe Motorbuch Verlag Stuttgart, 1976, Gräfe und Unzer Verlag München, Seite 109

Und so wie Dönitz am 30. April 1945 durch Martin Bormann, dem Leiter der Partei-Kanzlei der NSDAP im Rang eines Reichministers und enger Vertrauter Hitlers über seine Einsetzung als Nachfolger des Staatsoberhaupts informiert wurde[226], dürfte auch Hanke eben über diesen Weg in Kenntnis gesetzt worden sein.

Für Bormann hatten beide Vorgänge wahrscheinlich sogar das gleiche Gewicht. Den neuen Reichsführer SS zu informieren, war ihm genauso wichtig wie den Nachfolger im Amt des Staatspräsidenten und Oberbefehlshaber der Wehrmacht.

Wer sonst, wenn nicht der Vertraute Adolf Hitlers und Leiter der Parteikanzlei, sollte berufen gewesen sein, die Umsetzung von Hitlers politischem Testament in die Wege zu leiten? Und dazu gehörte selbstverständlich und ohne jeden Anflug von Geheimnisvollem natürlich, die relevanten Personen zeitnah zu informieren.

Wer sonst, wenn nicht Martin Bormann, hätte denn Karl Hanke noch „beglückwünschen“ sollen? Dönitz hatte plötzlich andere Sorgen und Göring und Himmler waren zeitgleich aus allen Ämtern und aus der Partei geflogen! Zudem war es eine seiner letzten Amtshandlungen überhaupt.

„In der Nacht zum 2. Mai herrschte in der Reichskanzlei fieberhafte Tätigkeit. Die Kampfgruppen der Zitadelle bereiteten sich zum Ausbruch vor. Zehn Gruppen wurden von Brigadeführer Mohnke gebildet, die in jeweils einer halben Stunde Distanz ab 23.00 Uhr den Ausbruch wagen sollten.

---

[226] Karl Dönitz, „Zehn Jahre und zwanzig Tage“, Bernard & Graefe Verlag München, 1977, Seite 433 f.

Ziel war es, über den Wedding nach Nordwesten durchzubrechen. Bei Schwerin sollten sich diese Gruppen wieder sammeln und geschlossen nach Plön weiterziehen, dem Standort des Hauptquartiers GA Dönitz.

Die erste Gruppe unter Brigadeführer Mohnke in Stärke von 20 Männern und vier Frauen brach um 23.00 Uhr aus. Bis 1.00 Uhr des 2. Mai erreichte sie in der U-Bahn-Stadtion Mitte ein eisernes Tor, das den U-Bahn-Schacht verschlossen hielt. Sie klopften, doch die Tür wurde nicht geöffnet. Sie schwenkten nun ab und suchten einen neuen Weg über die Spree links der Weidendammer Brücke.

Die Gruppe mit Bormann, Naumann, Dr. Stumpfegger und Erich Kempka war zur etwa gleichen Zeit an der Weidendammer Brücke auf eine sowjetische Sperre gestoßen. Eine dritte Gruppe unter Artur Axmann kam hinzu. Hier wurde der letzte Panzer der Div. „Nordmark" von einer feindlichen Pak abgeschossen.

Von diesem Zeitpunkt an blieb Martin Bormann verschollen. Arthur Axmann und Günther Weltzien sagten später aus, dass sie auf die beiden Toten Dr. Stumpfegger und Martin Bormann gestoßen seien."[227]

Für eine Flucht aus der Festung Breslau waren für Karl Hanke nur drei Ziele eine mögliche Option. Aufgrund der begrenzten Reichweite des Fieseler Storch blieb entweder ein Flug nach Königgretz oder eine Landung in Prag, oder auf dem Truppenübungsplatz der SS in Böhmen. Um die Flugstrecke von 215 Kilometern Luftlinie nach Prag zu

[227] Franz Kurowski, „Bedingungslose Kapitulation", Druffel-Verlag Leoni am Starnberger See, 1983, Seite 263

überbrücken, war der „Storch“ geradezu das ideale Mittel für Hanke.

Bei Gegenwind benötigte das Kleinflugzeug, das einem Piloten und bis zu zwei Passagieren platz bot, rund 50 Meter zum Start, eine Landung war auf 20 Meter machbar! Zudem konnte die Maschine extrem langsam fliegen, unter 50 km/h, und hatte eine Höchstgeschwindigkeit von rund 170 km/h. Seine Reichweite lag bei 370 Kilometer.[228]

„Offenbar schloss er sich in Prag der 18. SS-Freiwilligen-Panzergrenadier-Division „Horst Wessel“ an.“[229]

Danach verliert sich die Spur von Karl Hanke, eine Variante seines Endes lautet: „Am 5.5. soll er zusammen mit weiteren Angehörigen der SS in der Uniform eines SS-Offiziers westlich von Komotau von tschechischen Partisanen gefangen genommen und in Goerkau bis zum 6.1945 unerkannt gefangen gehalten worden sein. Als er versucht, in der Nähe von Neudorf aus einem Transport deutscher Kriegsgefangener zu entkommen, soll er von den tschechischen Wachmannschaften angeschossen und erschlagen worden sein. Eine Grabstätte ist nicht bekannt.“[230]

Für Karl Hanke machte es Sinn, nach Prag zu fliegen, zumal hier ein Ausweichquartier für die Deutsche Reichsregierung vorgesehen war. Zwar hatte Karl Dönitz sich bereits früh für Flensburg als letzten Regierungssitz in deut-

[228] https://de.wikipedia.org/wiki/Fieseler_Fi_156
[229] https://de.wikipedia.org/wiki/Karl_Hanke
[230] Karl Höffkes, „Hitlers politische Generale - Die Gauleiter des Dritten Reiches“, Grabert-Verlag Tübingen, 1986, Seite 123

schen Landen entschlossen und klargestellt, die Regierungstätigkeit „keinesfalls außerhalb der deutschen Grenzen weiter zu führen",[231] aber erst am 4. Mai ergeht folgendes: „18.45 Uhr Fernschreiben an Führungsstab B, dass die Planung, Hauptquartier OKW 1. Staffel und Reichsregierung in Prag unterzubringen, entfällt (Anlage 9)."[232]

Sollte Hanke tatsächlich Prag oder den SS-Truppenübungsplatz Beneschau (Benešov), erreicht haben, wovon auszugehen ist, dann ist die Gefangennahme am 5.5. in Komotau sehr unwahrscheinlich. Im nur wenige Kilometer entfernten Oberwiesenthal halten sich zeitgleich zwei seiner Gauleiter-Kollegen völlig unbehelligt auf, Martin Mutschmann (Gauleiter von Sachsen) und Josef Grohé (Gauleiter des Gaues Köln-Aachen)[233], der Prager Aufstand flackert am 5. Mai gerade auf und auch das Gebiet zwischen Komotau und Reichsgrenze ist noch fest in deutscher Hand. Gerade weil die Gegend noch sicher war, hatten Mutschmann und Grohé auf ihrer Flucht dort Station gemacht.

„Noch in den letzten Stunden vor Bekanntwerden der Kapitulation haben Pioniere im Raum von Leitmeritz eine Brücke über die Elbe geschlagen und haben hier allein etwa 5.000 schlesische Flüchtlinge durchgeschleust, die über die Demarkationslinie gelangen konnten. Im Raume Hirschberg in Böhmen, bei Aussig und Komotau konnten

---

[231] Albert Speer, „Erinnerungen", Verlag Ullstein GmbH Frankfurt/M. - Berlin, 3. Auflage 1969, Seite 497

[232] Kriegstagebuch des Oberkommandos der Wehrmacht, 1944-1945 Teilband II, Seite 1473

[233] Karl Höffkes, „Hitlers politische Generale - Die Gauleiter des Dritten Reiches", Grabert-Verlag Tübingen, 1986, Seiten 113 und 243

sogar noch Teile der Lazarette geräumt werden, wenn auch einige dieser Transportzüge nicht mehr durchkamen und einer davon bei Dalwitz bei Karlsbad noch nach vielen Tagen feststellbar war, in dem man die Unglücklichen einfach ihrem Schicksal überlassen hatte."[234]

Während Grohé Richtung Westen flüchtet und den Krieg überlebt, verliert sich die Spur von Martin Mutschmann in den ersten Maitagen des Jahres 1945 im Raum Oberwiesenthal, rund 145 Straßenkilometer von Prag entfernt. Martin Mutschmann bleibt spurlos verschwunden.

„Am 30. April hatte Hitler Selbstmord begangen und Großadmiral Dönitz wird für einige Tage Staatschef. Am 3. Mai trafen sich am Brenner aus Italien und aus Tirol kommende Amerikaner, am 4. Mai kapitulierten die deutschen Streitkräfte in den Niederlanden und in Norddeutschland, dann auch die Heeresgruppe G (Nordalpen) in Haar bei München. Am 5. Mai, am Tag als die Amerikaner Linz betraten, beginnt der Volksaufstand in Prag und Dönitz befiehlt die Einstellung des U-Boot-Krieges. Am 6. Mai, als die Besetzung Oberösterreichs zu Ende geht, beginnt der russische Großangriff gegen General Schörners Heeresgruppe Mitte, die auf Böhmen und Teile Mährens zusammengedrängt ist. Am selben Tag besetzen die Russen Olmütz, die Amerikaner Pilsen. Auch fällt, wie schon er-

---

[234] Erich Kern, „Generalfeldmarschall Ferdinand Schörner", Deutsche Verlagsgesellschaft, Rosenheim, 4. Aufl., Seite 225 f.

wähnt, Breslau. Am 7. Mai folgt dann die Gesamtkapitulation der deutschen Wehrmacht.“[235]

Der Aufstand in Prag endete erst mit dem 9. Mai 1945 und dem Abzug der deutschen Truppen aus der Stadt. Vom Westen drangen die Amerikaner bis Pilsen vor, im Osten erreichten die Russen Prag. Karl Hanke ist weder den Amerikanern noch den Russen in die Hände gefallen. Gelang ihm doch noch die Flucht aus dem Raum Prag?

---

[235] „1945 – Oberösterreich eine Woche Kriegsschauplatz“, Harry Slapnicka, Oberösterreichische Heimatblätter, Landesinstitut für Volksbildung und Heimatpflege in Oberösterreich, 29. Jahrgang, (1975), Heft 1/2, Seite 83

VIII. Eine unglaubliche Geschichte?

Hauptmann Schwarz hat schon fast das Ende der Startbahn erreicht, als sich seine große Ju 390 langsam, aber noch rechtzeitig in den Prager Nachthimmel erhebt.

Der Startzeitpunkt war gut gewählt, die Dunkelheit hereingebrochen, die Sterne waren zu sehen, aber der Mond war noch nicht aufgegangen. Es war ein Eintauchen in einen klaren Sternenhimmel.

Es galt jetzt, an Höhe zu gewinnen, um so in den Schutz der geschlossen Wolkendecke zu gelangen. Der Start war nur die erste schwere Etappe auf einem Flug, der eigentlich in die Geschichte hätte eingehen müssen.

Dass es hierzu nicht kam, hatte gleich mehrere Gründe. Zum einen flog Hauptmann Schwarz eine Maschine, die es angeblich gar nicht gab, zum anderen hatte er Fluggäste an Bord, die sich unterhielten, tranken und aßen, aber in Wirklichkeit schon alle tot waren. Im Frachtraum lagerten Kisten, die voll waren mit echten Pfund-Sterling-Banknoten, die aber die Bank von England noch nie gesehen hatte.

Und als ob das alles noch nicht reichen sollte, hatte er zwar deutsche Passagiere an Bord genommen, aber würde am Ziel Bürger der Schweiz wieder verabschieden. Bis zum ersten Zwischenstopp in Spanisch Sahara waren es rund 3.700 Kilometer gewesen, keine allzu große Herausforderung also. Dann aber wollte man in einem deutlich längeren Sprung den Atlantik überwinden, gut 8.500 Kilometer Luftlinie bis Uruguay!

Der Erste Flugzeugführer und Kommandant hätte es anders bestimmen können, aber er war unsicher. Nach Rücksprache mit dem Zweiten Flugzeugführer, seinem langjährigen Kameraden Oberleutnant Weiß, entschied er sich dann doch, dem Drängen seiner seltsamen Passagiere nachzugeben und nicht schon vorher Brasilien anzufliegen, sondern den Direktflug durchzuführen.

Überhaupt, diese Passagiere. Als sie vor zwei Stunden in sein Flugzeug gestiegen waren, wurde man trotz der schwachen Bordbeleuchtung von Orden und Lametta geblendet. Als sie eine Stunde zuvor mit einem PKW und einem schweren Lastwagen vom Typ Mercedes-Benz L 4500 A am startbereiten Flugzeug hielten, begrüßten nur zwei höhere Offiziere die Flugzeugbesatzung, während die anderen Männer sofort damit begannen, rund 80 Zentnerholzkisten über die Flugzeugrampe in den Frachtraum zu verbringen. Aber trotz der schweren Lasten, die sie bewegten, schienen die Männer zwar angespannt, aber auch seltsam befreit.

Die Konturen der Ju 390, vor der dieses emsige Treiben stattfand, zeichneten sich auf dem nur schwach beleuchteten Rollfeld vor dem Prager Nachthimmel ab. Über 34 Meter war die Maschine lang, hatte eine Spannweite von über 50 Meter und ragte fast 7 Meter in die Höhe.

Sechs 14-Zylinder-Doppelsternmotoren vom Typ BMW 801 G-2 schoben, nachdem alles verstaut und alle Türen und die Rampe verschlossen war, mit ihrer kräftigen Startleistung von je 1.700 PS diesen Giganten mit fast 50 Tonnen Gesamtgewicht über die Startbahn und drückten ihn langsam gen Himmel.

Jetzt saßen die 14 Männer in Zivilkleidung auf ihren Plätzen und hatten bereits die ersten Flaschen Schaumwein geleert, die Stimmung wurde geradezu ausgelassen. Dabei war man noch gar nicht aus der Gefahrenzone heraus. Aber irgendwie schien von den Männern dahinten eine gewaltige und schwere Last abgefallen zu sein.

Für die beiden Flugzeugführer galt es, sich auf den Flug zu konzentrieren. In 4.000 Metern zog das Flugzeug in aller Ruhe seine Bahn. Man hatte Glück! Unentdeckt erreichte man die Mittelmeerküste, überflog die Balearen und nach fünf Stunden kam das Flugfeld von Spanisch Sahara in Sichtweite.

Hauptmann Schwarz wollte sich den Landeanflug nicht nehmen lassen! Zeit zum Schlafen wäre noch genug, wenn Oberleutnant Weiß über dem Atlantik das Flugzeug übernehmen würde.

Nicht alle Passagiere waren in den letzten Stunden eingeschlafen, einige konnten offenbar kein Auge zubekommen. Trotz der Ausgelassenheit, die nach dem Start herrschte, holte einige Männer wohl die Wirklichkeit wieder ein.

So einen gewaltigen Vogel hatte man in der Westsahara noch nicht gesehen! Langsam, wie an einem Band gezogen, senkte sich der Flieger Richtung staubiger Wüstenpiste. Das Bodenpersonal staunte gen Himmel und stand mit offenen Mündern da. Einige gestikulierten wild hin und her, andere schwenkten ihre Putzlappen und oder warfen ihre Mützen in die Luft. Hier war mal Abwechselung in der Luft, und was für eine!

Als wäre dieser nicht gerade breite befestigte Wüstenstreifen sein Heimatflughafen, so elegant landete der Flugzeugführer seinen Flugkoloss und die ihm anvertrauten Passagiere in der morgendlichen Hitze der Sahara, der Sprung war geschafft!

Man hatte die beiden Flugzeugführer nicht zuletzt deshalb ausgewählt, weil beide bereits mit der Legion Condor im Spanieneinsatz gewesen waren und zudem die Landessprache, wenn auch nicht perfekt, aber doch gut sprachen.

Der Platzkommandant sah mit leuchtenden Augen auf das Balkenkreuz am Rumpf des Fliegers, nahm Haltung an und erhob den rechten Arm zum deutschen Gruß. Jeden Mann, die 14 Passagiere und die zehnköpfige Besatzung begrüßte er anschließend mit einem Händedruck persönlich.

Er wirkte geradezu traurig, als man ihm erklärte, der Riesenflieger wäre nur zum Auftanken gelandet und müsse so schnell wie eben möglich wieder starten. Auch ein sicherlich gut gemeintes gemeinsames Mittagessen musste leider ausgeschlagen werden. Auch wenn man gerade in Sicherheit war, gab es wahrlich keinen Grund, hier länger als unbedingt notwendig zu verweilen. Noch war man nicht am Ziel der Reise angelangt!

Nach dem erneuten Start überflog man die afrikanische Küstenlinie und nahm Kurs auf Südamerika. Statt des Beobachters hatte man aus Sicherheitsgründen noch als Dritten Flugzeugführer Oberfeldwebel Alleswahr an Bord, der jetzt zu seinem ersten Einsatz bei diesem Flug kam. Hauptmann Schwarz legte sich für eine paar Stunden zur Ruhe. Obwohl bis jetzt alles glatt gelaufen war, verspürte er doch die harten Anstrengungen der letzen Stunden.

Nach 20 Stunden wurde es Zeit, den Landeanflug in Uruguay vorzubereiten. Natürlich würde man nicht den Flughafen von Montevideo ansteuern, die Gefahr dort festgesetzt zu werden, war viel zu groß. Auf amerikanischen Druck hin hatte Uruguay dem Deutschen Reich noch am

15.2.1945 den Krieg erklärt. Nun dort zu landen, zumal in voller „Kriegsbemalung" wäre mehr als töricht gewesen!

Außerdem wollte man nicht nach Uruguay, sondern nach Argentinien. Aber die ganze Aktion musste so ablaufen, dass im Fall des Falles die argentinische Regierung sogar ihr Ehrenwort hätte geben können, dass kein deutsches Flugzeug im Mai 1945 in Argentinien gelandet ist!

Diese Denksportaufgabe konnte gelöst werden! Angesteuert wurde das Flugfeld von Paysandú, einer Stadt unmittelbar am Rio Uruguay. Die Piloten waren während der zweiten Etappe des Fluges ständig damit beschäftigt, die Faktoren Uhrzeit, Geschwindigkeit und Restflugzeit im Auge zu behalten. Durch die West-Ost-Richtung hatte man den Effekt der längeren Nacht, man flog also länger im Dunkeln. Die Uhrzeit, gemeint ist die Uhrzeit vor Ort, war besonders wichtig!

Das Flugfeld von Paysandú hatte auch eine Beleuchtung, nur diese brannte nur, wenn ein Flugzeug auch erwartet wurde. Da der Flughafen nicht regelmäßig angeflogen wurde, war die Beleuchtung eben aus. Man konnte aber unmöglich am helllichten Tage vor Ort aufsetzen. Also musste die Flugzeit so gestaltet werden, dass man in der einsetzenden Abenddämmerung landen würde. 1945 gab es in Uruguay noch keine Radarüberwachung, und die Wahrscheinlichkeit, von einem Flugzeug der kleinen uruguayischen Luftwaffe auf einem zufällig gleichzeitig stattfindenden Routineflug entdeckt zu werden, war gleich Null.

Das anzufliegende Flugfeld lag südlich vom Stadtkern, außer auf dem schwach besetzten Flughafen, wenn man die Piste überhaupt so nennen kann, würde niemand die Landung mitbekommen. Bis zum Rio Uruguay hätten die

Männer laufen können, es waren nur wenige hundert Meter.

Eine Brückenverbindung zwischen Argentinien und Uruguay gab es 1945 nicht. Der Fluss bildete die Grenze zwischen beiden Staaten und konnte nur mit einem Boot überwunden werden. An dieser Stelle ist der Rio Uruguay nur ein paar hundert Meter breit. Ein Übersetzen war möglich. Auch gab es weiter nördlich eine Fährmöglichkeit, aber diese Fähre zu nutzen, kam nicht in Frage, es hätte viel zu viel Aufsehen erregt.

Aber es waren Vorkehrungen getroffen worden. Der Sicherheitsdienst der SS, der SD, hatte in Argentinien Mitarbeiter stationiert. Offiziell waren es Angestellte der Deutschen Botschaft.

Zwei dieser SD-Leute, einer war vermutlich der SS-Hauptsturmführer Siegfried Becker, warteten jetzt unweit des Flugfeldes schon fast ungeduldig auf Flugzeuggeräusche. Der Stammbelegschaft des Rollfeldes, in Zeiten, wo kein Flugverkehr war, ganze völlig unterbezahlte vier Mann, hatte man bereits jeweils einen Monatslohn in die Hand gedrückt, um heute rechtzeitig Feierabend zu machen. Die vier Uruguayer konnten ihr Glück gar nicht fassen und es interessierte sie wirklich nicht, weshalb irgendjemand wollte, dass sie früher Feierabend machten. In ganz Südamerika sollte man bei solchen Gelegenheiten einfach keine Rückfragen stellen und wenn ein Trinkgeld derart üppig ausfällt, erst recht nicht, nie!

Die Motorengeräusche wurden lauter und die SD-Leute erkannten einen noch kleinen Punkt am Himmel, der rasch näherkam. Sie lächelten sich an, warfen ihre Zigaretten in den Staub und beobachteten das Flugzeug bei einer sauberen Bilderbuchlandung. Als das Flugzeug zum Stehen kam, wurden die Propeller abgeschaltet und die Tür und die Laderampe geöffnet.

Natürlich war der Besatzung im Laufe des Fluges klar geworden, wen man da eigentlich transportierte. Aber sie alle waren Angehörige des KG 200, die Geheimflieger des Deutschen Reiches. Wen hatte man nicht schon alles transportiert, Agenten, Spione, Fernaufklärer, wichtige Persönlichkeiten, wichtige Gerätschaften. Es konnte ihnen egal sein, wieso ihre Reisegruppe hier landen wollte oder musste. Hauptsache, man konnte die Aufgabe jetzt zügig hier zu Ende bringen.

Die Flugzeugführer glaubten, nur ein Problem zu haben. Das Dritte Reich lag in Trümmern. Der Rückflug könnte unter diesen Umständen schwieriger sein als der Hinflug. Wo landen? In Prag ja wohl nicht mehr, in Berlin erst recht nicht. Überhaupt in Deutschland? Man hatte sich auf Spanien geeinigt.

Doch so weit sollte es gar nicht kommen. Nachdem das Flugzeug entladen war, folgte eine kleine Ansprache. Geplant sei jetzt, dass das Flugzeug noch einen kleinen Hüpfer macht! Und zwar bestand die Aufgabe darin, an das andere Ende der Rollbahn zu fahren und die Maschine zu wenden. Dann sollte ein halbherziger Startversuch gemacht werden, der abgebrochen werden sollte, damit der Flieger möglichst mittig im Rio Uruguay aufsetzen sollte. Anschließend würde man den Piloten bergen und die Maschine mit einer Haftmine zum Sinken bringen. Es musste abgewrackt werden! Das Ding musste jetzt verschwinden!

Im Gegenzug würde man die Besatzung großzügig ausbezahlen, ihnen ihre neuen falschen Schweizer Reisepässe aushändigen und sie wahlweise hier vor Ort oder drüben in Argentinien aus dem Dienst für das Vaterland entlassen. Diese jetzt vor die Wahl gestellten Männer waren ja nicht einfache Luftwaffenangehörige. Sie waren Mitglieder im KG 200, im Geheimgeschwader des Dritten Reiches. Sie waren ohnehin schon zur absoluten Verschwiegenheit verpflichtet. Sie waren Profis! Mit ihren aus Sicherheitsgründen fünf Jahre zurückdatierten Pässen hatten sie jetzt weitere fünf Jahre Zeit, ihre eigene Zukunft in die Hand zu nehmen.

Sie standen auf keiner Fahndungsliste und konnten frei entscheiden, in Lateinamerika zu bleiben, sich sonst wo in der Welt niederzulassen oder eben als Spätheimkehrer wieder nach Deutschland oder Österreich zu gehen und gegebenenfalls wieder ihre echte Identität anzunehmen. So gesehen waren die Aussichten hundertmal besser, als sie gewesen wären, wenn sie wahrscheinlich sogar zum damaligen Datum in amerikanische oder gar in russische Kriegsgefangenschaft gegangen wären.

Ach, so war das? Ja, so einfach war das! Hauptmann Schwarz fühlte sich in der Verantwortung. Noch war er der Erste Flugzeugführer, auch wenn seine Dienstzeit in wenigen Stunden endgültig vorbei wäre. Also gut!

Noch einmal hielten alle inne. Das Flugzeug beschleunigte, hob ab und landete krachend auf dem Wasser. Wie versprochen wurde Hauptmann Schwarz, der sich nur leicht verletzt hatte, geborgen und die Maschine mit einem lauten Knall zum Sinken gebracht. Der Rio Uruguay war hier tief genug, das Wrack der Maschine, welches beim Sinken sicher noch etwas abdriften würde, lag dann tief genug, um den Schiffsverkehr nicht zu gefährden. Kein Mensch würde jemals hier nach einem Haufen Schrott mit Balkenkreuz tauchen. Es war perfekt gelaufen!

Alle Beteiligten waren überglücklich bezüglich der ganzen Aktion. Am Rande des Flugfeldes von Paysundú grüßte sie zudem noch ein Wegweiser im wahrsten Sinne des Wortes: „Al sur: Nuevo Berlin 100 kilómetros" (Richtung Süden: Neu Berlin 100 Kilometer).

Nun, alle entschieden sich vorerst für Argentinien. Zwar hatte auch dieses Land dem Deutschen Reich noch am 27. März 1945 pro forma als letzter Kriegsgegner überhaupt den Krieg erklärt, aber im Gegensatz zum demokratischen Uruguay war Argentinien eine Diktatur. Und es gab in Argentinien einen deutschfreundlichen Mann, der sich anschickte, eine ganz wichtige Rolle in seinem Land zu übernehmen. Dieser Mann hatte gerade mit Hilfe der SD-Leute im Nachbarland Bolivien einen Putsch erfolgreich durchführen lassen.

In Argentinien hatte die Oberschicht verdammt viel, eine Mittelschicht war im Prinzip kaum vorhanden und die Unterschicht sehnte sich nach einem Führer, der die Verhältnisse im Land mal zurechtrücken würde. Der zumindest mal etwas für die kleinen Leute tun würde. Der nicht wie die Linken von Veränderungen nur erzählt, um sich die eigenen Taschen zu füllen, sondern der soziale Projekte und soziale Gerechtigkeit auf den Weg bringen würde. Der es wenigstens einmal probieren würde!

Diesen Mann gab es jetzt und er verfügte plötzlich nicht nur über genügend Geld, um seine Präsidentschaft zu ermöglichen und erste Reformen einzuleiten. Nein, dieser deutschfreundliche Herr rief nach dem Krieg sogar zahlreiche Deutsche nach Argentinien. Professor Tank durfte in

Argentinien seine Düsenjäger weiterentwickeln und den ersten Prototyp starten lassen. Werner Baumbach durfte endlich wieder fliegen. Hunderte Techniker fanden den Weg nach Buenos Aires! Und selbst für Nazis, die richtig was am Stecken hatten, ging es Richtung Pampa: Mengele und Eichmann fanden sich ein. Auch der aus seiner Inhaftierung geflohene Dr. jur. Sigfried Uiberreither, Gauleiter der Steiermark, kannte offenbar den Weg Richtung Argentinien.

Aber auch Männer, die keine Kriegsverbrecher waren, fanden in der Folgezeit zumindest zeitweise Aufenthalt: Etwa Hans-Ulrich Rudel, der höchstdekorierte Soldat der Wehrmacht, der einzige Träger des Ritterkreuzes, mit goldenem Eichlaub, Schwertern und Brillianten.

Man könnte noch zahlreiche Personen benennen, aber einer darf nicht fehlen: Wilfried von Oven, nicht weniger als Referent bei Dr. Joseph Goebbels, lebte bis zu seinem Lebensende im Alter von 96 Jahren in diesem Land. Lange Zeit war er als Auslandskorrespondent u.a. für den Spiegel in Argentinien tätig, seinen Presseausweis hatte übrigens Rudolf Augstein unterschrieben. Von Oven gab später sogar vor Ort eine eigene Zeitung heraus, den „La Plata Ruf“, dem offenbar viele gefolgt sind!

Ach ja, jetzt hätten wir fast den deutschfreundlichen Mann vergessen, der schon so lange hinter dem Vorhang wartet. Hier ist er: Vorhang auf für Juan Perón!

Juan Perón beteiligte sich 1943 zusammen mit dem SS-Hauptsturmführer Siegfried Becker, dem örtlichen SD-Geheimdienstchef, an einem Militärputsch im Nachbarland Bolivien. Der General Gualberto Villarroel López putschte seinen „Kollegen“ General Enrique Peñaranda erfolgreich aus dem Präsidentenamt.

Juan Perón und erst recht seine erste Ehefrau Evita wurden dann auch nicht nur in Argentinien zeitweise angebetet. Evita Perón, obwohl früh verstorben, ist noch heute für Argentinien mindestens das, was Ché für Kuba ist: eine Ikone! Aber gut, es ist einfach eine unglaubliche Geschichte!

IX. Abmarsch aus Ebensee

„Um 4 Uhr morgens am 4. Mai 1945 verließen Kammler und alle Mitarbeiter die Mendelsohn-Villa in Ebensee, um nach Prag zu fahren.“[236]

Dr. Hans Kammler, von dem hier die Rede ist, ist einer der mächtigsten Männer im untergehenden Dritten Reich. In wenigen Tagen wird der Staat, in dem er eine beispiellose Karriere hingelegt hat, aufhören zu existieren. Vor wenigen Tagen hat sich bereits das Staatsoberhaupt dieses Staates im Führerbunker in Berlin das Leben genommen.

Alles war aus! Nach zwölf Jahren ist der Staat der Nationalsozialisten am Ende! Für Hans Kammler bedeutet dies nicht nur den Verlust von Macht und Einfluss, schlimmer noch, er muss befürchten, für viele Entwicklungen in diesem Staat zur Verantwortung gezogen zu werden.

Ein Neuanfang in der Nachkriegsära ist für ihn kaum vorstellbar. Eigentlich wäre seine Lage derart hoffnungslos, er könnte unschwer auf die Idee kommen, seinem Führer in den Tod zu folgen. Aber Kammler ist ein hochintelligenter Mann und würde, bevor er so einen Schritt machen würde, alle Trümpfe ausspielen, die er noch in Händen hielt.

Hatte er Trümpfe, die noch stechen würden? Hans Kammler war einer der maßgeblichen Macher des Dritten Reiches, zumindest in den letzten rund drei Jahren. Er hat sich im System und in der SS hochgedient. Er hatte in den letzten Monaten des Krieges eine Kompetenz und Macht-

---

[236] Kristian Knaack, „Der Kunst-Schatz des Führers“, Grabert Verlag Tübingen, 2010, Seite 312

fülle erreicht, die nur noch von seinem Führer selber übertroffen wurde.

„SS-Gruppenführer Kammlers Einfluss hatte sich Monat um Monat erweitert: Ende November hatte Hitler eingewilligt, dass er die Leitung gewisser Flakraketenprojekte übernahm,... und am 31. Januar verfügte Hitler, dass die gesamte V-1- und V-2-Offensive unter Kammlers Befehl zusammenzufassen sei, während er selbst sich die Bestimmung der Ziele vorbehielt. Von dieser Zeit an traf Kammler all seine Entscheidungen nach unmittelbarer fernmündlicher Rücksprache mit Himmler oder Hitler."[237]

Nach diesen Entscheidungen im November 1944 und Januar 1945 ging Kammler konsequent den nächsten Schritt.

„Am 6. Februar steckte der Generalleutnant der Waffen-SS Kammler sein Reich in einem Fernschreiben – Gkdos – an Göring, Keitel, Buhle, Himmler, Dönitz und andere ab, als wolle er sie trotzig herausfordern, ihm die Vollmacht zu so weitreichenden Entscheidungen zu bestreiten. In diesem Fernschreiben strich er eigenmächtig die Hälfte von Deutschlands kostspieligsten Raketenprojekten."[238]

Damit aber nicht genug, Dr. Kammler ging noch einen Schritt weiter und auch Hitler erweiterte Kammlers Kompetenzen noch im März 1945 zusätzlich:

---

[237] David Irving, „Die Geheimwaffen des Dritten Reiches", ARNDT-Verlag, Kiel, 2000, Seite 343

[238] David Irving, „Die Geheimwaffen des Dritten Reiches", ARNDT-Verlag, Kiel, 2000, Seite 344

„Gleichzeitig verfügte er, dass alle militärischen und zivilen Arbeitskräfte im Programm „Brechung des Luftterrors“ unabkömmlich gestellt seien und nicht einberufen werden dürfen.“[239]

„Im März erhielt Kammler außerdem den Befehl über die Düsenjägerverbände, die mit der Me 262 ausgerüstet waren. Am Ende des Geheimwaffenfeldzuges waren also sämtliche verheißungsvollen neuen Entwicklungen in Deutschland ausschließlich unter seinem Befehl; das war wirklich eine bemerkenswerte Laufbahn für einen Bauingenieur der SS…“[240]

Dabei hat er für die Öffentlichkeit im Verborgenen gewirkt. In den Machtzirkeln von Partei, Militär und Staat aber hat er sich eine unangefochtene Stellung erarbeitet. Er war überhaupt der einzige Mann im Dritten Reich, der jetzt, nach dem Tod Adolf Hitlers, noch einen Plan umsetzen könnte, der ihm nicht nur das Leben retten, sondern auch eine Option auf einen Neuanfang bieten würde.

Eine solche einmalige Chance lässt sich ein Hans Kammler nicht entgehen! Nicht er, der große Organisator und Planer. Die letzten Monate boten ihm Gelegenheit, einen Plan für das Danach auszuarbeiten und diesen dann Stück für Stück, Schritt für Schritt in die Tat umzusetzen.

Die Darstellung, Kammler habe gegen Kriegsende mit den Amerikanern verhandeln wollen und dabei sein Wissen

---

[239] David Irving, „Die Geheimwaffen des Dritten Reiches“, ARNDT-Verlag, Kiel, 2000, Seite 344

[240] David Irving, „Die Geheimwaffen des Dritten Reiches“, ARNDT-Verlag, Kiel, 2000, Seite 344

gegen persönliche Freiheit tauschen wollen, basieren in erster Linie auf eine sehr zweifelhafte Darstellung des Rüstungsministers Albert Speer.

„Während Kammler im Führerbunker noch den schneidigen General gegeben hatte, deutete er am 13. April gegenüber Speer seine Zukunftspläne an. Der Krieg sei verloren, und es wäre besser, sich jetzt noch abzusetzen. Er wolle sich mit den Alliierten in Verbindung setzen und ihnen neueste Rüstungstechnologie im Tausch gegen seine persönliche Freiheit anbieten."[241]

Gerade gegenüber Speer hätte Kammler eine solche Aussage mit Sicherheit nicht getroffen! Die Herren standen in direkter Konkurrenz zueinander und waren sich nicht unbedingt wohl gesonnen. Speer hatte seine liebe Mühe mit dem Emporkömmling Kammler.

„Mit Kammler hatte Himmler eine bezeichnende Wahl getroffen. Denn trotz aller ideologischer Verranntheit legte er in Personalfragen keinen Wert auf alte Parteizugehörigkeit; ihm war wesentlicher, einen Mann mit Energie, schneller Auffassungsgabe und Übereifer gefunden zu haben. Im Frühjahr 1942 hatte er ihn, der bis dahin hoher Baubeamter im Reichsluftfahrtministerium gewesen war, zum Leiter der Amtsgruppe Bau der SS gemacht und ihn im Sommer 1943 für das Raketenprogramm bestimmt. Im Laufe der Zusammenarbeit, die sich daraufhin ergab, entpuppte sich der neue Vertrauensmann Himmlers als rück-

---

241 https://de.wikipedia.org/wiki/Hans_Kammler

sichtsloser, kalter Rechner, als Fanatiker in der Verfolgung eines Zieles, das er so sorgfältig wie skrupellos zu kalkulieren wusste.

Himmler überhäufte ihn mit Aufträgen, brachte ihn bei jeder Gelegenheit Hitler nahe; bald gingen Gerüchte um, dass Himmler bemüht sei, Kammler als meinen Nachfolger aufzubauen."[242]

Und genau diesen Weg ging er auch konsequent weiter. Albert Speer wurde es so langsam mulmig.

„Spät abends, am 27. März, kam ich in Berlin an. Hier fand ich eine veränderte Situation vor.

Denn inzwischen hatte Hitler angeordnet, dass der SS-Gruppenführer Kammler, neben seiner Verantwortung für die Raketenwaffen, künftig für die Entwicklung und Produktion aller modernen Flugzeuge zuständig sei. Damit hatte ich nicht nur die Kompetenz in Fragen der Luftrüstung wieder verloren, sondern Hitler schuf, da Kammler sich meiner Mitarbeiter im Ministerium bedienen konnte, einen protokollarisch wie organisatorisch unmöglichen Zustand. Zudem hatte er ausdrücklich befohlen, dass Göring und ich durch Gegenzeichnung die Unterordnung unter die Anordnungsgewalt Kammlers quittierten. Ich unterschrieb, ohne Einspruch zu erheben; obwohl ich über diese

[242] Albert Speer, „Erinnerungen", Verlag Ullstein GmbH Frankfurt, 3. Auflage 1969, Seite 383

Demütigung wütend und verletzt war, blieb ich aber an diesem Tage der Lagebesprechung fern."[243]

Albert Speer hätte nach dieser Schmach mit Kammler am liebsten ein Hühnchen zu rupfen, traute sich aber nicht. Hätte sich Kammler gegenüber Speer über seinerseits geplante Feindkontakte geäußert, wäre das sein Todesurteil gewesen. Wenn der ihm nicht gerade zugeneigte Speer eine solche Äußerung von Kammler weitergegeben hätte, Kammler wäre sofort an die Wand gestellt worden! Und auch in der Folgezeit sind sich die beiden Männer nicht grün.

„Am 26. Mai 1944, nach einer Auseinandersetzung mit dem SS-Gruppenführer Kammler, der einen Direktor von BMW wegen Sabotage verhaften ließ, gab ich in unserer Amtschef- Sitzung „Richtlinien für da Verhalten bei Verfehlungen innerhalb der Rüstungswirtschaft.""[244]

Am gleichen Tag leistet sich Kammler trotz dieser Auseinandersetzung mit Speer völlig unbeeindruckt noch einiges mehr. Speer ist so brüskiert, fast beeindruckt stellt er fast sprachlos fest:

„In der Sitzung des Rüstungsstabes vom 26. Mai 1944 hatte Kammler sich gebrüstet, dass er „einfach 50.000 Leute

---

[243] Albert Speer, „Erinnerungen", Verlag Ullstein GmbH Frankfurt, 3. Auflage 1969, Seite 456

[244] Albert Speer, „Erinnerungen", Verlag Ullstein GmbH Frankfurt, 3. Auflage 1969, Seite 544

in Schutzhaft genommen habe, um sich die notwendigen Arbeitskräfte (für SS Betriebe) zu besorgen.‘“[245]

Nun ist bekannt, dass das Buch „Erinnerungen“ von Albert Speer weitestgehend nicht von ihm selber geschrieben wurde[246] und eigentlich eher der Reinwaschung der Person Speer dienen sollte. Somit ist es quellenkritisch auch mit Vorsicht zu genießen, aber es ist schon glaubhaft, dass Speer und Kammler nicht Freunde fürs Leben geworden waren.[247]

Speer, der in seiner Zeit als „Architekt des Führers“ die Großbauten des Dritten Reiches entwerfen durfte und der als Rüstungsminister in der Reichskanzlei eine Schleimspur zog, auf der manch anderer ausgerutscht ist, distanzierte sich nach dem Krieg von seinem ehemaligen Gönner Hitler.

Hans Baur, Hitlers Chefpilot, beschrieb das in einem persönlichen Antwortbrief vom 1.8.1974 an Professor J. P. Campbell so: „Auch gehöre ich nicht zu den Menschen wie zum Beispiel Speer, von dem man einmal annehmen musste, er könne ohne Hitler nicht leben. Als der Zusammen-

---

[245] Albert Speer, „Erinnerungen“, Verlag Ullstein GmbH Frankfurt, 3. Auflage 1969, Seite 573

[246] David Irving, „Führer und Reichskanzler Adolf Hitler 1933 - 1945“, F. A. Herbig Verlagsbuchhandlung München - Berlin, 1989, Seite 17 f.

[247] Sofern hier unabhängig von den eben genannten vier Zitaten auf das Buch „Erinnerungen’’ zurückgegriffen wurde, sind die jeweiligen Angaben immer anhand anderer Darstellung, z. B. Baumbach oder Dönitz, auf ihre Richtigkeit hin überprüft worden.

bruch kam, wurden diese Helden dann zum Ankläger und Verrätern."[248]

Gegen die Annahme, Kammler habe mit den Amerikanern verhandeln wollen, spricht auch der Umstand, dass er eigentlich keine Verhandlungsmasse hatte. Den technologischen Fortschritt des Dritten Reiches würden sich die Amerikaner in nächster Zeit selber erschließen. Durch Plünderungen von Unternehmen und einem Patentraub, wie es ihn in der neueren Geschichte noch nicht gegeben hatte.[249]

Zudem würden sich die Amerikaner, wie übrigens auch die Russen, der deutschen Erfinder und Forscher bemächtigen und sie hierfür sogar in die USA bzw. die Sowjetunion „einladen", tausende Forscher und Techniker, und oft auch deren Familien, waren hiervon betroffen.

Während die Briten die Brotsamen bekamen und die vermeintlichen führenden deutschen Atomwissenschaftler im Rahmen der „Operation Epsilon" auf Farm Hall monatelang verhörten und abhörten[250], machten die Amis längst Nägel mit Köpfen.

Bereits am 24. Mai 1945 wurde auf einer Sitzung im Pentagon die Einreise von 100 deutschen Atom- (!) und Raketenfachleuten in die USA bewilligt.[251] Schließlich musste „die Bombe" noch fertig werden.

---

[248] Institut für Zeitgeschichte München-Berlin: *Zeugenschrifttum Online, ZS 638, Baur, Hans* (PDF; 10 MB), ZS 638 - 51

[249] Friedrich Georg, „Unternehmen Patentenraub 1945", Grabert Verlag Tübingen, 2008

[250] https://de.wikipedia.org/wiki/Operation_Epsilon

[251] Franz Kurowski, „Alliierte Jagd auf deutsche Wissenschaftler - Das Unternehmen Paperclip", Kristall bei Langen Müller, Albert Langen - Georg Müller Verlag GmbH München, 1982, Zeittafel Seite 282

Wernher von Braun und seine Raketenforscher, die Atomforscher, die Flugzeugbauer und die vielen Wissenschaftler der unterschiedlichsten Disziplinen hatten einen echten Wert für die Sieger. Die Beuteraketen, Beuteflugzeuge und die sonstige Beutetechnik musste erprobt, nachgebaut und weiterentwickelt werden. Deren Wissen konnte somit auch in der Zukunft noch nutzbar gemacht werden. Ein Kammler hingegen wurde noch nicht einmal als Architekt benötigt.

In den USA wurden während des Krieges die japanischstämmigen Amerikaner in War Relocation Centers inhaftiert. In so einem „Kriegsverlagerungszentrum" durften die Betroffenen, die nur aufgrund ihrer Abstammung aus dem Verkehr gezogen wurden, also aus rein rassistischen Gründen, hinter Stacheldraht das Ende des Krieges abwarten. Rund 120.000 Japaner und japanischstämmige Amerikaner durften dieses Schicksal jahrelang erleiden.[252]

Selbst wenn Hans Kammler ein „atomares Wissen" mit sich herumgeschleppt hätte, man hätte es ihm abgepresst und gut. Verhandelt haben die Amerikaner nicht einmal mit Göring, auch er wurde verhaftet, ins Gefängnis gebracht, vor Gericht gestellt und durch die Sieger zum Tode verurteilt.

Wer immer am Ende des Dritten Reiches seinen Kopf noch aus der Schlinge ziehen wollte, der musste jetzt reichlich Glück oder einen guten Plan haben. Auf sein Glück wollte sich Hans Kammler aber nicht verlassen.

Einfach zum Beispiel die SS-Uniform gegen eine Wehrmachtsuniform eintauschen und unter fremdem Namen mit

---

[252] https://de.wikipedia.org/wiki/Internierung_japanischstämmiger_Amerikaner

falschen Papieren in der Masse der Soldaten unterzutauchen, so ein Vorhaben wäre für Kammler nicht denkbar. Es wäre für ihn einige Nummern zu klein. Und Kammler dachte immer groß!

Mancher hat den Trick mit der Uniform ausprobiert. Der Reichsführer SS und langjährige Chef von Kammler, Heinrich Himmler, hat, nachdem er in Flensburg erkannte, dass in der neuen Reichsregierung nach dem Tod von Hitler für ihn kein Platz ist, diesen Weg gewählt und ist nach kurzer Zeit aufgeflogen. Dönitz als neues Staatsoberhaupt hatte ihn zudem am 6. Mai 1945 aller Ämter enthoben und damit auch formal kaltgestellt.[253]

Himmler geriet erst unerkannt in englische Gefangenschaft, soll sich dann selbst zu erkennen gegeben haben und sich angeblich wenige Tage später durch Selbstmord mit Zyankali den englischen Verhöroffizieren entzogen haben. So lautet zumindest die Version, die die Engländer verbreitet haben. Tatsache ist, der Kronzeuge zu den schwersten Vorwürfen und schlimmsten Anschuldigungen, die man Deutschland nach dem Krieg machen würde, war tot und konnte nicht mehr aussagen.[254]

Auch der Gauleiter von Ostpreußen, Erich Koch, versuchte die Masche mit der Uniform. Aus Koch wurde der Major der Wehrmacht Rolf Berger. Auch ihm nutzte dies nicht viel. 1949 wurde er doch von britischen Sicherheitsbeamten als Landarbeiter aufgespürt und verhaftet und schließlich an Polen ausgeliefert.[255]

---

[253] Karl Dönitz, „Zehn Jahre und zwanzig Tage“, Bernard & Graefe Verlag München, 1977, Seite 461

[254] https://de.wikipedia.org/wiki/Heinrich_Himmler

[255] Karl Höffkes, „Hitlers politische Generale - Die Gauleiter des Dritten Reiches“, Grabert-Verlag Tübingen, 1986, Seite 188

Der Gauleiter von Ost-Hannover, Otto Telschow, taucht ebenfalls unter und verbirgt sich in der Rolle als Holzarbeiter. Er soll verraten worden sein und die Engländer konnten ihn daraufhin gefangen nehmen. Telschow soll sich dann während eines Transportes auf einem LKW die Pulsadern aufgeschnitten haben und ist in Folge dessen verblutet, so jedenfalls die Darstellung der Engländer.[256]

Es ist eigentlich fast erstaunlich, wie schlecht diese Männer auf das Ende vorbereitet waren. „Echte" neue Papiere für neue Identitäten, die vielleicht zumindest eine Zeitlang weitergeholfen hätten, wurden zum Beispiel auch Hitlers Sekretärinnen, Christa Schroeder und Johanna Wolf, zur Verfügung gestellt.

„Die zwei SS-Führer vom Führungshauptamt kamen und brachten für Johanna Wolf und mich die falschen Personalausweise. Ich vernichtete darauf alles, was auf meinen richtigen Namen lautete."[257]

Von den bei Kriegsende 43 amtierenden Gauleitern, fielen zwei im Kampf, wurde einer durch ein Standgericht der SS zum Tode verurteilt, elf begingen Selbstmord und nur einem gelang die direkte Flucht. Die restlichen 23 Gauleiter gerieten über kurz oder lang in Gefangenschaft. In der Internierung kamen dann elf dieser Gauleiter zu Tode, einem Gauleiter gelang die Flucht, offenbar sogar bis Südamerika. Sieben der inhaftierten Gauleiter wurden zum

[256] Karl Höffkes, „Hitlers politische Generale - Die Gauleiter des Dritten Reiches", Grabert-Verlag Tübingen, 1986, Seite 344

[257] Christa Schroeder, „Er war mein Chef", Albert Langen-Georg Müller Verlag GmbH München, 3. Auflage 1985, Seite 220

Tode verurteilt. Die Urteile wurden in Polen, Frankreich, Jugoslawien oder durch die Amerikaner auf deutschem Boden vollstreckt. Die übrigen Gauleiter wurden zu Haftstrafen unterschiedlicher Länge verurteilt.[258]

Hans Kammler hingegen war völlig klar, ein Abtauchen alleine reicht nicht aus. Es blieb nur die Flucht. Aber eine wie auch immer geartete Flucht bedurfte eines Fluchtmittels, bedurfte einer Menge Geldes, bedurfte einer neuen Identität und bedurfte vor allem der Möglichkeit, dies alles in einer Hand konzentriert auch umsetzen zu können.

Zusätzlich benötigte man noch ein Fluchtzeitfenster, eine Fluchtörtlichkeit und einen Fluchtgrund! Dr. Kammler hatte die Wahl, er hätte in Ebensee bleiben können, in nur zwei Tagen wären die Amerikaner in Ebensee aufgetaucht und hätten an die Tür der schönen Mendelsohn-Villa geklopft. Er wäre wie viele andere auch in amerikanische Gefangenschaft gegangen. Eine Aussicht, um die ihn viele in diesen Tagen sogar beneidet hätten!

Zivilisten und Soldaten waren in Panik vor den Russen. Generalfeldmarschall Schörner versuchte mit seiner Heeresgruppe verzweifelt, die Sowjets aufzuhalten. Die Amerikaner wären bereits morgen, am 5. Mai, in Linz, alles dort lag schon unter Artilleriebeschuss. Bereits übermorgen würde man die Kämpfe gegen die Westalliierten einstellen. Alles war nur noch eine Frage von Tagen, ja Stunden!

Aber Kammler macht genau das einfachste nicht, er wartet nicht auf die Amerikaner, geschweige denn er fährt ihnen entgegen. Kammler erklärt seinen verdutzten Mitar-

---

[258] Karl Höffkes, „Hitlers politische Generale - Die Gauleiter des Dritten Reiches“, Grabert-Verlag Tübingen, 1986, Seite 24

beitern, es ginge von Ebensee in die Dienststelle nach Prag. Die Leute glaubten vermutlich, sie hören nicht richtig. Im Protektorat gärte es bereits, die Amerikaner rückten auf Pilsen vor und die Russen kamen von Osten Prag immer näher. Aus Prag wäre ein Entrinnen um vieles gefährlicher und schwieriger als der Verbleib im schönen Ebensee.

Wenn man noch verlegen wollte, dann nach Westen. Notfalls rauf auf die Berge. Proviant hatte man genug. Hoch auf irgendeine Alm und abwarten, was die Zeit bringt. Andere, zum Beispiel Skorzeny, sind diesen Weg gegangen. In amerikanische (!) Gefangenschaft konnte man sich dann immer noch begeben.[259]

Eine Zeitlang bewegte man sich sogar quasi unter den Augen der Amerikaner, darüber berichtete auch Christa Schroeder, Hitlers langjährige Sekretärin:

„Inzwischen waren die Amerikaner in Berchtesgaden einmarschiert und das Haupthaus musste für eine Kompanie amerikanischer Soldaten geräumt werden. Wir wurden nun in der kleineren Dependance zusammengepfercht. Aufregung entstand immer, sobald einer der SS-Führer auftauchte, die sich auf den umliegenden Almhütten verborgen hielten. Dies war dem Wirt ein Dorn im Auge."[260]

Warum wollte also Dr. Hans Kammler vor diesen Hintergründen unbedingt noch nach Prag? Die Gefahr, dort in den nächsten Tagen in die Hände der auf Rache bedachten

---

[259] Otto Skorzeny, „Meine Kommandounternehmen", Limes Verlag Wiesbaden und München, 3. Auflage 1977, Seite 400

[260] Christa Schroeder, „Er war mein Chef", Albert Langen-Georg Müller Verlag GmbH München, 3. Auflage 1985, Seite 222

Tschechen zu geraten oder gleich in die Arme der Russen zu laufen, war doch präsent. Und alle Männer, die jetzt nach Prag fahren sollten, trugen die Uniform der SS!

Dr. Kammler wollte aber nicht seine Männer retten, er wollte sich retten! Sich in einer Kolonne nach Prag zu bewegen, war viel sicherer, als sich alleine mit seinem Fahrer auf den Weg zu machen. Kammler brauchte Begleitschutz! Erst kurz vor dem Ziel, seinem Dienstsitz in Prag, würde man sich von den anderen Männern des Stabes trennen.

Und in der Zeit, wo sein Stab weiter in die Innenstadt von Prag fahren würde, könnte er zusammen mit seinem Vertrauten und Fahrer Baum und mit einem LKW aus der Kolonne zum rund 15 Kilometer westlich von der Innenstadt Prags gelegenen Flugplatz fahren! Ein Vorwand zur Trennung war leicht gefunden, wer wollte dem Chef widersprechen? Man habe eben noch etwas sehr Wichtiges zu erledigen, man komme aber so schnell wie möglich zur Dienststelle hinterher.

Sollte ihm, Kammler, bei seinem geheimen Auftrag etwas zustoßen, sollte er also wider erwarten nicht in den nächsten Tagen in der Dienststelle auftauchen, dann sollen seine Männer aussagen, ihr Chef habe Selbstmord begangen! Darauf wurden alle eingeschworen, man war eine Gesinnungs- und Überzeugungsgemeinschaft, man war der „schwarze Orden“, die SS!

Nach dem Verschwinden von Kammler tauchten in der Nachkriegszeit alleine sechs Varianten zu seinem Selbstmord auf. Kein Wunder, dass man nicht alle Details miteinander abstimmen konnte. Die, die noch aus Prag wegkamen, standen ja nicht mehr im Kontakt. Jeder erzählte seine Version, aber alle bestätigten einen Selbstmord. Kammler war tot, fertig!

Was seine Männer nicht wussten, nicht wissen durften und vermutlich nie erahnten, war der Umstand, dass er sie ans Messer geliefert hat.

Wie vorstehend erwähnt gibt es sechs Versionen, die am Ende alle nur eine Gemeinsamkeit haben, nämlich die Behauptung, Hans Kammler sei tot. In der beliebtesten Version hat sich Hans Kammler am 9. Mai 1945 irgendwo in einem Waldstück bei der Ortschaft Jilové, rund 20 Kilometer südlich von Prag, mit Zyankali vergiftet. Bis zur Brücke über die Moldau im Ort Davle waren es keine zehn Kilometer mehr. Nicht nur Kammler und seine Begleitung, sondern auch zahlreiche andere Kolonnen waren in diesem Gebiet unterwegs, um die vorerst rettende Brücke zu erreichen. Warum nun Kammler hier, ausgerechnet vor dem ersten Etappenziel und völlig unbedroht, zu der Selbsterkenntnis gekommen sein soll, für ihn persönlich habe alles gar keinen Sinn mehr, erschließt sich einem nicht wirklich.

In einer weiteren Version dieser Geschichte hat Kammler sich im Wald erschossen, in einer weiteren Darstellung hat er seine eigene Erschießung angeordnet![261]

Vielleicht hat er auch wie sein ehemaliger oberster Dienstherr nur wenige Tage zuvor die ganz sichere Variante gewählt und die Zyankalikapsel in dem Moment zerbissen, als er seine Dienstwaffe an der Schläfe aufsetzend abfeuerte. Das Wichtigste an diesen ganzen Umständen – und zwar für Hans Kammler selber! – war die Feststellung, er war offiziell aus dem Leben geschieden.

---

[261] Film „Hitlers Geheimwaffen-Chef – Die zwei Leben Hans Kammlers“, ZDF 2019, Reihe: *ZDF-History*

Und diese Feststellung traf dann dankenswerterweise das Amtsgericht Charlottenburg schon drei Jahre später. Auf Antrag der Witwe Jutta Kammler wurde durch Gerichtsurteil vom 7. September 1948 der 9. Mai 1945 als Todeszeitpunkt von Hans Kammler festgelegt. Das Gericht berief sich bei seiner Feststellung auf die Zeugen, nämlich Kammlers ehemaligen Ordonnanzoffizier, SS-Untersturmführer Heinz Zeuner und Kammlers zweiten Fahrer, SS-Scharführer Kurt Preuk.[262]

In der Nachkriegszeit bestätigt auch ein Brief der Zeitzeugin Ingeborg Alix Prinzessin zu Schaumburg-Lippe – eine ehemalige höhere SS-Führerin – an Frau Kammler die vom Gericht bestätigte Variante. Die Prinzessin war bei dem Geschehen angeblich zugegen und bestätigte in dem Brief auch ausdrücklich den Selbstmord.[263]

Im unmittelbaren Nachkriegsdeutschland, als alle Betroffenen sich gegenseitig die Persilscheine ausstellen, bestätigen nicht irgendwelche Dritte, sondern zwei der engsten Mitarbeiter Kammlers dessen Selbstmord. Und dann kommt die SS-Prinzessin und setzt noch einen drauf!

Und selbst Zeuner und Preuk sind sich nicht einig! Im Gegensatz zur Prinzessin und Preuk beharrt nämlich Zeuner darauf, man habe Prag auf einer anderen Route verlassen, der Zeitpunkt des Geschehens sei nicht der Vormittag, sondern nachmittags gegen 15 Uhr gewesen und der Ort war nicht diesseits der Moldau, sondern auf der anderen

[262] https://de.wikipedia.org/wiki/Hans_Kammler

[263] https://de.wikipedia.org/wiki/Hans_Kammler

Seite bei Slapy![264] Demnach hat er sich jetzt sogar hinter der rettenden Moldau-Brücke erschossen!

Er, Hans Kammler, der hochintelligente Planer und Organisator, der knallharte SS-Obergruppenführer und General der Waffen-SS, verliert in einer unbedrohlichen Situation die Nerven, die er gerade eben noch in Prag gehabt haben muss, und bringt sich undramatisch in einem Waldstück um.

Der zu diesem Zeitpunkt 43jährige Ehemann und Vater, der eben nicht nur als Technokrat der Vernichtung, sondern im krassen Gegenzug hierzu auch als Familienmensch beschrieben wird, denkt als Mann, der nicht nur als ranghoher Soldat, sondern gerade auch als Ehemann und Vater in Zeiten des Zusammenbruches Verantwortung trägt, nur noch über seinen eigenen Tod nach und vollzieht diesen dann an sich selbst?

In einem Brief an seine Frau, der zum Zeitpunkt seines angeblichen Selbstmordes noch keine Woche alt ist, äußert sich Hans Kammler jedenfalls ganz anders:

„Das ich das alles so durchstehen konnte, verdanke ich Dir. Sei versichert, dass wir uns noch wieder sehen. Ich denke nicht daran, allen den mir anvertrauten Menschen den letzten Halt zu nehmen dadurch, dass ich mich feige aus dem Leben schleiche. Im Gegenteil, jetzt erst recht! Ich glaube daran, dass der Führer und der Reichsführer SS das Beste gewollt und durch ihre Opfer eine neue Grundlage

---

264 Kristian Knaack, „Der Kunst-Schatz des Führers", Grabert Verlag Tübingen, 2010, Fußnote Nr. 358 auf Seite 325

geschaffen haben. Ich kann Dir immer nur wieder danken für das was Du mir gewesen bist und seien wirst."[265]

Das passt überhaupt nicht zu einem Hans Kammler, der zum Zeitpunkt seines vermeintlichen Selbstmordes nicht bedroht ist! Man hatte gerade die Kämpfe in Prag überstanden und durch die Zusicherung des freien Geleits die Stadt verlassen, die Brücke über die Moldau lag quasi schon in Sichtweite oder er hatte sie sogar schon überquert, also warum hier, warum jetzt? Das macht doch alles gar keinen Sinn!

Sinn macht aber etwas ganz anderes: Kammler gab einigen seiner engsten Mitarbeiter, nicht nur Zeuner und Preuk, die Anweisung, egal, was passiert, wenn ich unsere Dienststelle in Prag aus irgendeinem Grund nicht erreichen sollte, dann (!) schwört ihr Stein und Bein, ich habe dieser Tage Schluss gemacht, ich habe mich umgebracht!

Deshalb auch die unterschiedlichen Varianten. Zeuner und Preuk waren zusammen und konnten ihre Darstellung wenigstens beim Datum aufeinander abstimmen, andere offenbar nicht.

Diese Anweisung gab Hans Kammler den Mitarbeitern seines Stabes, als er am 4. Mai 1945 zusammen mit seinem (ersten) Fahrer Friedrich Baum und dem LKW den Konvoi verließ, der in Richtung Prag unterwegs war. Großartig begründen brauchte er diese Anweisung gar nicht, er war ja samt wichtiger Unterlagen und Pläne in geheimer, besser geheimnisvoller Mission unterwegs! Vermutlich trennte man sich erst am Stadtrand, der Konvoi fuhr in die Stadt

---

[265] Film „Hitlers Geheimwaffen-Chef - Die zwei Leben Hans Kammlers", ZDF 2019, Reihe: *ZDF-History* ,Tonmitschnitt

Richtung Dienststelle, Kammler und Gefolge fuhren zum Flughafen.

Planmäßig (!) erreichten Kammler und Baum die Dienststelle in Prag nicht. Damit trat die getroffene Anweisung automatisch in Kraft und Hans Kammler konnte zu Recht darauf vertrauen, dass seine Leute Wort halten würden! Dr. Hans Kammler hat in Prag, bei Prag und um Prag herum Selbstmord begangen! Derweil erreicht der quicklebendige Kammler mit seinem ebenfalls lebenden Fahrer Baum und der LKW-Mannschaft den Flughafen von Prag. Damit bewahrheitet sich dann das, was Kammler am Vortag in Ebensee ankündigt hatte.

„Am Vorabend des 4. Mai habe Kammler während eines Abschiedsgesprächs im Park der Bau-Inspektions-Villa seinem ehemaligen Büroleiter Heinz Schürmann gesagt: „Wenn es heißt, Hans ist tot, ist Hänschen noch lange nicht tot." Diesen Ausspruch konnte Schürmann nicht vergessen. Er sei als einziger in Ebensee zurückgeblieben, angeblich wusste er nicht warum."[266]

Kammler verabschiedet sich am Vorabend der Flucht von seinem Wegbegleiter im Park der Villa. Die Männer sind unter vier Augen und Kammler will Schürmann beruhigen, er solle sich um Hans Kammler keine Sorgen machen, auch in Zukunft (!) nicht. Wenn es heißt (!), Kammler ist tot, dann ist Kammler noch lange nicht tot. Hier wird doch überdeutlich, dass ein Selbstmord vorgetäuscht werden würde.

---

[266] Kristian Knaack, „Der Kunst-Schatz des Führers", Grabert Verlag Tübingen, 2010, Seite 316

Klar ist Schürmann nicht grundlos zurückgeblieben, aber er hat später natürlich nicht gesagt, welchen Auftrag er noch in der Nacht zum 5. Mai 1945 zu erledigen hatte, „die fünf und zehn Pfund schweren Fische", zum wie „verrückt fischen", mussten noch ins Wasser gelassen werden!

Im Gegenzug brauchte Schürmann nicht mit ins brandgefährliche Prag, im Gegenteil, er hatte Aussicht darauf, sich noch abzusetzen oder die Ankunft der Amerikaner abzuwarten. Außer „normaler" Kriegsgefangenschaft hatte er nichts zu befürchten. Er hatte ja nichts verbrochen, er brauchte deshalb aber auf der eigentlichen Flucht von Kammler auch nicht mitgenommen zu werden!

Dass es in Prag selber demnächst ungemütlich werden könnte, lag auf der Hand. Durch seine Kontakte zum Sicherheitsdienst (SD) wusste Kammler, es liegt etwas in der Luft. Das widerspricht noch nicht einmal der gängigen Darstellung, Kammler habe gegenüber dem Journalisten Gunter d'Alquen geäußert, „dass wir in Prag noch etwas erleben werden"[267].

Mit „wir" waren freilich in diesem Fall „wir Deutschen" gemeint, Kammler meinte nicht sich selber, im Gegenteil. Es wäre ja gerade mit diesem Wissen völlig unsinnig, aus dem noch sicheren Salzkammergut völlig ohne Not in seine Prager Dienststelle zu fahren!

Und ein Abflug aus Prag war am 4. Mai 1945 noch möglich. Der Reichsprotektor Frank hatte am 3. Mai seinen Antritts- und Abschiedsbesuch bei Karl Dönitz in Flensburg gemacht.

---

[267] https://de.wikipedia.org/wiki/Hans_Kammler

„Als Karl Hermann Frank am Morgen des 5. Mai wieder in Prag eintraf, lag die Stadt in unnatürlicher, bleierner Ruhe da.“[268]

Der Aufstand in Prag hatte noch nicht begonnen, selbst am Morgen ist alles noch völlig ruhig!

Nach der Bekanntgabe des Todes von Adolf Hitler verlief die angeordnete Staatstrauer von drei Tagen auch in Prag ruhig ab. Der eigentliche Aufstand in der Stadt Prag begann aber erst im Verlauf des 5. Mai 1945. Außerdem lag der Flugplatz außerhalb der Stadt und wurde von deutschen Soldaten noch gehalten.

„Als zum Ende des Zweiten Weltkrieges am 1. Mai 1945 in Prag die Nachricht vom Selbstmord Hitlers bekannt wurde, fand die aus Berlin angeordnete dreitägige Trauerbeflaggung noch ohne Widerstand statt.“[269]

„Am 5. Mai wurde der Aufstand durch die Morgensendung im tschechischen Radio ausgelöst. In einer Mischung aus deutscher und tschechischer Sprache begann der Moderator Zdeněk Mančal seine Sendung mit den Worten *Je sechs hodin* (dt.: *Es ist sechs Uhr*) und führte fortan nur noch in Tschechisch durch das Programm.“[270]

Nachdem Kammler den Flugplatz Prag-Rusin am 4. Mai 1945 erreicht hatte, dürfte auch Karl Hanke, aus Breslau

---

[268] Jürgen Thorwald, „Das Ende an der Elbe“, Vollständige Taschenbuchausgabe Droemersche Verlagsanstalt Th. Knaur Nachf., München/Zürich. Lizenzausgabe des Steingrüben-Verlages Stuttgart, 24.-29. Tsd., 1968, Seite 274

[269] https://de.wikipedia.org/wiki/Prag

[270] https://de.wikipedia.org/wiki/Prager_Aufstand

per Fieseler Storch kommend, am Abend direkt auf dem Flugplatz Prag gelandet sein. Jetzt galt es, den 4. oder den 5. Mai für die Flucht zu nutzen. Der Budenzauber rund um den Flugplatz setzte dann am kommenden Abend ein.

„Der tschechische Aufstand war ausgebrochen und die Wlassow-Armee zum Gegner umgeschwenkt. Günter Wittbold schilderte anschaulich das Inferno jener letzten Tage: „In der Nacht zum 6. Mai 1945 wurde der Platz überraschend mit Ari 10,5 und Granatwerfer belegt. Wlasssow stand also jetzt gegen uns und fuhr mit Tiger-Panzern heran. SS aus allen Kasernen von Prag kam heran und was sonst noch da war. Alles, auch ich, wurde in die flachen Gräben am Platzrand geschickt. Karabiner 98 k und eine Panzerfaust ohne Zünder waren meine Waffen, dazu kam noch eine Pistole 6,35. Ich verbrachte zwei Tage und eine Nacht im Graben. Die Wlassow-Truppen kamen mehrmals auf ca. 300 bis 400 m heran, wurden aber immer wieder durch unsere Flak, die mit hochgezogenem Sprengpunkt schoss, abgewehrt. Die letzten Me 262 flogen rollenden Einsatz in der nächsten Umgebung des Platzes.

Wlassow hatte den Platz von drei Seiten in der Zange. Kettenkräder transportierten im Feuerzauber die vielen Verwundeten ab. Wir sollten den Platz unbedingt halten, weil aus Prag ca. 1.000 LN-Helferinnen und Rotkreuzschwestern, die nun auf dem Gelände waren, mit den noch vorhandenen Lkw` s abtransportiert werden mussten. Am 8. Mai abends kam es zur allmählichen Absetzbewegung. Wo und wie ich da herausgekommen bin, weiß ich kaum noch zu sagen. Zunächst zu Fuß, später erwischte ich einen Holzvergaser-Lkw und setzte mich auf den vorderen Kotflügel. In einer Ortschaft explodierte unter dem Lkw dann ein Bündel Handgranaten. Auf Umwegen und oft unter Beschuss von Heckenschützen kam ich dann am 10. Mai nach Saaz, später nach Eger in das große Gefangenenlager der Amerikaner."

Die am 6. Mai einsetzende Beschießung des Flugplatzes Rusin durch die Artillerie und Granatwerfer hatte die ohnehin schon geschrumpfte Zahl flugfähiger Düsenjäger noch weiter dezimiert."[271]

Und es bewahrheitete sich, was Kammler prophezeit hatte. Mit dem Abzug der deutschen Truppen brach in Prag für die Deutschen die Hölle los. Was die Tschechen, jahrelang besetzt, aber ansonsten vom Krieg weitestgehend verschont, dann an Rache übten, war in seiner Brutalität schlichtweg barbarisch.

„Am Morgen des 9. Mai 1945 waren im Prager Zuchthaus Ruzyn die dort seit zwei Tage inhaftierten deutschen Zivilisten Zeugen des Ausladens eines Transportes deutscher Verwundeter; sie wurden zugleich Zeugen von Morden, als sich eine Gruppe der „Aufständischen" auf diese Verwundeten stürzte, ihnen die Krücken und Stöcke entriß, die Verbände von den Köpfen zerrte und so lange mit Hämmern, Knüppeln und Stangen auf sie einschlug, bis alle tot auf dem Boden lagen.

Und auch jene Tschechen, die weinend in der Menge standen, als am selben 9. Mai 1945 auf dem Wenzelplatz, auf dem Karlsplatz und in der Rittergasse deutsche Zivilis-

[271] Manfred Boehme, „Jagdgeschwader 7", Motorbuch Verlag Stuttgart, 2. Auflage 1984, Seite 233

ten ebenso wie Wehrmachts- und Waffen-SS-Angehörige mit Benzin übergossen und angezündet wurden, nachdem man sie vorher mit den Füßen nach oben an Masten und Laternen aufgehängt hatte, wurden Zeugen von bestialischen Morden.

Frauen und Greise, mit Stacheldraht aneinander gefesselt, wurden zusammengeschossen und in die Moldau geworfen, Kinder in Löschwasserbehältern ertränkt, Frauen und Kinder aus den Fenstern ihrer Häuser in den Tod gestürzt. Nackten Frauen wurden beim Wegräumen von Steinen die Achillessehnen durchschnitten. Deutsche Nachrichten- und Wehrmachtshelferinnen wurden nackt ausgezogen durch die Fochobastraße auf den Wloschaner Friedhof getrieben, dort mit MG` s zusammengeschossen oder mit Stockschlägen in Heuhaufen getrieben, die dann angezündet wurden.

Der einfache Tod durch Erschießen, den Hunderte Schüler der Prager Adolf-Hitler-Schulen erlitten, war gegen diese anderen Arten von Toden noch human zu nennen. Und dieses Massenmorden zog sich in der Tschechoslowakei bis in den Herbst 1945 hin.“[272]

Zum Flugplatz Prag gab es aber auch noch eine interessante Alternative. Bei der damaligen Kleinstadt Beneschau (Benešov), rund 40 Kilometer südlich von Prag, lag der SS-Truppenübungsplatz Böhmen. Der Weg Kammlers von Ebensee über Linz Richtung Prag führte unmittelbar hier vorbei. Auch für Karl Hanke lag der SS-Truppenübungsplatz noch problemlos in Reichweite seines „Storch“ und der neue Reichsleiter SS wäre zugleich in

[272] Franz Kurowski, „Bedingungslose Kapitulation“, Druffel-Verlag Leoni am Starnberger See, 1983, Seite 348 f.

heimischen SS-Gefilden gelandet. Von Breslau bis Beneschau sind es Luftlinie 222 Kilometer. Ab 1943 war das dortige Schloss Konopitscht Sitz des örtlichen SS-Generalstabes. Der örtliche Kommandeur war vom 7. Oktober 1942 bis 8. Mai 1945 der SS-Brigadeführer und Generalmajor der Polizei Alfred Karrasch.[273]

Wenn also Kammler mit seinem Konvoi auf der Fahrt von Ebensee nach Prag direkt an Beneschau vorbeigekommen ist, dann wird jetzt einiges klar. Hier (!) hat er dann mit seinem Fahrer Baum den Konvoi verlassen und seinen Stab weiter in die Dienststelle nach Prag fahren lassen. Als Vorwand diente vermutlich die absolut logische und glaubhafte Begründung, sich mit dem örtlichen SS-Generalstab austauschen zu müssen.

Quasi in Sichtweite südlich vom Schloss liegt der Fluglatz Beneschau. Und auch hier gab es bis zum bitteren Ende noch Flugverkehr.

„Berichtet wurde nur, dass eine „Ju 290“ am 8. Mai 1945 vom Flugplatz Beneschau in der heutigen Tschechei mit unbekanntem Ziel startete.“[274]

Das war dann aber auch höchste Eisenbahn! Denn schon einen Tag später war auch hier der Krieg zu Ende und Alfred Karrasch blieb nur noch seine letzte Amtshandlung:

---

[273] https://de.wikipedia.org/wiki/SS-Truppenübungsplatz_Böhmen

[274] Friedrich Georg, „Hitlers letzter Trumpf“, Grabert-Verlag Tübingen, 2009, Seite 109

„Am 9. Mai 1945 unterzeichnete er in Beneschau die Kapitulation für seinen Befehlsbereich gegenüber der US-Army."[275]

Bis zum 8. Mai werden Kammler & Konsorten mit Sicherheit nicht gewartet haben. Aber was am 8. Mai möglich war, war vier Tage zuvor allemal möglich! Und es drängt sich der Verdacht auf, dass die Ju 290 von Hauptmann Braun bei ihrem Rückflug aus der rund 1.350 km Luftlinie entfernten Stadt Barcelona nicht in Königgrätz, sondern in Beneschau gelandet ist. Das Ziel seiner Ju 290, die dann in Beneschau am 8. Mai gestartet war, ist dann nicht unbekannt, sondern ist der Raum München. Und bei diesem (!) Flug wurden die 70 „Wehrmachtssoldaten" ausgeflogen und somit vor der sowjetischen Gefangenschaft gerettet. Diese „Wehrmachtssoldaten" waren dann mit hoher Wahrscheinlichkeit Angehörige der Waffen-SS.

Für Beneschau (Benešov) spricht zudem ausgerechnet ein Schriftwechsel zwischen dem Ministerium für Staatssicherheit (MfS) der DDR und dem Geheimdienst der (damaligen) CSSR, der zu DDR-Zeiten mit „STRENG GEHEIM!" klassifiziert war. Das MfS fragte 1979 nämlich bei den Geheimdienstkollegen des Bruderstaates zur Person Kammler nach.

Der Bundesbeauftragte für die Unterlagen des Staatssicherheitsdienstes der ehemaligen Deutschen Demokratischen Republik (BStU) verwahrt diesen Schriftwechsel in seinem Archiv.[276]

---

[275] https://de.wikipedia.org/wiki/Alfred_Karrasch_(SS-Mitglied)

[276] BStU, Zentralarchiv, MfS, Abt. X, Nr. 17, Antwort auf C/1204/79 als Anlage zum Schreiben X/5635/79 vom 9.10.1979

Auf die Anfrage des Ministeriums für Staatssicherheit (MfS) antworteten die Tschechen unter anderem:

„Auf Grund Ihrer Anforderung wurde eine Überprüfung unseres Archivfonds vorgenommen und es wurden die Dokumente herausgesucht, die die Person des ehemaligen SS-Gruppenführers und Generalleutnant der Waffen-SS Dr. Hans KAMMLER betreffen, oder Materialien, die direkt mit seiner faschistischen Tätigkeit zusammenhängen. Es handelt sich durchweg um seine Korrespondenz mit K. H. FRANK und dem Kommando der SS-Einheiten auf dem Territorium des damaligen Protektorats. Inhaltlich betreffen die Dokumente die Sicherstellung des Baus von verschiedenen militärischen und Rüstungsobjekten, wie z. B. den sogen. „Truppenübungsplatz der Waffen-SS Böhmen" in der Umgebung von Benesov bei Prag und das Konzentrationslager und den Rüstungsbetrieb „Richard" bei Litomerice."[277]

Kammler war also auch hier bestens mit den Örtlichkeiten bekannt. Nebenbei verdeutlich dieses Schreiben auch die Stellung Hans Kammlers, er tauscht sich auch mit dem Reichsprotektor in Böhmen und Mähren, Karl Hermann Frank, direkt und ohne Umwege aus.

Seinen aktuellen Kenntnisstand im Jahre 1979 fasst der Geheimdienst der CSSR im letzten Absatz des gleichen Schreibens an die Ostberliner Kollegen wie folgt zusammen:

---

[277] Edgar Mayer / Thomas Mehner, „Das Geheimnis der deutschen Atombombe", Kopp Verlag Rottenburg, 2001, zitiert nach dem dortigen Abdruck des Schreibens X/5635/79 vom 9.10.1979 an Leiter HA IX, Seite 169

„Der Vollständigkeit halber führen wir noch an, dass wir über das eigentliche Schicksal des General KAMMLER, d. h. ob er in den Maitagen 1945 auf unserem Territorium Selbstmord begangen hat, oder ob er in Gefangenschaft geraten ist, keinerlei Erkenntnisse haben."[278]

Tja, „wenn es heißt, Hans ist tot, ist Hänschen noch lange nicht tot."

Vielleicht gab es ja in Prag oder Beneschau am 4. Mai 1945 dann sogar noch ein weiteres Stelldichein?

Alles eine verrückte Geschichte? Es geht noch verrückter! Denn nicht nur Kammler und Hanke, beide SS-Obergruppenführer und General der Waffen-SS bzw. Hanke jetzt sogar Reichsführer SS, verschwinden bei Prag spurlos von der Bildfläche.

Kommen wir noch zu Franz Breithaupt, SS-Obergruppenführer und General der Waffen-SS. Breithaupt war einer der engsten Mitarbeiter des Reichsführer SS, Heinrich Himmler. Die letzten Mitteilungen zu diesem Mann, er sei am 29. April 1945 von seinem Fahrer (!) erschossen worden und sein weiteres Nachkriegsschicksal sei ungeklärt, ist etwas irritierend, da beides zusammen schlecht geht!

„Franz Breithaupt (* 8. Dezember 1880 in Berlin; † 29. April 1945 in Prien am Chiemsee)... Zudem galt Breithaupt als früher und überzeugter Anhänger Adolf Hitlers

---

[278] Edgar Mayer / Thomas Mehner, „Das Geheimnis der deutschen Atombombe", Kopp Verlag Rottenburg, 2001, Seite 170

und war zudem einer der engsten Mitarbeiter von Heinrich Himmler… Breithaupt wurde kurz vor Kriegsende von seinem Fahrer erschossen… Laut den Recherchen von Bernett ist das Schicksal von Breithaupt nach Kriegsende ungeklärt.“[279]

Offenbar wurde Breithaupt nicht tot aufgefunden. Es scheint auch nicht klar, ob sich vielleicht versehentlich ein Schuss gelöst oder ob ein Tötungsvorsatz vorgelegen hat. Der Vorgang soll sich in Prien am Chiemsee zugetragen haben, denn meistens stirbt man dort, wo man erschossen wurde. Na, jedenfalls soll wenigstens Franz Breithaupt nicht Selbstmord begangen haben.

Es erscheint schon seltsam, wenn der abgesetzte Heinrich Himmler sich mit seinem Stab Reichsführer SS (RFSS), immerhin bis zu 150 Personen, Ende April 1945 Richtung Flensburg in Bewegung setzt, um sich an der neuen Reichsregierung zu beteiligen, aber einer seiner wichtigsten Funktionäre zeitgleich zwischen München und Salzburg unterwegs ist.

In seiner herausragenden Stellung innerhalb der SS wird Breithaupt, sofern noch am Leben, am 29. oder 30. April 1945 bereits gewusst haben, wer sein neuer Chef ist, nämlich der gerade eingesetzte Karl Hanke. Die kürzeste Straßenverbindung von Prien am Chiemsee nach Prag führt über Salzburg und Linz und ist 460 Straßenkilometer lang. Hierfür hätte er mindestens vier volle Tage Zeit gehabt.

Aber so weit musste er noch gar nicht fahren! Von Prien am Chiemsee sind es rund 75 Straßenkilometer nach Hal-

[279] https://de.wikipedia.org/wiki/Franz_Breithaupt

lein (Österreich). Dort hatte Hans Kammler für den bisherigen Reichsführer SS, Heinrich Himmler, ein unterirdisches Hauptquartier errichtet, das Breithaupt natürlich bestens kannte.

In einer bereits 5.000 Quadratmeter großen Stollenanlage unter Tage lag hier eine Produktionsfabrik zur Montage des Turbinenjägers Me 262 und wie erwähnt ein neues Hauptquartier für den Reichsführer SS.[280]

Hallein liegt fast mittig auf der direkten Verbindung Prien am Chiemsee nach Ebensee. Und am 1. Mai (oder 2. Mai) fand hier ein Treffen höherer SS-Offiziere statt, zugegen war unter anderem Hans Kammler.[281] Von Hallein nach Ebensee sind es noch mal rund 115 Straßenkilometer, die Kammler ja auch in neuer Begleitung zurückgefahren sein könnte?

Und zu guter Letzt noch Dr. med. Hugo Jury, SS-Obergruppenführer und Gauleiter der NSDAP des Gaues Niederdonau.

Im Gau Niederdonau lag in der Nähe von Linz in St. Georgen und Gusen die offenbar größte unterirdische Fertigungsstätte des Dritten Reiches. Hier ging es um die V 1, V 2, Me 262 und um atomare Forschung. In diesem Zusammenhang hatte Jury in seiner gleichzeitigen Funktion als Reichsverteidigungskommissar für den Gau Niederdonau eine ständige Verbindung zu Hans Kammler.

---

[280] Franz W. Seidler, „Phantom Alpenfestung?“, Pour le Mérite - Verlag für Militärgeschichte Selent, 2000, Seite 87

[281] Kristian Knaack, „Der Kunst-Schatz des Führers“, Grabert Verlag Tübingen, 2010, Seite 313

Für die Behauptung, Hugo Jury hätte in der Nacht vom 8. auf den 9. Mai 1945 in Zwettl (natürlich) Selbstmord begangen, gibt es keine glaubhaften Beweise[282], auch die Tage davor sind ungeklärt. Deshalb fand auch am 7. Dezember 1948 ein Volksgerichtsverfahren gegen ihn statt, verhandelt wurde in Abwesenheit des Angeklagten.[283]

Die Gauleitung des Gau Niederdonau hatte bei Kriegsende ihren Sitz in Krems an der Donau. Von Krems bis Prag sind es 250 Straßenkilometer, die kürzeste Straßenverbindung führt hierbei über Zwettl und Beneschau! In Prag und Umgebung hätte er sich zudem gut ausgekannt, von 1905 bis 1911 studierte er in Prag an der deutschen Universität Medizin.[284]

Auch Dr. med. Hugo Jury ist spurlos verschwunden.

---

[282] Karl Höffkes, „Hitlers politische Generale – Die Gauleiter des Dritten Reiches", Grabert-Verlag Tübingen, 1986, Seite 166

[283] https://de.wikipedia.org/wiki/Hugo_Jury

[284] Karl Höffkes, „Hitlers politische Generale – Die Gauleiter des Dritten Reiches", Grabert-Verlag Tübingen, 1986, Seite 166

X. Nach der Flucht

Mit der erfolgreichen Flucht aus dem Raum Prag war nur der erste Schritt getan. In Südamerika warteten noch große Herausforderungen.

Nachdem Hauptmann Braun mit seiner Ju 290 nun die richtige Delegation aus dem Protektorat nach Barcelona ausgeflogen hatte, machte er sich auf den Rückweg und landete jetzt entweder in Königgrätz oder nahe liegender in Beneschau.

Die Delegation in Barcelona, ausgestattet mit echten Diplomatenpässen, mit echten Fotos, aber falschen Namen, des noch bestehenden Deutschen Reiches, musste so in Spanien weder die persönliche Kontrolle noch die Durchsuchung des Diplomatengepäcks befürchten.

Die Weiterreise war in den Wochen zuvor längst organisiert. Entweder ging es zum Hafen von Barcelona und per Schiff weiter, oder, noch besser, man bestieg die nächste Ju 290.

Denn die am 22. April 1945 aus Berlin mit unbekanntem Ziel ausgeflogene Ju 290 der Deutschen Lufthansa stand seit über einer Woche auf dem Flughafen von Barcelona. Die Maschine war vermutlich leer, weder mit Passagieren noch mit Fracht beladen, einzig zu diesem Zweck des Anschlussfluges ab Barcelona nach Spanien geflogen worden. Theoretisch hätte diese (!) Maschine noch die Franzosen der Vichy-Regierung nach Barcelona fliegen können, aber bräuchte man für so einen Flug auch noch französische Zeugen, die in der Nachkriegszeit womöglich den Mund nicht halten können?

In Berlin begann der Endkampf um die Reichshauptstadt. Den Verwaltungsmitarbeitern der Lufthansa, die irgendwelche Fragen gehabt haben könnten, wäre vom SD in Berlin erklärt worden, sie können sich bei Bedarf gerne im Volkssturm einreihen.

Der Vorteil läge auf der Hand: Während man in Spanien mit einer Ju 290 „in voller Kriegsbemalung“ landen konnte, war es ab jetzt sicher besser, mit einer Zivilmaschine die Reise fortzusetzen. Im Idealfall war bereits das große Hakenkreuz von der Maschine verschwunden und sie hatte auch bereits die Nationalität gewechselt. Sie trug schon die Farben ihrer Nachbesitzer.

Man hatte mit den Spaniern einen Deal ausgemacht. Freies Geleit für eine Diplomatengruppe gegen die kostenlose Überlassung einer Ju 290, die dann ja nachgewiesenermaßen auch tatsächlich jahrelang in Spanien Dienst tat. Die Ju 290 war ein echter Leckerbissen für die Spanier, die nichts Vergleichbares hatten.

Weiter ging es vermutlich über Spanisch Sahara nach Brasilien. Der erste Zwischenstopp war eh unproblematisch und die zweite Landung einer spanischen Verkehrsmaschine in Brasilien wäre auch zu bewerkstelligen gewesen. Immerhin landete eine Maschine aus dem neutralen Spanien mit Diplomaten aus der neutralen Schweiz, die nur auftanken wollte und ihr eigentliches Reiseziel, nämlich Argentinien oder Uruguay, ansteuerte.

Warum sollte sich jemand über diesen Umstand in Brasilien wundern, zumal die Schweiz selber über ähnliche Flugzeuge mit solcher Reichweite gar nicht verfügte. Und dank Diplomatenstatus wurde auch hier nicht kontrolliert. Und selbst wenn, hätte man diese Unannehmlichkeit mit genügend Geld in Lateinamerika aus der Welt schaffen können, man hatte doch genug völlig unverdächtige Pfund Sterling im Gepäck! Und überhaupt, man wollte ja nicht einreisen, man war auf der Durchreise.

Die notwendigen Vorbereitungen konnte man überall vor Ort treffen. So, wie der SD der SS mit seiner Auslandabteilung in Argentinien vertreten war, galt dies für Spanien ohnehin und mit Sicherheit auch für Brasilien. Hier war die Elite des Auslandsgeheimdienstes auf der Flucht, nicht irgendein Gauleiter!

Die Diplomaten waren so binnen weniger Tage von den Alpen zu den Anden gekommen. Der alternative Weg echter Schweizer Diplomaten über Südfrankreich per Schiff nach Südamerika hätte hingegen Wochen gedauert. Und gerade in der Diplomatie ist Eile geboten!

Die vorletzte Etappe ging dann vermutlich nach Uruguay, wo man im Grenzgebiet zu Argentinien landete. Der gerade in Argentinien gut vernetzte SD nahm seine Chefs in Empfang und händigte die notwendigen Visumpapiere für Argentinien aus, die Diplomatenpässe hatten ausgedient, man wechselte jetzt auf Schweizer Reisepässe, die man im Rahmen der Aktion Bernhard neben dem Falschgeld ebenfalls hat herstellen lassen.

„Neben diesen Währungsfälschungen wurden aber auch Ausweise des sowjetischen Sicherheitsdienstes (NKWD), amerikanische, brasilianische, englische und Schweizer

Pässe, tunesische Identitätskarten, englische Heiratsurkunden und amerikanische Soldbücher usw. gefälscht."[285]

Selbst bei einer Kontrolle gab es damit keine Rückfragen bei der Schweizer Botschaft, die sich sicher gewundert hätte, wenn ohne ihre Kenntnis irgendwo im Land Schweizer Diplomaten unterwegs gewesen wären. Offenbar gut betuchte Schweizer, die über die „Schweiz Südamerikas“, nämlich Uruguay, nach Argentinien einreisen wollen, hätten zudem weder hüben noch drüben für Aufsehen gesorgt. Die Schweiz war neutral und hier in Lateinamerika war der Krieg weit weg, er fand, wenn überhaupt, nur in der Zeitung statt.

Aber auch einen normalen Grenzübertritt konnte man leicht vermeiden und tat es vermutlich auch: Man überquerte den Rio Uruguay einfach bei Nacht und war im gelobten Land angekommen. Das Flugzeug hatte für die Deutschen ausgedient, flog, wie es gekommen war, zurück und trat seinen neuen Dienst bei der Spanischen Luftwaffe an.

Dass ein Grenzübertritt nach Argentinien in den 30er oder 40er Jahre nun wirklich kein Husarenstück war, bestätigt auch die Bundeszentrale für politische Bildung:

„Die Nutzung alternativer Einreiserouten über schlecht kontrollierte Stellen der argentinischen Grenze, die Einreise über Drittstaaten oder einfach die Bestechung von Be-

---

285 https://www.moneymuseum.com/pdf/gestern/05_neuzeit/26_Geldfaelscheraktion.pdf

amten, um Zutritt zum Land zu erhalten, erwies sich dabei oft als lebensrettend."[286]

Dutzende, wenn nicht Hunderte größere und kleinere Funktionsträger des Dritten Reiches erreichten nach Kriegsende über die hässlich als „Rattenlinien" benannten Fluchtwege irgendwann Südamerika, meist Argentinien.

Die eigentliche Fluchtmannschaft war mit den neuen Papieren, Schweizer Reisepässe, bereits bestens ausgestattet und hatte somit Jahre Zeit, sich notfalls noch andere Identitäten zuzulegen oder im Idealfall eine Einbürgerung zu bewerkstelligen, einen neuen Namen hatte man eh schon im Pass stehen. In Lateinamerika war dies zur damaligen Zeit mit entsprechendem Geld relativ einfach zu bewerkstelligen.

Noch in den 1980er Jahren konnte man mit entsprechendem Kapital seine Einbürgerung in Paraguay deutlich beschleunigen.

Für die zu diesem Zeitpunkt nicht gesuchten Neuankömmlinge in Südamerika ging es darum, sich eine neue Existenz aufzubauen. Selbst wer nach dem Krieg über Reichsmark – aus welchen Quellen auch immer – verfügt hätte, wäre damit aufgeschmissen gewesen. Für eine Passage von Europa nach Argentinien brauchte man Devisen. Mit der nahezu wertlos gewordenen Reichsmark war da nichts zu machen! Schon gar nicht am Zielort, in Südamerika.

286 https://www.bpb.de/gesellschaft/migration/laenderprofile/203783/historische-entwicklung

Der Neuanfang in einem fremden Land, zudem ohne Sprachkenntnisse, ist ein teures und gewagtes Unterfangen. In Lateinamerika kommt man außerhalb touristischer Zentren selbst heute noch mit Englisch in der Regel nicht weit, schon gar nicht reichen solche Sprachkenntnisse, um erfolgreich Fuß zu fassen. Spanisch dürften nur die allerwenigsten Flüchtlinge gesprochen haben. Für den Aufbau einer neuen Existenz unter diesen Vorzeichen benötigte man Geld und noch mal Geld!

Noch mehr Geld bedurfte es, die Gesuchten, zum Beispiel Eichmann und Mengele, nach Südamerika zu überführen und diesem Personenkreis neue Identitäten zu verpassen. Hier mussten neue Ausweispapiere von hervorragender Qualität neu beschafft werden. Zudem war es erforderlich über Jahre, wenn nicht Jahrzehnte, ein teures und gefährliches Leben im Untergrund zu finanzieren.

Offenbar hat man sich bisher wenig Gedanken gemacht, weshalb so viele Personen – aus politischen oder wirtschaftlichen Gründen – nicht nur nach Argentinien flüchteten, sondern auch allesamt irgendwie einen Neuanfang realisieren konnten. Und alles ohne eigenes Geld und entsprechende Sprachkenntnisse.

Ob es eine oft gern bemühte Organisation der ehemaligen SS-Angehörigen, die sagenhafte ODESSA, jemals gegeben hat ist zwar eine interessante Vorstellung, aber eigentlich unerheblich. Man war ja bereits mit real existierenden Strukturen vor Ort!

Der Sicherheitsdienst der SS (SD) war in Buenos Aires vertreten und wirkte ja bereits in Kriegszeiten erfolgreich vor Ort. Es ist doch völlig unwahrscheinlich, dass sich diese Männer unmittelbar nach dem Krieg freiwillig aus dem warmen und schönen Südamerika Richtung Trümmerwüste Deutsches Reich aufgemacht hätten. Was hätten sie da auch gewollt? Gab es also nachweisbare Strukturen vor Ort, speziell in Argentinien?

SS-Hauptsturmführer Horst Alberto Carlos Fuldner (geb. 16. Dezember 1910 in Buenos Aires) war als deutscher SD-Agent in Argentinien tätig[287], aber erst nach Kriegsende kam seine große Stunde.

„Die „Compañía Argentina para Proyectos y Realizaciones Industriales – Fuldner y Cía“ (dt.: *Argentinische Gesellschaft für Industrieprojekte und deren Ausführung – Fuldner & Co.*), kurz *„CAPRI“* genannt, war ein argentinisches Unternehmen des ehemaligen SS-Hauptsturmführers Horst Carlos Fuldner (* 1910; † 1992), das dieser wahrscheinlich um das Jahr 1950 in Buenos Aires gründete, um aus Europa geflohenen Nationalsozialisten, darunter zahlreichen gesuchten Kriegsverbrechern, die auf der Flucht vor strafrechtlicher Verfolgung unter falschem Namen in das Land eingereist waren, ein Einkommen zu verschaffen.“[288]

Zu dem Unternehmen gehörte auch ein Tochterunternehmen, die „Banco Fuldner“ (Fuldner Bank)! Angeblich finanzierten sich Fuldners Unternehmungen hauptsächlich über argentinische Staatsaufträge, Anfang der 50er Jahre hatte die Unternehmensgruppe über 400 Mitarbeiter, rund 300 davon sollen „geflohene Nazis“ gewesen sein.

---

287 https://de.wikipedia.org/wiki/Horst_Carlos_Fuldner

288 https://de.wikipedia.org/wiki/Compañía_Argentina_para_Proyectos_y_Realizaciones_Industriales_-_Fuldner_y_Cía

Eine erstaunliche Aufbauleistung für den 1945 ja wohl arbeitslos gewordenen SS-Hauptsturmführer, denn die Gehaltsschecks aus Berlin kamen ja ab Mai nicht mehr. Also hat Fuldner sich aus der Arbeitslosigkeit heraus selbstständig gemacht und ein Unternehmen gegründet, um klammen Einwanderern eine Beschäftigung zu verschaffen. Nebenbei hat man dann noch eine argentinische Banklizenz erworben, offenbar liefen die Geschäfte von Anfang an so gut, dass die örtliche Sparkasse in Buenos Aires für die Kontoführung nicht langte.

„Das Unternehmen befand sich zusammen mit dem Tochterunternehmen „Banco Fuldner" in der Avenida Córdoba Nr. 374 in Buenos Aires. Die Mitarbeiter hatten die Aufgabe, in unzugänglichen Urwaldgebieten u. a. die Fließgeschwindigkeiten von Gewässern zu messen, Gesteinsproben zu sammeln und allgemein Vermessungsdaten aufzuzeichnen."[289]

Man kommt aus dem Staunen nicht raus, womit man in Übersee so richtig Geld verdienen kann. Klar, dass der argentinische Staat dafür Millionensummen zahlt und auch gar nicht auf die Idee kommt, eigene Landsleute in Lohn und Brot zu stellen. Da braucht es dann schon die ausländischen Fachkräfte! Und dann rufe man sich bitte noch mal die hochtrabende Firmenbezeichnung ins Gedächtnis, da will aber einiges nicht so richtig zusammenpassen!

---

289 https://de.wikipedia.org/wiki/Compañía_Argentina_para_Proyectos_y_Realizaciones_Industriales_-_Fuldner_y_Cía

1955 sollen die Unternehmen dann wegen Insolvenz abgewickelt worden sein. So ähnlich macht man das heute noch, sogar in Deutschland. Die ersten Millionen waren „umgerubelt“ und weitergeleitet und verteilt. Da ist es ratsam, die Bücher nicht zu lange zu führen.

Ein anderer Hinweis klingt interessant, aber ist leider weder mit einem Einzelnachweis hinterlegt und vermutlich auch gar nicht richtig. Unter dem Stichwort „Argentinien“ und dort unter „Peronismus“, also der Zeitspanne der Präsidentschaft Peróns, heißt es lapidar:

„Über so genannte *Schlüsselfirmen* wurden auch hohe Vermögenswerte der Nationalsozialisten nach Argentinien verschoben.“[290]

Leider erschließt sich einem nicht, was hier gemeint sein könnte. Peróns Präsidentschaft begann 1946, wann sollen denn diese ominösen Vermögen verschoben worden sein? Und woraus sollen diese Vermögen bestanden haben? Die Reichsmark war jedenfalls zu diesem Zeitpunkt schon praktisch wertlos. Sind mit „Nationalsozialisten“ Einzelpersonen gemeint, die Partei NSDAP oder staatliche Stellen?

Auch wäre das mit dem Verschieben von Vermögen nicht ganz einfach gewesen. Bereits vor dem Dritten Reich und auch während des Dritten Reiches gab es die Devisenbewirtschaftung in Deutschland.

[290] https://de.wikipedia.org/wiki/Argentinien

„Hinter dem Begriff Devisenbewirtschaftung werden dirigistische Eingriffe in den ausländischen Zahlungsverkehr verstanden, welche die so genannte Konvertibilität einschränken. Zu den wichtigsten Gründen für eine Devisenbewirtschaftung gehört ein Mangel an Devisen und das Bestreben einer Regierung, einen nicht marktgerechten Wechselkurs durchzusetzen.

Erst mit einer Devisenbewirtschaftung und Kontrolle des Kapitalverkehrs kann die inländische Regierung die notwendigen Devisenströme zielgerichtet lenken. Eine vollständige Kontrolle über die Leistungsbilanz findet statt, wenn alle Transaktionen, auch im Dienstleistungs- und Güterverkehr mit dem Ausland, genehmigungspflichtig werden.

Schon nach dem 1. Weltkrieg gab es in Deutschland Devisenbewirtschaftungs-Maßnahmen, die erst 1927 wieder aufgehoben wurden. Im Rahmen der Weltwirtschaftskrise lebten 1931 die Devisenbewirtschaftungs-Maßnahmen wieder auf. So war im Dritten Reich durch das Devisenbewirtschaftungsgesetz eine Freizügigkeit im internationalen Zahlungsverkehr fast vollständig aufgehoben.

Nach dem 2. Weltkrieg wurden 1945 durch Militärgesetze alle Geschäfte mit Devisenwerten hierzulande verboten oder genehmigungspflichtig. Erst mit der Gründung der Bundesrepublik konnten durch Runderlasse des Bundesministers für Wirtschaft sowie der damaligen Bank deutscher Länder Ausnahmegenehmigungen erteilt werden. Leider entwickelte sich das Devisenbewirtschaftungsrecht im Laufe der Zeit immer unübersichtlicher.

Abhilfe schaffte das 1961 wirksam gewordene Außenwirtschaftsgesetz. Danach wurde der internationale Zahlungsverkehr der Bundesrepublik liberalisiert."[291]

„Wegen der Weltwirtschaftskrise und Rückzahlungsforderungen internationaler Kreditgeber beschränkte die Präsidialregierung unter Heinrich Brüning den freien Kapitalverkehr. Sie erließ 1931 mehrere Verordnungen zur Devisen-Zwangsbewirtschaftung und führte eine Reichsfluchtsteuer ein.

Im Jahre 1933 bestanden 29 Devisenstellen, von denen 23 unmittelbar bei den Landesfinanzämtern angebunden waren. In ihnen waren 3350 Angestellte und Beamte tätig. Die Devisenstellen waren gegliedert in eine „Genehmigungsabteilung" und eine „Überwachungsabteilung"; letztere wurde später personell stark ausgeweitet. Die Dienstaufsicht lag beim Reichsfinanzministerium; fachliche Weisungen erteilte bis 1938 eine „Reichsstelle für Devisenbewirtschaftung" beim Reichswirtschaftsministerium.

In den besetzten Gebieten wurden während des Zweiten Weltkrieges zudem Devisenschutzkommandos tätig, um Devisen, Gold und Diamanten aus Privatbesitz zu beschlagnahmen oder zwangsweise anzukaufen."[292]

Schon vorher gab es Bemühungen, die deutsche Wirtschaft wieder anzukurbeln und an die dringend benötigten Devisen zu gelangen. So zum Beispiel durch Gründung der Deutschen Golddiskontbank.

„Die Golddiskontbank (auch *Deutsche Golddiskontbank*, oder abgekürzt *Dego*) war eine 1924 gegründete teilstaatli-

---

[291] https://www.kredite.de/Wiki/devisenbewirtschaftung

[292] https://de.wikipedia.org/wiki/Devisenstelle

che Bank, die die deutsche Exportindustrie durch Finanzierung von Rohstoffimporten fördern sollte. Sie wurde ab 1945 liquidiert… Mit Hilfe der neu zu gründenden Goldnotenbank, so der erste Name der späteren Deutschen Golddiskontbank, sollten nach dem Plan des damaligen Reichsbankpräsidenten Hjalmar Schacht durch Ausgabe von Aktien an vor allem ausländische Banken Devisen nach Deutschland gelangen. Die Golddiskontbank erhielt bei ihrer Gründung zudem das Recht zur Notenausgabe, von dem sie aber nie Gebrauch gemacht hat. Sie sah sich nicht als Währungsbank, sondern als eine Diskont- und Kreditbank… Die Einlagen für das Grundkapital der Golddiskontbank erfolgten in Pfund Sterling mit der Begründung, dass das Pfund eine starke und in der Bankenwelt angesehene Währung darstellte und letztlich die deutsche Wirtschaft vom englischen Finanzmarkt abhängig sei. Außerdem sollte auf diese Weise der Anreiz für ausländische Banken erhöht werden und somit eine Beteiligung attraktiver erscheinen.

Das Grundkapital der Golddiskontbank betrug 10 Millionen Pfund (was 200 Millionen Goldmark entsprach). Die Aktien wurden zu je 10 Pfund Sterling begeben und waren aufgeteilt in zwei Gruppen, A und B. Die Gruppe A bezahlte die eine Hälfte in Höhe von 5 Millionen Pfund Sterling. Dieser Teil wurde komplett von der Reichsbank übernommen und eingezahlt. Die 5 Millionen Pfund Sterling, die die Aktien der Gruppe B umfassten, wurden von einem Konsortium aufgekauft, das sich ausschließlich aus deutschen Banken zusammensetzte. Dieses Konsortium gab die Aktien im In- und Ausland zur öffentlichen Zeichnung frei. Damit die Majorität des Stimmenverhältnisses nicht verloren ging, hatte die Reichsbank auch vom Aktienpaket B einen Teil erworben. Um jene 5 Millionen Pfund Sterling aufbringen zu können, hatte die Reichsbank einen langfristigen Kredit bei der Bank of England aufgenommen.“[293]

Jemand der es wissen muss, was es mit der Devisenbewirtschaftung auf sich hatte und vor allem, wie man sich vom Zwang der Devisen teilweise befreien konnte, nämlich der ehemalige Reichsbankpräsident Hjalmar Schacht, klärt uns weiter auf:

„Dieser neue Plan stellte eine Zentralisierung auf dem Gebiete des Handels dar. Durch den neuen Plan wurde die Einfuhr zwangsweise auf die vorhandenen Zahlungsmöglichkeiten abgestimmt. Es wurden 25 Überwachungsstellen gebildet, denen die Kontrolle sämtlicher Außenhandelsumsätze übertrage wurde. Für die genehmigten Einfuhrgeschäfte wurden Devisen in bar oder auf Verrechnungskonto zugeteilt.

Mit dieser Ordnung war leider ein großer behördlicher Kontrollapparat verbunden, den ich bei Bekanntgabe des Planes tief bedauert, aber als unvermeidlich bezeichnet hatte. Ich gab der Hoffnung Ausdruck, dass ein normaler Handel bald wiederhergestellt werden könne. Auf den Verrechnungskonten wurden im weiteren Verlauf der mit einer Reihe von Auslandsstaaten abgeschlossenen Handelsverträge die deutschen Käufe in den betreffenden Ländern gutgeschrieben und den Ländern anheimgestellt, diese Gutschriften wieder zu Einkäufen auf dem deutschen Markt zu

[293] https://de.wikipedia.org/wiki/Golddiskontbank

verwenden. Dieses System wurde insbesondere mit den Balkanländern und mit den südamerikanischen Staaten ausgebaut. Im Frühjahr 1938 bestanden mit nicht weniger als 25 Ländern solche Verrechnungsverträge, so dass mehr als die Hälfte des deutschen Außenhandels über diese Kanäle ging. Durch dieses bilaterale Handelssystem gelang es, den deutschen Bedarf an Rohstoffen und Nahrungsmitteln zu decken."[294]

Die Reaktion hierauf, nämlich die Schaffung bilateraler Handelsabkommen, bei denen der Warenaustausch durch Verrechnungskonten und eben nicht durch Devisenzahlungen erfolgte, beschreibt Schacht vorsichtig so:

„Ich wurde vom Auslande wegen dieser Politik heftig angegriffen. Sie widersprach in der Tat den herkömmlichen Auffassungen von multilateralem Handelsverkehr und von Meistbegünstigung. Wissenschaftler aller Länder erklärten dieses System als einen Verstoß gegen jede klassische Wirtschaftstheorie. Mir aber kam es nicht auf die Klassik meiner Wirtschaftstheorie an, sondern auf die Deckung des Lebensbedarfs des deutschen Volkes."[295]

Die Wissenschaftler sind hier aber nur vorgeschubst und die „klassische Wirtschaftstheorie" erst recht. Dieses neue System funktionierte ja jahrelang hervorragend zum Nutzen aller Beteiligten. Mehr als ein Dorn im Auge waren

---

[294] Hjalmar Schacht, „76 Jahre meines Lebens", Kindler und Schiermeyer Verlag Bad Wörishofen, 1. Auflage, 1953, Seite 415

[295] Hjalmar Schacht, „76 Jahre meines Lebens", Kindler und Schiermeyer Verlag Bad Wörishofen, 1. Auflage, 1953, Seite 415

diese Geschäfte jenen, die plötzlich nicht mehr beteiligt waren. Nämlich jenen, die normalerweise die Devisen in Händen hielten, die bisher zur Verrechnung notwendig waren!

Bei diesen Ware-gegen-Ware-Geschäften, Rohstoffe gegen Fertigerzeugnisse, saß urplötzlich Uncle Sam nicht mehr mit am Tisch! Wer hier jetzt einen Hauptgrund für eine militärische Auseinandersetzung zwischen den USA und dem Dritten Reich vermutet, hat damit völlig Recht. So etwas sollte, so etwas durfte keine Schule machen. Wenn so etwas gang und gäbe werden würde, dann kann man am Ende mit – durch nichts gedeckte – Schrott-Dollars selber nirgendwo mehr einkaufen. Damals war der Dollar zwar noch gedeckt, aber die langfristige Entwicklung war vorhersehbar. Seit Aufhebung der Goldbindung kaufen die USA tatsächlich weltweit mit ihrem nicht gedeckten Schrott-Dollar stets und ständig nur auf Kredit ein.

Das Ganze funktioniert nur, weil alle anderen die Dollar – im Kern nichts anderes als nicht gedeckte Schuldscheine – hin- und herschieben. Wenn eines Tages diese „Akzeptanz“ schwindet oder nicht mehr da ist, dann beißen den Letzten die Hunde.

Als Jahrzehnte später zwei arabische Diktatoren nur den halsbrecherischen Gedanken äußerten, man könne Öl vielleicht auch gegen Euro verkaufen und mit dem Euro im Euroraum einkaufen, wurde ihnen der Hals nicht nur sprichwörtlich, sondern tatsächlich gebrochen! Vorgeschoben wurden natürlich angebliche Massenvernichtungswaffen und Gasangriffe auf die Zivilbevölkerung.

„Im Ergebnis der Ausweitung des Geldvolumens und aufgrund der enormen Kriegszerstörungen, wodurch die dem Geldvolumen gegenüberstehenden Sachwerte drastisch reduziert waren, hatte die Reichsmark nach dem Krieg nur noch eine geringe Kaufkraft. Dass viele Warenbereiche der Bewirtschaftung mit Bezugsscheinen unterworfen und zusätzlich die Preise festgesetzt waren, minderte außerdem die Bedeutung der Reichsmark als Währung, eine freie Konvertibilität bestand ohnehin nicht.“[296]

Während des Krieges hatte die Reichsmark zwar Kaufkraft an sich, aber mangels Angebot konnte man sich dafür im wahrsten Sinne des Wortes nichts kaufen.

„Schon 1936 waren Preiserhöhungen in Deutschland verboten worden. 1939 trat die Rationierung der Lebensmittel und aller wichtigen Gebrauchsgüter hinzu, und eine gnadenlose Devisenbewirtschaftung verhinderte jedes Ausweichen der Kaufkraft auf fremde Märkte. So entstand ein gewaltiger Kaufkraftüberhang. Die Bürger hatten Geld, konnten aber nichts dafür kaufen.“[297]

Vor und während des Krieges sah es um die Kaufkraft der Reichsmark im Binnenraum (!) des Deutschen Reiches wie dargelegt anders aus. Die Kaufkraftäquivalente einer Reichsmark werden von der Deutschen Bundesbank bezo-

---

[296] https://de.wikipedia.org/wiki/Reichsmark

[297] Andreas Argens, „Gebt unser Geld zurück!“, Hohenrain-Verlag Tübingen, 2009, Seite 111

gen auf die Kaufkraft des Euro zum Stand August 2019 wie folgt angegeben:[298]

- 1 Reichsmark 1937 = € 4,30
- 1 Reichsmark 1942 = € 4,00
- 1 Reichsmark 1944 = € 3,80

Der Reichspostminister Wilhelm Ohnesorge erhielt 1942 (zum Glück, das kann man schneller rechnen) eine Dotation von Adolf Hitler in Höhe von 250.000 Reichsmark,[299] mithin also umgerechnet eine glatte Million Euro. Ohne Sorge nahm er das Geld an.

Wenn also die Reichsmark vor und im Kriege im Ausland wertlos war, eine freie Konvertibilität ohnehin nicht bestand, Devisen aus Deutschland gar nicht unkontrolliert fließen konnten, dann hat auf diesem Weg überhaupt kein Vermögenstransfer von Deutschland nach Argentinien stattgefunden. Weder Vermögen von Einzelpersonen noch von Partei oder staatlichen Stellen.

Diese ganzen Umstände halten aber gewisse Kreise nicht davon ab, nach über 80 Jahren Gelder einfordern zu wollen, von denen noch ungeklärt ist, ob sie überhaupt vorhanden sind und deren Herkunft noch unbekannt ist!

Unter der Zweitüberschrift „In Argentinien hat ein Forscher eine alte Liste mit 12.000 Nazi-Anhängern gefunden. Viele von ihnen brachten Vermögen in der Schweiz unter –

---

298 https://www.bundesbank.de/resource/blob/615162/3334800ed9b5dcc976da0e65034c4666/mL/kaufkraftaequivalente-historischer-betraege-in-deutschen-waehrungen-data.pdf

299 https://de.wikipedia.org/wiki/Wilhelm_Ohnesorge_(Politiker)

das ihnen nicht gehört“, veröffentlicht die „Wirtschaftswoche“ 2020 einen entsprechenden Artikel.[300]

Interessant ist schon der Umstand, dass der Redakteur Jannik Deters offenbar schon weiß, dass die Gelder den damaligen Besitzern nicht gehörten! Das kommt davon, wenn man einfach einen Artikel, der bereits einen Tag vorher bei „Fox News“ erschien[301], einfach nahezu wortwörtlich aus dem Englischen ins Deutsche übersetzt und offenbar selber nicht einen einzigen Gedanken am Inhalt verschwendet hat.

„Dort hat ein Forscher eine verschollen geglaubte Liste entdeckt, darauf: 12.000 Namen von argentinischen Nazis oder Menschen vor Ort, die zumindest eng verbunden mit dem Hitler-Regime waren. Sie sollen in den 1930er- und 1940er-Jahren Geld auf Konten der Schweizerischen Kreditanstalt versteckt haben. Aus der Kreditanstalt ging 1997 die Credit Suisse hervor. Das Simon Wiesenthal Center (SWC), das seit Jahrzehnten Naziverbrecher aufspürt, geht davon aus, dass die Gelder in Europa Juden geraubt und dann über Familienangehörigen oder Gesinnungsgenossen in Argentinien in die Schweiz transferiert wurden. So sei der Weg des gewaschenen Geldes verschleiert worden.“[302].

---

300 https://www.wiwo.de/unternehmen/banken/dokumentenfund-in-argentinien-credit-suisse-soll-milliardenschwere-nazi-konten-oeffnen/25615760.html

301 https://www.foxnews.com/world/nazis-argentina-swiss-bank-accounts-documents

302 https://www.wiwo.de/unternehmen/banken/dokumentenfund-in-argentinien-credit-suisse-soll-milliardenschwere-nazi-konten-oeffnen/25615760.html

Also so ganz sicher ist man sich schon mal nicht, ob es 12.000 Nazis oder Menschen (sic!) vor Ort waren. Jetzt geht man auch nur davon aus, dass diese Gelder geraubt wurden. Also so klar, wie die Überschrift vermuten ließ, liegt der Fall wohl doch nicht. Unterstellen wir mal kurz die vermutete Herkunft dieser Gelder. Vor wem, weshalb und warum sollte das Deutsche Reich in der 30er und 40er Jahren – ob zu Recht oder nicht – beschlagnahmtes oder geraubtes Geld „waschen" und dessen Weg verschleiern? Man hat in den 30er Jahren noch keinen Krieg, sollte einer kommen, hat man nicht vor, diesen zu verlieren und das nicht ganz unumstrittene Simon Wiesenthal Center (SWC) ist noch nicht gegründet.[303]

Und die Enteignung der Juden war jetzt kein staatliches Vorgehen, sondern Privatpersonen haben ihre jüdischen Nachbarn beraubt, oder wer hat über Familienangehörige oder Gesinnungsgenossen Geld transferieren, waschen und dessen Verbleib verschleiern wollen? Alle, die das gemacht haben sollen, hatten wiederum nur Kontakte nach Argentinien und haben in 12.000 Fällen den identischen Weg hierfür gewählt?

„Das SWC hat das Züricher Institut offiziell aufgefordert, der jüdischen Organisation Zugang zu den nach dem Ende des Zweiten Weltkriegs eingefrorenen Bankkonten zu geben. „Wir glauben, dass es sich um Gelder handelte, die aus Enteignungen jüdischer Opfer aufgrund der Nürnberger Rassengesetze in den 30er-Jahren stammten", schreiben Shimon Samuels und Ariel Gelblung vom SWC in

[303] https://de.wikipedia.org/wiki/Simon_Wiesenthal_Center

einem Brief an die Schweizer. Angesichts dieses Fundes müssten die Konten neu bewertet werden.“[304]

Nun schafft sich das Dritte Reich auch noch eine eigene Rechtsgrundlage, aufgrund derer diese „Beschlagnahmungen“ durchgeführt werden können und „wäscht“ anschließend dieses Geld und „verschleiert“ dessen Herkunft? Und zu diesem Zweck rekrutiert man im fernen Argentinien 12.000 Mitwisser, die gleichzeitig Familienangehörige oder Gesinnungsgenossen sind, die alle beim Verschleiern mithelfen? Was hat man denn eigentlich diesen Helfershelfern nach Argentinien überwiesen, damit sie es in der Schweiz anlegen können? Beschlagnahmte oder geraubte Reichsmark etwa? Oder die im Reich so händeringend benötigten Devisen? Eigentlich könnten wir an dieser Stelle aufhören, aber machen wir ruhig weiter.

Bevor hier der eine oder andere Leser an dieser Stelle Schnappatmung bekommt eine klare Feststellung: Die „Arisierung“ jüdischen Eigentums im Dritten Reich war ein Verbrechen und das Dritte Reich war ein Unrechtsstaat. Hier geht es aber nicht um diese Frage, es geht noch nicht einmal darum, ob der im Artikel aufgezeigte Hintergrund den Tatsachen entsprechen könnte oder nicht. Wir sind immer noch beim Thema Vermögenstransfer an sich! Und, wie wir gleich sehen werden, ist auch ein anderer Hintergrund zu diesen Konten nicht nur denkbar, sondern sogar wahrscheinlicher.

---

[304] https://www.wiwo.de/unternehmen/banken/dokumentenfund-in-argentinien-credit-suisse-soll-milliardenschwere-nazi-konten-oeffnen/25615760.html

„Übereinstimmenden argentinischen Medienberichten zufolge beläuft sich die Summe auf den Konten auf rund 33 Milliarden Euro. Die Summe wollten weder das SWC noch das Geldhaus kommentieren.“[305]

Na, das weckt Begehrlichkeiten. Da kann man verstehen, die Argumente müssen nicht stichhaltig sein, da reicht am Ende auch locker ein Vergleich! Auch an diesem Ausrufezeichen braucht sich keiner unnötig abzuarbeiten, es ist doch in jeder (juristischen) Auseinandersetzung üblich, eine Maximalforderung in den Raum zu stellen, die man entweder vollumfänglich durchsetzten kann oder deren Höhe auf dem Vergleichsweg immer noch lukrativ erscheint.

Falls sich dennoch jemand am Ausrufezeichen abarbeiten möchte, dann hierzu ein Hinweis: Das gerade auch von Institutionen wie dem SWC so verfahren wird, hat der jüdische Autor Norman G. Finkelstein doch detailreich und umfassend in seinem Buch „Die Holocaust-Industrie“ dargelegt. Die Lektüre des Buches sei nicht nur dann wärmstens empfohlen. Jedenfalls kommt Finkelstein selbst zur Erkenntnis: „Die Holocaust-Industrie ist eindeutig dabei durchzudrehen.“[306]

Wenn man einen Vermögenstransfer vornehmen möchte, dann sollte hierfür auch Vermögen vorhanden sein. Nach dem Krieg haben die Alliierten, vornehmlich die Amerikaner, vorhandenes deutsches Staatsvermögen konfisziert

[305] https://www.wiwo.de/unternehmen/banken/dokumentenfund-in-argentinien-credit-suisse-soll-milliardenschwere-nazi-konten-oeffnen/25615760.html

[306] Norman G. Finkelstein, „Die Holocaust - Industrie – Wie das Leiden der Juden ausgebeutet wird“, Piper Verlag GmbH München, 2001, Seite 144

und dann gleich dauerhaft behalten. Im Krieg hatte der deutsche Staat aber auch noch das Gegenteil von Vermögen, nämlich die Verschuldung.

„Der Geldbedarf der deutschen Regierung während des Zweiten Weltkriegs betrug 657,4 Milliarden Mark, davon 417 Milliarden an reinen Wehrmachtsausgaben. Und im Gegensatz zu 1914/1918 wurden diese „still" finanziert: Es wurden keine Kriegsanleihen aufgelegt, wie es die Alliierten taten, sondern die Banken gezwungen, Schatzscheine und andere Regierungs-Schuldverschreibungen als Deckung der Einlagen und Kredite zu verwenden. Diese Art der „Deckung" machte 1944 bei den deutschen Kreditinstituten bereits 85 bis 90 Prozent aus. Dementsprechend stieg die Reichsschuld, die 1932 noch 8,5 Milliarden oder 15 Prozent inländischen Geldvermögens betragen hatte, bis Kriegsende auf 380 Milliarden, auf 95 Prozent des Gesamtgeldvermögens."[307]

Auch vor diesem Hintergrund ist ein Vermögenstransfer von Deutschland nach Südamerika vor oder während des Krieges völlig unwahrscheinlich. Die Devisenbewirtschaftung alleine, die auch in den 30er Jahren schon galt, belegt eigentlich schon, woher das Geld eben nicht kam.

„An das eingefrorene Vermögen in der Schweiz will aber nicht nur das SWC heran. Laut einem Bericht der argentinischen Zeitung „La Nación" versuchen Nachfahren einiger der Personen auf der Liste Konten mit juristischer Hilfe

[307] Andreas Argens, „Gebt unser Geld zurück!", Hohenrain-Verlag Tübingen, 2009, Seite 111

freigeben zu lassen. Der bekannteste Name ist die Familie Freude."[308]

So richtig klar scheint die Herkunft des Geldes aber nicht zu sein, wenn jetzt sogar die Nachfahren der tatsächlichen oder vermeintlichen „Täter" auch noch die Hand aufhalten wollen?

Nachdem wir also kurz die genannte Herkunft des Geldes unterstellt haben und uns verwundert fragen, weshalb das Deutsche Reich offenbar nur einen Teil des insgesamt geraubten Geldes, offenbar auch nur ausschließlich in Argentinien, wäscht, um es anschließend in der benachbarten Schweiz verschleiert auf 12.000 verschiedenen Konten zu bunkern, wird es Zeit sich Gedanken zu machen, was für Gelder das denn auch sein könnten.

Denn die genannte Vorgehensweise wäre nicht nur wenig professionell, sondern ausgesprochen dämlich. Wer 12.000 Konten einrichtet, muss auch die Kontoführungsgebühr für 12.000 Konten zahlen und benötigt auch noch 12.000 Vollmachten, um wieder an das Geld ranzukommen. Und die Kontoinhaber sitzen nicht im Deutschen Reich, sondern im fernen Argentinien. Welchen Sinn, der ja im Interesse des Deutschen Reiches liegen müsste, sollte denn eine solche Vorgehensweise überhaupt haben? Da hätte man ja keinen enteignen müssen, wenn man anschließend über diese Gelder nicht selber verfügen will? Andersherum, warum leitet man das Geld außer Landes an 12.000 Empfänger weiter, wo doch vorprogrammiert wäre, eine Rückführung an eine zentrale Stelle zur sinnvollen Weiterver-

[308] https://www.wiwo.de/unternehmen/banken/dokumentenfund-in-argentinien-credit-suisse-soll-milliardenschwere-nazi-konten-oeffnen/25615760.html

wendung im Staatsinteresse des Deutschen Reiches wäre nie und nimmer zu gewährleisten? Unter den 12.000 Leuten sind welche, die aus Not oder vorsätzlich das Geld einbehalten, welche, die versterben, und die Erben wissen gar nicht, dass der Erblasser die Gelder nur treuhändisch hatte usw. usf. Das passt doch alles hinten und vorne nicht wirklich zusammen.

Würde man das geraubte Geld waschen und dessen Herkunft und Verbleib verschleiern wollen, dann genügen hierfür auch zwei, drei Scheinfirmen und ein entsprechender Buchungskreislauf und nach einigen Jahren könnte ohnehin keiner mehr den Geldfluss tatsächlich nachvollziehen. Gerade ein Staat hätte hier doch noch ganz andere Möglichkeiten als zum Beispiel selbst die Mafia. Auch die braucht gewiss keine 12.000 Sizilianer, um Gelder in entsprechender Höhe zu waschen und deren Herkunft und Verbleib zu verschleiern. Es liegt alleine deshalb eine andere Vermutung viel näher!

Nicht nur in Südamerika, aber besonders dort kennt man zum Teil sehr hohe Inflationsraten. Eine jährliche Inflation von zum Beispiel 25 Prozent ist für südamerikanische Verhältnisse noch kein Albtraum, aber trotzdem mehr als ärgerlich. Wer nichts tut und sein Geld auf dem Sparbuch hat, stellt am Jahresende fest, er kann sich ein Viertel weniger Waren kaufen als am Jahresanfang.

Ausländer ohnehin, aber auch die Einheimischen von der Karibikküste bis Feuerland begegnen diesem Wertverfall der Landeswährungen damals wie heute durch die Beschaffung von Devisen. Entweder durch Tausch auf der Straße oder, sofern es die rechtliche Grundlage hierfür gibt, durch die Anlage der Gelder auf Fremdwährungskonten!

Wir bemühen jetzt nicht gleich „die Sendung mit der Maus“, wohl aber eine Seite mit jungem Publikum und lassen uns das in leichter Sprache erklären:

„Die Währung in Argentinien lautet auf Argentinische Pesos (ARS).

Umrechnungskurs per 16.1.2017

1 CHF = 15.6774 ARS

1 Euro = 16.7703 ARS

Der Wechselkurs ist seit Jahren grossen Schwankungen ausgesetzt. Darum empfehle ich dir, den Wechselkurs kurz vor deiner Einreise nochmals zu checken. Am besten verwendest du dafür die App eCurrency (iPhone | Android). Hier hast du immer die tagesaktuellen Kurse zur Verfügung.

Wenn du vor Ort bist, wirst du vielen Argentiniern begegnen, die dir „cambio, cambio!“ zurufen. Mit diesem Ausruf möchten die Einheimischen deine Dollar in Argentinische Pesos tauschen.

Wieso sie das machen? Das Ganze hat einen traurigen Hintergrund. In der langjährigen Wirtschaftskrise des Landes haben viele Argentinier aufgrund der Inflation ihr ganzes Vermögen verloren. Als die argentinische Regierung dann noch beschlossen hat, dass kein Argentinier ein Fremdwährungskonto eröffnen darf, war der Super-Gau perfekt. Somit gab es für die Bevölkerung keine Chance mehr, ihr hart erarbeitetes Geld irgendwo in Sicherheit zu bringen. Daraufhin zogen viele Argentinier ihr Guthaben von der Bank ab und versuchen es nun auf der Strasse bei Touristen in sichere US-Dollars umzutauschen.

Wenn du Geld auf der Strasse wechselst, hast du oft einen besseren Wechselkurs als in den Wechselbüros. Einfach aus dem Grund, da die Bevölkerung auf ein Tauschgeschäft angewiesen ist. Allerdings solltest du dich während eines solchen Tauschgeschäftes nie in irgendwelche Hauseingänge oder Nebengassen begeben. Sonst kann es leicht passieren, dass dein ganzes Portemonnaie weg ist. Hier gilt der „gesunde Menschenverstand.““[309]

„Die Regierung hatte beschlossen, dass kein Argentinier ein Fremdwährungskonto eröffnen darf, ...“

Die haben das beschließen müssen, weil es eben vorher anders war! Zum „gesunden Menschenverstand“ vielleicht noch der Hinweis: Wer Geld auf der Straße tauscht, hat, in welcher Währung auch immer, auf jeden Fall Bargeld (!) am Mann. Für diesen Umstand interessieren sich nicht nur in Südamerika auch Leute, die nicht unbedingt bei der Polizei arbeiten. Nachdem wir das jetzt checken konnten, vergewissern wir uns noch sicherheitshalber beim Deutschlandfunk-Kultur:

„In keinem Land der Welt außerhalb der USA werden so viele Dollars gehortet wie in Argentinien. Auch die kleinen Sparer nutzen die US-Währung als vermeintlich sicheren Hafen. Die Flucht in den Dollar ist aber eigentlich ein Verlustgeschäft...Auf der Straßenmitte stehen im Abstand von zehn Metern junge Männer und rufen: „Cambio“-Wechsel.

Für einen Dollar bieten sie heute rund 14 Pesos. Das ist günstiger als der offizielle Kurs der Banken. „Für Hundert

[309] https://limettenwald.com/waehrung-und-zahlungsmittel-in-argentinien

Dollar kann ich 1410 Pesos geben", sagt der junge Mann, dessen schwarze Haare eine hochgeschobene Sonnenbrille zurückhält. Der Kunde, ein langer glatzköpfiger Deutscher, der ein wenig Spanisch spricht, ist einverstanden...Seitdem im Jahr 2001 die Spareinlagen eingefroren und abgewertet wurden, haben die Argentinier das Vertrauen zu den Banken völlig verloren...Vor zwei Wochen kostete der Teller Spaghetti 80 Pesos und heute sind es schon 100. Die seit Dezember amtierende neue Regierung unter dem konservativen Präsidenten Mauricio Macri hat beschlossen, den Peso abzuwerten, und will so die Wettbewerbsfähigkeit der einheimischen Wirtschaft erhöhen. Seitdem hat die argentinische Währung 50 Prozent an Wert verloren.

Seitdem im Jahr 2001 die Spareinlagen eingefroren und abgewertet wurden, haben die Argentinier das Vertrauen zu den Banken völlig verloren...Das trifft ja im Grunde auch auf den Kleinanleger zu, sagt Mariana Luzzi und nippt an einem Cappuccino mit Eis. Das mangelnde Vertrauen in Regierungen und Banken hat seine Gründe und seine Konsequenzen. Wer in Dollar spart, tut es auch, um sich keinen Regeln unterwerfen zu müssen.

„Das hat viele Vorteile. Man ist immer liquide, kann das Geld abstoßen, ohne warten zu müssen, das Finanzamt erfährt nichts, niemand weiß, wie viel man hat und wo. In der Krise von 2001 wurden die Spareinlagen konfisziert, das ist noch sehr gut im Gedächtnis. Und dann ist der Dollar natürlich auch das ideale Werkzeug in einer Volkswirtschaft mit einem hohen Grad an Schwarzarbeit und Steuerhinterziehung." "[310]

---

[310] https://www.deutschlandfunkkultur.de/argentinien-und-der-dollar-nur-bares-ist-wahres.979.de.html?dram:article_id=353036

Jetzt setzen wir uns mal gedanklich im Jahre 1939 in Buenos Aires auf die Terrasse unseres Hauses, genießen die gute Luft und zählen das viele Geld, was wir verdient haben. Wir können jetzt unsere Pesos bei der Sparkasse einzahlen (Sparkassen gibt's da wirklich!), oder unter das Kopfkissen schieben und beruhigt den kommenden Wertverfall abwarten.

Wir haben die Bindung zur alten Heimat noch nicht verloren, wollen unser Geld aber im Wert erhalten. Wir sind auch keine Nazis, sondern Menschen vor Ort und in unserem Wohnzimmer hängt kein Bild von Adolf Hitler, sondern von Kaiser Wilhelm II., schließlich lebt der ja noch. Den deutschen Banken vor Ort wird schon ordentlich Feuer gemacht und die Amerikaner stänkern ständig gegen das Dritte Reich. Wenn das so weitergeht, hat Deutschland irgendwann noch Krieg mit den Amis. Wenn wir unser Geld in Dollar tauschen, dann werden Dollar-Konten von Auslandsdeutschen mit Sicherheit eingefroren. Aus, die Maus, unser Geld ist weg!

Zum Glück haben wir in der neutralen (!) Schweiz Leute, die sogar unsere Sprache sprechen, so richtig Spanisch können wir immer noch nicht, und die sich auch noch freuen, wenn Menschen aus aller Welt irgendwelches komisches Geld in ihren Franken eintauschen. Selbst wenn man selber mal wieder in der alten Heimat vorbeischauen sollte oder gar zurückgehen würde, wäre das Geld quasi schon vor Ort. Wir gehen dann von Lörrach zu Fuß nach Basel, gehen zu dem freundlichen, deutschsprachigen Bankangestellten an den Bankschalter und lassen uns Schweizer Franken vorzählen und aushändigen! Oder wir fahren mit der Bahn nach Luzern oder Zürich und lassen uns für den

Bargeldtransport gleich noch von der Bank ein „Säckli“ mitgeben.

Wenn der Sachverhalt so wäre, dann wäre es auch verständlich, wenn die Familie Freude und 11.999 andere Familien endlich wieder an das Geld wollen, was durch die Kriegswirren auf Schweizer Konten irgendwann in den 40er Jahren eingefroren wurde und offenbar bis heute nicht wieder aufgetaut ist.

Nachdem jetzt vielleicht deutlich geworden ist, dass Devisen aus Deutschland nicht beliebig von Privatpersonen verschoben werden konnten, sie sind so wie vermutet vielleicht gar nicht geflossen, dann können wir uns jetzt wieder dem eigentlichen Thema widmen.

Was aber reichlich hätte fließen können, waren Devisen, die es offiziell gar nicht gab. Devisen, die gar nicht zu kontrollieren waren, weil sie von einer Stelle verausgabt wurden, die hierfür zwar nicht berechtigt war, die aber genau deshalb überhaupt tätig geworden war. Nachdem man seinen eigentlichen Plan, die Stabilität des Pfund Sterling in Kriegszeiten zu erschüttern, nicht umsetzen konnte, nutzte man die nun mal vorhandenen „Gelder“ zum Vermögenstransfer nach Argentinien, wenn auch nicht im vollen Umfang. Die B-Ware landete im unteren Traunsee und vor allem im Toplitzsee.

Mitte der 40er Jahre gab es zum US-Dollar noch eine Währung auf ungefährer Augenhöhe, was deren Bedeutung im Welthandel anbelangte. Das Commonwealth of Nations (bis 1947 British Commonwealth of Nations) brauchte natürlich zur internen Verrechnung keinen US-Dollar. Nicht ohne Grund hatte man ja im Bretton-Woods-System von 1944 einen festen Wechselkurs zwischen US-Dollar und

Pfund Sterling vereinbart. Und damit wird auch klar, weshalb auch den Briten das ganze Geschäftsgebaren des Dritten Reiches nicht passte.

Aber der so genannte Sterling-Block (1930 bis 1950) war noch umfassender: „Beim Sterlingblock (Sterling-Gebiet) handelte es sich um einen Verbund von Staaten, die ihre Währung am Pfund Sterling ausrichteten. Er wurde 1931 begründet, als die Pfundländer ihre Währung vom Gold lösten und stellt eine der ersten Währungsunionen nach Beginn der Weltwirtschaftskrise dar… Teil des Zusammenschlusses waren die britischen Kolonien, die von Großbritannien politisch abhängigen Staaten (Ägypten, Irak, Transjordanien) und zwei wirtschaftlich abhängige Staaten, die Dominions Australien, Neuseeland, Irischer Freistaat und Neufundland… Dem Block schlossen sich 1932 Thailand, 1933 Schweden, Norwegen, Finnland, Dänemark und Estland und 1936 Lettland, der Iran und die Südafrikanische Union an. Bis 1939 bestanden für den Sterlingblock keine vertraglich festgelegten Regeln. Außer den britischen Kolonien und politisch abhängigen Gebieten konnten sich die Staaten nach eigenem Ermessen der Währungsunion anschließen oder auch nicht. Erst mit Beginn des Zweiten Weltkriegs wurde die Sterling Area mit festen Regeln und Bindungen begründet. Aus dieser Sterling Area bezog Großbritannien einen großen Teil seiner Kriegslieferungen. Eine Verschuldung Großbritanniens in Höhe von 2,7 Mrd. Pfund gegenüber den Lieferländern entstand dadurch, dass Großbritannien die anderen Länder der Sterling Area nur mit Sterling-Gutschriften bezahlte.“[311]

---

[311] https://de.wikipedia.org/wiki/Pfund_Sterling

Tja, ärgerlich, wenn man sich so hoch verschuldet hat. 2,7 Milliarden Pfund waren zum damaligen Wert eine ziemlich große Hausnummer. Vergleichbar mit einem Betrag in Höhe von über 200 Milliarden Euro. In der heutigen Zeit, in der die ganze Welt hoffnungslos verschuldet ist, vielleicht auch kein Drama mehr, aber damals waren Staatshaushalte ausgeglichen oder mussten irgendwann ausgeglichen werden, wenn ein Staat nicht bankrott sein wollte.

In einer Welt mit Negativzinsen kann man sich das gar nicht mehr vorstellen, aber damals musste eine Schuld auf Heller und Pfennig zurückgezahlt (!) werden. Ganz anders die Situation heute, durch Aufhebung der Goldbindung Anfang der 1970er Jahre durch die USA explodieren die Schulden weltweit und diese Verschuldungsorgie wird irgendwann ihr natürliches Ende finden, vermutlich mit einem lauten Knall.

Der Wirtschaftsredakteur der Zeitung „Die Welt", Holger Zschäpitz, beschrieb diese Loslösung vom Gold im Jahre 2011 sehr anschaulich wie folgt:

„Wer die Turbulenzen an den Finanzmärkten verstehen will, muss genau 40 Jahre zurückschauen. Denn am 15. August 1971 wurde der Grundstein für das heutige Wirtschaftssystem gelegt. Der damalige US-Präsident Richard Nixon hob an diesem Tag die Goldbindung des Dollar auf. In einer Fernsehansprache an sein Volk ließ er auch die Welt eindrücklich wissen, dass sich die USA von nun an weigern würden, den Dollar jederzeit gegen eine festgelegte Menge des Edelmetalls einzutauschen. Bis zu diesem Tag konnte jeder 35 Dollar gegen eine Feinunze (31,1 Gramm) eintauschen. In einem Federstrich hatte Nixon im

August 1971 diesen historischen Goldstandard aufgehoben. Nixon begründete den drastischen Schritt mit Spekulationen gegen die USA. In Wirklichkeit hatten sich die USA durch die Kriege in Korea und Vietnam finanziell überhoben und zu viele Dollar zur Kriegsfinanzierung in Umlauf gebracht. Das Vertrauen in die Leitwährung schwand. Weltweit tauschten die Notenbanken ihre Dollarreserven in Gold, vor allem Frankreich fuhr mit Containern vor. Langfristig drohte der Ausverkauf der US-Goldreserven, so dass Nixon die Notbremse ziehen musste. Zwei Jahre nach der schicksalhaften Trennung vom Gold wurden dann sämtliche Wechselkurse zum Dollar freigegeben.“[312]

Am Ende des Zweiten Weltkrieges haben die Briten die Waren also gar nicht mehr „bezahlt“, sondern man hat Sterling-Gutschriften vorgenommen! Denen stand das Wasser bis zum Hals! Man könnte auch sagen, es wurden nicht gedeckte Schecks ausgestellt. Und was tun Gentlemen in einer solchen unangenehmen Situation? Richtig, sie bitten zur Kasse!

„Mit dem Internationalen Währungsfonds wurde im Abkommen von Bretton Woods eine Parität von 1,00 £ = 4,03 US $ vereinbart. Am 18. September 1949 wurde eine Währungsabwertung auf das Tauschverhältnis 1,00 £ = 2,80 US $ vorgenommen.“[313]

---

[312] https://www.welt.de/finanzen/article13546275/Vor-40-Jahren-begann-die-Aera-des-Gelddruckens.html

[313] https://de.wikipedia.org/wiki/Bank_of_England

Das war jetzt für die Gläubiger der Briten etwas dumm gelaufen und auch die Fälscher werden sich etwas geärgert haben. Aber im Gegensatz zu den britischen Gläubigerstaaten, die umgerechnet in US-Dollar richtig haben Federn lassen müssen, waren die Pfund-Blüten nur im Gegenwert eingedampft, aber sie waren ja ohnehin nur gefälscht, es war hier also kein echter Vermögensverlust eingetreten.

Zum damaligen Zeitpunkt, Mitte der 40er Jahre, boten sich beide Währungen für eine Fälschung an. Es wäre aus Deutschland heraus aber wesentlich einfacher gewesen, den Pfund Sterling als den US-Dollar massenhaft in Umlauf zu bringen. Auch ein geplanter Abwurf von Blüten ließ sich, wenn, dann über England und nur schwerlich über den USA bewerkstelligen.

Nach dem verlorenen Krieg zog es bestimmte, oft weniger belastete Personen nach Spanien, wo man sich unter einer deutschfreundlichen Regierung mit einem Präsidenten Franco erhoffte, eine persönliche Zukunft aufbauen zu können.

Nach 1946 zog es andere „Personen“ nach Südamerika, genauer gesagt nach Argentinien. Die gängige Geschichte lautet, der dortige Präsident Perón hatte ein Faible für Mussolini und auch für Franco und Hitler. Grund genug also, gerade dort sein neues Glück zu versuchen.

So weit, so nicht ganz verkehrt. Die Frage ist nur, wollte der argentinische Präsident die Nazis, oder hatten die Nazis einen Präsidenten?

Das schöne an Geschichten, auch an gängigen Geschichten, ist oft die Vorgeschichte, sie trägt nämlich zum besseren Verständnis bei.

Juan Domingo Perón Sosa, entstammte zwar keiner armen Familie, aber man gehörte auch nicht zur echten Oberschicht des Landes. Perón schlug eine militärische Laufbahn ein und arbeitete sich bis in höchste Regierungskreise nach oben.

„Von 1936 bis 1939 war er als Militärattaché in mehreren Staaten tätig (zuletzt in Berlin)… Bei seiner Rückkehr nach Argentinien im Jahr 1941 schloss sich Perón, als Bewunderer des italienischen Faschismus, mit anderen Offizieren in der Geheimorganisation Grupo de Oficiales Unidos (GOU) zusammen… schrieb er in einem GOU-Manifest im Mai 1943. Noch im selben Monat wurde ein geheimes Abkommen über wechselseitige Zusammenarbeit mit dem nationalsozialistischen deutschen Auslandsgeheimdienst, SD, getroffen. Zusammen mit dem SS-Hauptsturmführer Siegfried Becker, dem SD-Geheimdienst-Chef, beteiligte sich Perón an dem Militärputsch gegen die Regierung des Generals Enrique Peñaranda in Bolivien und unterstützte General Gualberto Villarroel López bei dessen Machtübernahme…

…In seiner Tätigkeit im Arbeitsministerium führte er eine Reihe sozialer Reformen durch, die ihm die Unterstützung großer Teile der einfachen argentinischen Bevölkerung, der Descamisados (Hemdlosen), aber auch der Industriearbeiter einbrachte. Er drängte den Einfluss der traditionellen linken Parteien und Gewerkschaften zurück und stärkte seine persönliche Anhängerschaft besonders durch die Gründung neuer Gewerkschaften, die in der neuen Dachgewerkschaft, der Confederación General del Trabajo (CGT), vereint waren…

…Die USA versuchten, die argentinische Präsidentschaftswahl vom 24. Februar 1946 zu beeinflussen, indem sie das „Blue Book“ veröffentlichten. In diesem sollte die öffentliche Meinung gegen Perón beeinflusst werden, indem man ihn in Zusammenhang mit der angeblichen Kollaboration zwischen Argentinien und Deutschland während des Zweiten Weltkriegs brachte. Dieser Versuch scheiterte, weil viele Argentinier darin eine Intrige sahen, mit der sich die USA in die inneren Angelegenheiten ihres Landes einmischen wollten. Perón nutzte diese Stimmung, indem er in der Folge seinen Wahlkampf unter dem Slogan „Braden oder Perón“ führte. Gemeint war Spruille Braden, der Leiter der Lateinamerikaabteilung des US State Departments und frühere US-Botschafter in Argentinien.

Perón gewann als Kandidat des Partido Laborista (Arbeiterpartei) mit 52 % der Stimmen die Präsidentschaftswahl und wurde am 4. Juni 1946 zum Präsidenten von Argentinien ernannt. Als Präsident verfocht er eine nationalistische und populistische Politik. Er setzte seine Sozialpolitik aus den 1940er Jahren fort. So stärkte er die Rechte der Arbeiter, vergrößerte den Personenkreis, der ein Anrecht auf Rentenzahlungen hatte, von einer halben Million auf zehn Millionen und führte das Weihnachtsgeld ein… 1947 kündigte er den ersten Fünfjahresplan zum Ausbau der teilweise verstaatlichten Industrien an. Gestützt auf diese Maßnahmen entwickelten die Peronisten ihr politisches Programm des „Justicialismo“ (so hieß die Partei später auch

Partido Justicialista (PJ)), diese Ideologie wurde später auch „Peronismus" genannt. Die Bezeichnung „Justicialismo" sollte einen „dritten Weg" zwischen Kommunismus und Kapitalismus darstellen... 1949 setzte Juan Perón eine Verfassungsreform durch, die eine Wiederwahl des Präsidenten ermöglichte. Im November 1951 gewann er erneut die Präsidentschaftswahl, bei der, initiiert durch Evita, erstmals auch Frauen wählen durften. Zu diesem Zeitpunkt genoss er große Zustimmung im Volk, so dass er mit 62 % der Stimmen wiedergewählt wurde...

...1949 setzte Juan Perón eine Verfassungsreform durch, die eine Wiederwahl des Präsidenten ermöglichte. Im November 1951 gewann er erneut die Präsidentschaftswahl, bei der, initiiert durch Evita, erstmals auch Frauen wählen durften. Zu diesem Zeitpunkt genoss er große Zustimmung im Volk, so dass er mit 62 % der Stimmen wiedergewählt wurde...

...im zweiten Anlauf, dem Putsch vom 16. bis 21. September 1955 – der *Revolución Libertadora* –, wurde Perón gestürzt... Über Stationen in Paraguay, Venezuela und der Dominikanischen Republik ging er 1958 nach Spanien ins Exil."[314]

Das liest sich alles ganz flüssig und schlüssig, aber es ist doch interessant, dass man im Mai 1943 unter Führung von Perón ein geheimes Abkommen mit dem deutschen Auslandsgeheimdienst SD schließt, aber der politische Durch-

[314] https://de.wikipedia.org/wiki/Juan_Perón

bruch von Juan Perón erst im Februar bzw. Juni 1946 stattfand!

„Die Grupo de Oficiales Unidos oder GOU (dt. *Gruppe der vereinten Offiziere*) war eine extrem nationalistische inoffizielle Gruppierung von Obristen des argentinischen Heeres, der u. a. Juan Perón angehörte. Sie gründete sich 1943 zum Zwecke des Sturzes der oligarchischen Regierung Ramón Castillos und prägte die Diktatur des Landes bis 1946. Sie stellte die Präsidenten Pedro Pablo Ramírez (1943–44) und Edelmiro Julián Farrell (1944–46). Außenpolitisch stand sie den Achsenmächten nahe.“[315]

Vorstehendes Zitat ist zwar richtig, aber es blendet aus, dass die GOU auch den nächsten argentinischen Präsidenten ab 1946 stellte, nämlich Juan Perón höchstpersönlich!

„Im Mai 1943 schlossen GOU-Militärs mit dem Chef des SD-Ausland Walter Schellenberg ein Abkommen über wechselseitige Zusammenarbeit. Das Abkommen garantierte die Immunität der Nazi-Agenten vor strafrechtlicher Verfolgung und bot ihnen eine Tarnidentität als Mitglieder des argentinischen Geheimdienstes an. Ferner konnten sie das argentinische Diplomatengepäck für den Transport von Informationen zwischen Berlin und Buenos Aires nutzen. Über die Agenten Hans Harnisch und Osmar Hellmuth bemühte sich die GOU - in Gesprächen zwischen den Agenten und Oberst Enrique P. González sowie dem Präsi-

[315] https://de.wikipedia.org/wiki/Grupo_de_Oficiales_Unidos

denten Ramírez - um deutsche Waffen für einen Krieg mit Brasilien."[316]

Auch hier ist die Darstellung verkürzt, es wird suggeriert, dass diese Zusammenarbeit nur in die Zeit bis zur Beendigung der Präsidentschaft Ramírez fiel, weil danach das Dritte Reich und der SD bereits Geschichte waren. Aber dem ist nicht so, denn die Zusammenarbeit lief dann unter Peróns neuem Geheimdienstchef erst richtig an. Jetzt ging es aber nicht mehr um Waffen, sondern um „Fluchthilfe".

Interessant ist auch die Behauptung, die GOU bemühte sich um deutsche Waffen für einen Krieg gegen Brasilien. Mit Sicherheit hätte das Dritte Reich 1943/1944 keine Waffen nach Argentinien geliefert, man hatte zu der Zeit einen gewissen Eigenbedarf!

Es ist auch nicht einleuchtend, wieso und weshalb man seitens Argentiniens zur damaligen Zeit einen Krieg mit Brasilien vom Zaun hätte brechen wollen. Die letzte kriegerische Auseinandersetzung mit Brasilien lag schon etwas länger zurück, in einer Zeit, als das „Silberland" noch gar nicht Argentinien hieß.

„Der Argentinisch-Brasilianische Krieg (port.: *Guerra da Cisplatina*; span. *Guerra del Brasil*) war eine bewaffnete Auseinandersetzung zwischen Argentinien (damals noch Vereinigte Provinzen des Río de la Plata) und dem Kaiserreich Brasilien um den Besitz der *Banda Oriental* (des linken Ufer des Río de la Plata; des heutigen Uruguay). Er

[316] https://de.wikipedia.org/wiki/Grupo_de_Oficiales_Unidos

begann 1825 und endete 1828 mit der Unabhängigkeit Uruguays."[317]

Danach machte man im Gegenteil stets sogar gemeinsame Sache mit den Brasilianern.

„Der Uruguayische Krieg war ein militärischer Konflikt in den Jahren 1864 und 1865 um die politische Führung im Land. Dabei standen sich die Colorados, unterstützt von Brasilien und Argentinien, und die von den Blancos gestellte uruguayische Regierung, gegenüber." [318]

„Als Tripcl-Allianz-Krieg (spanisch *Guerra de la Triple Alianza*) wird der von 1864 bis 1870 dauernde Kampf Paraguays gegen die verbündeten Staaten Argentinien, Brasilien und Uruguay bezeichnet. Dabei stand Paraguay zunächst auf der Seite der konservativen Regierung Uruguays, die im Uruguayischen Krieg mit Brasiliens Unterstützung 1865 gestürzt wurde. Der Krieg endete mit der völligen Niederlage Paraguays und gilt als der blutigste Konflikt in der lateinamerikanischen Geschichte. In Europa blieb er weitgehend unbeachtet."[319]

Stress hatte man nicht mit Brasilien, wohl aber lange Zeit mit Chile. Diese Grenzstreitigkeiten wären tatsächlich beinahe mal „heiß" geworden, aber nicht in der 40er und 50er Jahren, sondern erst sehr viel später, nämlich erst 1978.

---

[317] https://de.wikipedia.org/wiki/Argentinisch-Brasilianischer_Krieg
[318] https://de.wikipedia.org/wiki/Uruguayischer_Krieg
[319] https://de.wikipedia.org/wiki/Tripel-Allianz-Krieg

„Ab 1893 verschärften sich die Grenzprobleme mit Chile, nachdem Bolivien einen Teil der Puna de Atacama an Argentinien abgetreten hatte. Diese war seit dem Salpeterkrieg von Chile besetzt. Zwischen Chile und Argentinien kam es zu einem Wettrüsten. Erst der britische König Edward VII. konnte 1902 den Grenzstreit schlichten. Patagonien und Feuerland wurden neu aufgeteilt, dabei fielen 54.000 km² an Chile und 40.000 km² an Argentinien."[320]

„Der Beagle-Konflikt war eine Auseinandersetzung zwischen Argentinien und Chile von 1904 bis 1984 über Gebietsansprüche im Beagle-Kanal... Die argentinische Kriegsandrohung von 1978 ist einer der Gründe der Unterstützung Chiles für das Vereinigte Königreich während des Falklandkrieges."[321]

Die waren sich Jahrzehnte spinnefeind und wirklich mögen tut man sich selbst heute noch nicht. Und die Sache mit dem Falklandkrieg ... Argentinier sind ziemlich stolz, die können nicht nur Tango tanzen, die haben auch ein langes Gedächtnis. Die hatten 1978 noch nicht vergessen, dass man sie 1902 um mindestens 7.000 km² beschubst hatte! Wenn da unten womöglich noch irgendwann Öl gefunden wird, dann machen die das Fass glatt wieder auf.

Wie wir gerade mit einem Blick in die Geschichte des südlichen Südamerikas gesehen haben, benötigten die Argentinier Mitte der 40er Jahre keine Waffen, um sich mit Brasilien die Köpfe einzuhauen, und Deutschland war – jeden-

---

[320] https://de.wikipedia.org/wiki/Argentinien
[321] https://de.wikipedia.org/wiki/Beagle-Konflikt

falls für einen solchen Zweck – gerade nicht wirklich lieferfähig. Hätten die Argentinier angeboten, den Panama-Kanal zu blockieren oder besser zu zerstören, man wäre trotz Lieferengpass sofort ins Geschäft gekommen.

Allerdings wäre dieses „ins Geschäft kommen" noch aus einem anderen Grund 1943 schwierig geworden. Den Bericht über das Geschäftsjahr 1943 konnte die Deutsche Überseeische Bank erst 1953, also acht Jahre nach Kriegsende und zehn Jahre nach dem Berichtszeitraum überhaupt vorlegen. Schauen wir doch mal rein:

DEUTSCHE UEBERSEEISCHE BANK BERLIN-HAMBURG / Gründungsjahr 1886

„BERICHT DES VORSTANDES
über die Jahre 1943 bis 1952 und über die DM-Eröffnungsbilanz zum 1.1.1953

Unsere letzte Hauptversammlung am 2. April 1943 behandelte den Geschäftsbericht über das Jahr 1942. Schon zu jenem Zeitpunkt mussten wir von Interventionen bei allen unseren überseeischen Filialen berichten, die später durch Kriegsgesetzgebung der betreffenden Regierungen zur Schließung, Liquidation bzw. Enteignung geführt haben. In den folgenden Kriegsjahren machten es die Zeitumstände unmöglich, vor einer Hauptversammlung Rechenschaft abzulegen über den Verlauf der Geschäfte, die das Mutterhaus in Berlin und die uns zunächst noch verbliebenen Niederlassungen in Spanien fortgeführt hatten. Nach dem im Jahre 1945 die Berliner Banken auf Grund der allgemeinen Anordnung geschlossen worden waren, mussten wir unser Bankgebäude im Ostsektor von Berlin räumen. Die spanischen Filialen erlitten nun auch das Schicksal, das unsere überseeischen Niederlassungen schon früher getroffen hatte, und so kam das Geschäft zum völligen Erliegen. Die gesamte in jahrzehntelanger Arbeit aufgebaute Organisation war verloren gegangen, nur ein Teil der Akten und Geschäftsunterlagen konnte im Westen geborgen werden. Zu Beginn des Krieges beschäftigte unsere Bank 2358 Mitarbeiter, davon 317 im Mutterhaus Berlin. Sie unterhielt folgende 21 Filialen: ARGENTINIEN – Buenos Aires, Córdoba, Rosario de Santa Fé; BRASILIEN – Rio de Janeiro, Sao Paulo, Santos, Curitiba, Bahía, Porto Alegre; CHILE – Valparaiso, Antofagasta, Concepción, Santiago de Chile, Temuco, Valdivia; PERU – Lima, Arequipa; URUGUAY – Montevideo; SPANIEN – Barcelona, Madrid, Sevilla. Durch Registrierung als „ruhende Bank" in West-Berlin konnte die Rechtspersönlichkeit erhalten werden, jedoch warteten die Berliner Altbanken von Jahr zu Jahr vergebens auf die gesetzliche Regelung, die ihnen die Wiederaufnahme der Geschäftstätigkeit ermöglichen sollte. Inzwischen waren die Aufgaben der Kontenumstellung auf DM und der Wertpapierbereinigung zu erfüllen, aber die hieraus anfallenden Gebühren konnten nicht die unausweichlichen Aufwendungen decken und den laufenden Substanzverlust aufhalten."[322]

Infolge des Krieges kam die Geschäftstätigkeit in allen südamerikanischen Ländern, auch in Argentinien, vollständig zum Erliegen. Die Geschäfte konnten bis Kriegsende

[322] https://www.bankgeschichte.de/de/img/DUB_1943-1958.pdf

nur noch in Spanien und Deutschland fortgeführt werden. Erhellend in diesem Zusammenhang ist auch der Bericht des Vorstandes zum vorangegangenen Geschäftsjahr 1942:

„Bericht des Vorstandes. Das Berichtsjahr stand für unsere Bank im Zeichen verstärkter Eingriffe in die Geschäfte unserer südamerikanischen Filialen. Die Länder Brasilien, Peru und Uruguay brachen im Januar 1942 die Beziehungen zu den Achsenmächten ab. Brasilien ließ im August die Erklärung des Kriegszustandes folgen. Im September bzw. Oktober verfügten die Regierungen von Peru und Brasilien die Liquidierung unserer dortigen Niederlassungen. Mitte Januar 1943 hat auch Chile die Beziehungen zu Deutschland abgebrochen.“[323]

Das zeichnete sich alles schon sehr frühzeitig ab, denn bereits zum Geschäftsjahr 1939 berichtet der Vorstand der Bank:

„Bericht des Vorstandes. Das Geschäftsjahr 1939 umfaßt mit seinem letzten Drittel bereits vier Kriegsmonate. Die Versuche unserer Gegner, Deutschland vom überseeischen Handel abzuschneiden, lassen es uns als überseeischer Bank geraten erscheinen, die Bilanz des abgelaufenen Jahres mit ganz besonderer Vorsicht aufzumachen. Wir haben es daher für richtig gehalten, durch reichliche Abschreibungen und Rückstellungen Vorsorge gegenüber den Einwirkungen des Krieges auf die Geschäftstätigkeit unserer Bank zu treffen.“[324]

---

[323] https://www.bankgeschichte.de/de/docs/DUB_1942.pdf

[324] https://www.bankgeschichte.de/de/docs/DUB_1939.pdf

Wenn für die vereinbarten Leistungen der GOU im Gegenzug also keine Waffenlieferungen aus Deutschland zu erwarten waren, was hätte der SD alternativ anbieten können? Natürlich etwas, was die argentinischen Offiziere mindestens genauso gut gebrauchen konnten. Und praktisch wäre auch, wenn so „etwas" – wie vereinbart! – unkontrolliert per Diplomatengebäck eingeführt werden könnte.

Nun, der glückliche Zufall wollte es, dass der SD im Jahre 1943 bereits eine erste Kollektion sehr schöner Pfund-Sterling-Noten anbieten konnte. Mit der Reichsmark war in Argentinien nicht viel zu machen, mit „echten" Devisen aber schon. Mit Geld könnte man sich den erreichten Einfluss absichern, könnte man Waffen für den Hausgebrauch (!) besorgen und mit beiden Sachen zusammen könnte man die starke Linke im Land im Schach halten.

Der SD hat nichts anderes gemacht, als sich mit den Blüten politischen Einfluss in einem anderen Land zum Spottpreis einzukaufen! Es war ja Sinn und Zweck der ganzen Übung, diese falschen Banknoten überall, wo es ging, in den Geldkreislauf einfließen zu lassen. Die ahnungslosen Argentinier konnten die deutsche Großzügigkeit vermutlich gar nicht fassen.

Die Deutschen wiederum brauchten nicht einmal wirklich ein schlechtes Gewissen zu haben, selbst die Schweizer hatten ja, nachdem man ihnen die Noten mit dem Verdacht auf Fälschung vorgelegt hatte, bestätigt, die Noten seien echt! Mehr geht ja gar nicht!

Nachdem dann noch in Kriegszeiten über Argentinien die erste größere, aber im Verhältnis zum Gesamtbestand doch kleine Summe, mit vollem Erfolg in den Umlauf gebracht werden konnte, war doch bei Kriegsende völlig klar, wohin die Reise gehen würde!

Natürlich war der Transfer 1943/44 nicht hierfür als Testlauf geplant, man glaubte oder hoffte ja noch auf einen deutschen Endsieg. Aber nachdem der Krieg verloren war, man beste und dringend notwendige Kontakte vor Ort ja bereits hatte und alles schon einmal im Probebetrieb reibungslos funktionierte, konnte es im Mai 1945 doch nur heißen, wir fahren mit den Taschen voller Geld nach Argentinien!

Sicher, Perón hatte auch in Argentinien Gönner: „Ludwig Freude (* 1889; † 7. Mai 1956) war ein deutsch-argentinischer Unternehmer. Der Direktor der Banco Alemán Transatlántico (Tochtergesellschaft der Deutschen Bank) gehörte in den 1940er Jahren zu den 10 reichsten Geschäftsleuten Lateinamerikas. Er war Präsident des Deutschen Klubs in Buenos Aires von 1941 bis 1945 und zählt zu den bedeutendsten Nationalsozialisten in Argentinien."[325]

Nur solche Förderer engagieren sich sicher auch mal mit größeren Summen, aber eigentlich immer so, dass es ihnen nicht wirklich weh tut. Man will sich mit Geld Einfluss sichern, man will aber nicht sein Vermögen aufs Spiel setzen. Man setzt auch gerne mal auf eine Karte, aber bestimmt nicht alles!

---

[325] https://de.wikipedia.org/wiki/Ludwig_Freude

Und dass Ludwig Freude durchaus auf das richtige Pferd gesetzt hat, zeigt die Karriere seines Sohnes: „Rodolfo Freude (* 11. September 1920 in Buenos Aires; † 18. Oktober 2003) war ein argentinischer Geheimdienstoffizier. Er leitete den Geheimdienst Juan Peróns, der als Zentrale für die NS-Fluchthilfe nach Argentinien diente."[326]

Wenn letztere Behauptung stimmt, dann stellt sich die Frage warum? Warum war der argentinische Geheimdienst die Zentrale für die NS-Fluchthilfe?

Ins Land kamen ja nicht nur potenzielle Militärberater und Techniker, die kamen zwar auch, wie zum Beispiel Werner Baumbach und Prof. Tank, aber die hatten gar keinen Fluchtgrund und brauchten schon gar keine Fluchthilfe!

Werner Baumbach hatte in Argentinien kein Glück: „Am 20. Oktober 1953 stürzte er mit einer Avro Lancaster nahe Buenos Aires in den Río de la Plata und kam dabei ums Leben."[327]

Professor Tank hatte mehr Glück: „Unter dem Namen *Prof. Dr. Pedro Matthies* wanderte Tank 1947 zusammen mit einer Reihe von anderen Luftfahrtexperten über Dänemark und Schweden nach Argentinien aus. Juan Perón, damaliger Präsident von Argentinien, ließ die Konstrukteure an mehreren Rüstungsprojekten arbeiten. In Anlehnung an die Focke-Wulf Ta 183 entwickelte die Gruppe um Tank in Córdoba den Strahljäger FMA I.Ae. S. 33 *Pul-*

[326] https://de.wikipedia.org/wiki/Rodolfo_Freude
[327] https://de.wikipedia.org/wiki/Werner_Baumbach

qui II und war in Falda del Cármen an einem Projekt für Feststoffraketen beteiligt.“[328]

Von seinem Strahljäger wurden in Argentinien nur fünf Stück gebaut. „Tank setzte daraufhin 1956 seine Arbeit in Indien fort, wo er 1959 bei Hindustan Aircraft (ab 1964 Hindustan Aeronautics) in Bangalore Chefkonstrukteur wurde. Er entwickelte dort einen Jagdbomber, die Hindustan Aeronautics HF 24.“[329]

Von dieser Maschine wurden dann 129 Exemplare gebaut und der Flieger bewährte sich sogar im Krieg mit Bangladesch.

Aber zurück zu jenen Kreisen, die eine Fluchthilfe tatsächlich benötigten. Diese mussten in der Regel erst einmal oder sogar dauerhaft untertauchen. Es kamen ja zudem reihenweise „Habenichtse“ und auch gesuchte Kriegsverbrecher, deren Aufenthalt – sofern dieser irgendwie bekannt werden würde – nichts als Ärger und diplomatische Belastungen erwarten ließ.

Warum also sollte sich Perón das antun? Mag sein, dass er Sympathien für Mussolini und Hitler hatte, aber die waren beide tot und klopften nicht an seine Tür. Da klopfte die dritte Reihe des Dritten Reiches an und wollte und durfte rein.

Der Verdacht liegt doch nahe, dass das „Eintrittsgeld“ für diese Leute vorher gezahlt wurde! Nicht 1943, da glaubte man noch an den Endsieg, und Perón hatte noch gar keine

328 https://de.wikipedia.org/wiki/Kurt_Tank
329 https://de.wikipedia.org/wiki/Kurt_Tank

„richtige" Karriere gemacht! Sondern 1945, denn auch ein Präsidentschaftswahlkampf in Argentinien kostet Geld, viel Geld sogar. Auch neue Gewerkschaften gründet man nicht mit nichts in der Hand.

Perón muss im Zeitraum der zweiten Jahreshälfte 1945 über beträchtliche Geldmittel verfügt haben! Dieses Geld muss irgendwo hergekommen sein und wenn es keine argentinischen Pesos waren, dann waren es vielleicht britische Pfund Sterling. Zur Verfügung gestellt mit freundlichen Grüßen aus dem untergegangen Dritten Reich. Das schönste daran war jedoch, die Finanzierung brauchte nicht nachvollziehbar über Konten zu laufen, die Geldboten hatten alles in bar dabei!

Peróns politisches Programm, die Zerschlagung der Gewerkschaften und deren Überführung in neue Organisationsformen, die soziale Besserstellung der Arbeiter, der Fünfjahresplan und der dritte Weg zwischen Kapitalismus und Kommunismus, all das kennt man doch von irgendwo her! Es ist doch offensichtlich, dass hier zumindest die bewährten Instrumente eines Staates übernommen wurden, der nicht an den sozialen oder wirtschaftlichen Folgen seiner Politik und damit im Inneren gescheitert war, sondern dem vom außen das Licht ausgeblasen wurde!

Wir erinnern uns, die USA haben den Präsidentschaftswahlkampf Peróns massiv torpediert, waren aber letztlich gescheitert, da es gelang, die öffentliche Meinung in Argentinien (mit viel Geld!) auf Anti-USA-Kurs zu bringen.

Zum Ende der ersten Ära Perón, nach zwei erfolgreichen Präsidentschaftswahlen („Perón gewann die entscheidende Wahl am 23. September 1973 mit über 60 % der Stimmen. Im Oktober 1973 wurde er zum dritten Mal nach 1946 und

1951 zum Präsidenten ernannt.“),[330] hieß es, er sei im eigenen Land durch die katholische Kirche, durch die Großgrundbesitzer (als wirkliche Oberschicht, der er eben nicht angehörte!) und durch das Militär, hier hauptsächlich durch die Marine, zum Sturz gebracht worden. Sicher zutreffend, aber die Fäden haben auch hier andere gesponnen.

„Die neue Regierung Argentiniens hat mit dem Erbe Peróns, sowohl auf politischem wie auf wirtschaftlichem Gebiet, radikal gebrochen. Ihre wichtigste politische Maßnahme war neben dem Verbot der Peronistischen Partei dic Außerkraftsetzung der Verfassung von 1949, die eine sofortige Wiederwahl des Präsidenten ermöglichte und die wirtschaftlichen Nationalisierungsbestrebungen begünstigte… Am 30.12.1958 stellte die Regierung einen Plan zur Stabilisierung der Wirtschaft auf, der sich vornehmlich auf nordamerikanische Hilfsmaßnahmen und einen Kredit des Internationalen Währungsfonds stützt.“[331]

Aber nur auf Perón wollte man sich um 1943 seitens der Deutschen angeblich nicht verlassen. Was jetzt kommt grenzt zugegebenermaßen an Verschwörungstheorie vom Feinsten, aber daran ist der Österreichische Rundfunk (ORF) und die Berichterstattung der argentinischen Zeitung „Clarin“ schuld. Wobei die folgende Story im ersten Teil vielleicht sogar echt ist, man kann manchmal sein Recherchеglück gar nicht fassen.

---

[330] https://de.wikipedia.org/wiki/Juan_Perón

[331] „Ibero-Amerika“, Ibero - Amerika Verein Hamburg, Übersee-Verlag GmbH Hamburg, 4. Auflage 1960, Seite 131

Für die hier insgesamt aufgestellten Thesen ist die Geschichte völlig unerheblich, aber sie ist einfach zu gut, um sie zu unterschlagen. Unter der Überschrift „Bau dürfte ungefähr 75 Jahre alt sein", meldet der ORF 2015, argentinische Archäologen sind in einem Naturpark im Nordosten Argentiniens „auf einen Gebäudekomplex gestoßen, der höchstwahrscheinlich als Versteck für flüchtige Größen der Nationalsozialisten gedacht war."

„Der Fundort liegt laut der argentinischen Tageszeitung „Clarin" etwa 1.000 Kilometer nördlich der Landeshauptstadt Buenos Aires in einem Waldgebiet im Naturpark Teyu Cuare (Provinz Misiones). Nicht nur die versteckte Lage, auch die Bauweise sei für die Region absolut untypisch. Die großen Fragen lauteten nun: „Was waren diese Gebäude einmal? Wer baute sie? Wofür?" Derzeit deute alles darauf hin, dass die Anlage tatsächlich als Versteck für flüchtige Nazis gedacht war, schrieb das Blatt unter Berufung auf das Zentrum für Stadtarchäologie (CAU) am Wochenende.

In den drei entdeckten Gebäuden seien deutsche Münzen aus den Jahren 1938 und 1941 gefunden worden, sagte der Leiter des Archäologenteams der Universität Buenos Aires, Daniel Schavazelon. Außerdem seien die Forscher auf Reste von Meißner Porzellan bzw. Scherben mit dem Aufdruck „Made in Germany" gestoßen. Die Datierung des Baus auf Anfang der 1940er Jahre und die deutschen Fundstücke seien kein zwingender Beweis für ein Nazi-Projekt, räumte Schavelzon ein."

Unter der Zwischenüberschrift „Absolut untypisch für die Region" kommt es aber dann beim ORF noch „dicker", denn plötzlich geht es nicht nur um die drei entdeckten

Gebäude, sondern gleich um eine ganze Infrastruktur von Nazi-Bauten, die offenbar über das gesamte Land verteilt sein sollen:

„Es gebe allerdings praktisch keine andere Erklärung für einen derart kostspieligen Bau in einem damals unzugänglichen Ort, noch dazu mit Materialien, die nicht der lokalen Architektur entsprächen. Laut „Clarin“ führt der Weg zu den rätselhaften Bauten vom Eingang des heutigen Naturparks durch unwegsames Gelände.

Offenbar hätten die Nationalsozialisten während des Zweiten Weltkriegs ein geheimes Projekt, für den Fall einer Niederlage Zufluchtsstätten für ihre Anführer zu bauen, verfolgt, sagte Schavelzon der in Buenos Aires erscheinenden Zeitung. Diese Verstecke seien in abgelegenen Gegenden gebaut worden, „an unerreichbaren Orten, mitten in Wüsten, Gebirgen, an einer Klippe oder wie hier mitten im Dschungel“. Nach Angaben des Forschers wurden die Gebäude nie benutzt – möglicherweise, da es für flüchtige Nazi-Größen in der Zeit nach dem Zweiten Weltkrieg in Argentinien recht einfach gewesen sei, im „normalen“ Stadtleben unterzutauchen.“[332]

Nur gut, dass man neben den Münzen und dem Porzellan nicht auch noch den – womöglich benutzen – Hundefressnapf von Hitlers Schäferhündin Blondi fand (da gibt es wirklich einen Wikipedia-Eintrag mit Todesdatum! Leider fehlt das Geburtsdatum),[333] gar nicht auszudenken, wohin die Spekulationen noch ins Kraut geschossen wären!

---

[332] https://orf.at/v2/stories/2270208/2270209/

[333] https://de.wikipedia.org/wiki/Blondi

In einer Veröffentlichung des Ibero-Amerikanischen Instituts aus 2010, sozusagen einer fachkundigen Stelle, lesen wir in einem Beitrag von Oliver Gliech, „Die deutsch-argentinischen Militärbeziehungen (1900-1945)“, folgende interessante Darstellung:

„Dass sich Argentinien seit 1945 in ein Refugium Tausender deutscher Kriegsverbrecher und unzähliger führender Nationalsozialisten verwandelt habe, ist ein weit verbreiteter Topos der politischen Mythografie, der sich, obwohl von seriösen Historikern wie Meding, Newton, Stanley und Schneppen längst widerlegt, eine gewisse Vitalität bewahrt hat. Nur eine vergleichsweise kleine Zahl führender argentinischer Offiziere bewahrte ihre Sympathien für das „Dritte Reich" auch über seinen Untergang hinaus und half NS-Verbrechern wie Adolf Eichmann dabei, in Argentinien unterzutauchen. Es gab jedoch weder mächtige NS-freundliche Fluchtorganisationen – wie das ominöse Netzwerk „Odessa" – noch einen starken, in Argentinien ansässigen nationalsozialistischen Untergrund („Viertes Reich"), weder bedeutende geheime Finanztransfers faschistischer Verschwörer noch den U-Boot-Transport von brauner Prominenz zu argentinischen Gestaden.“[334]

Er kommt damit der Wahrheit näher, als er ahnt. Es waren in der Tat keine Tausenden von Kriegsverbrecher und unzählige führende Nationalsozialisten, die den Weg nach Argentinien suchten und fanden. Der Kern der „Wissenden“ umfasste vermutlich nicht einmal ein Dutzend Perso-

[334] Peter Birle (Hrsg.) „Die Beziehungen zwischen Deutschland und Argentinien“. B I B L I O T H E C A I B E R O –
A M E R I C A N A, Veröffentlichungen des Ibero-Amerikanischen Instituts, Preußischer Kulturbesitz, Band 135, 2010, Oliver Gliech „Die deutsch-argentinischen Militärbeziehungen (1900-1945)“, Seite 98

nen. Die Zahl der Eingeschleusten dürfte tatsächlich bei wenigen Hundert liegen. Auch ODESSA gab es nicht und einen Untergrund im eigentlichen Sinne auch nicht, man agierte ja fast auf Regierungsebene!

Der zuvor von Oliver Gliech genannte Historiker Holger M. Meding bestätigt unter anderem in einem Spiegel-Interview im Jahre 1998 den Sachverhalt, nach dem Kriege bis etwa 1955 seien zwar tausende Deutschstämmige nach Argentinien ausgewandert, hierbei habe es sich aber eher um Wirtschaftsflüchtlinge gehandelt. Ehemalige Soldaten mit ungewisser Zukunft, Volksdeutsche aus Gebieten, die von den Sowjets besetzt wurden, und durchaus auch ehemaligen Angehörigen der SS, weil diese in Nürnberg zu einer verbrecherischen Organisation erklärt worden sei. NS-Kriegsverbrecher nach der juristischen Definition „waren es allerhöchstens 50, wahrscheinlich nur drei Dutzend."

Im gleichen Interview befindet sich Meding gleichwohl auf dem Holzweg: „Deutsche Unternehmen am Río de la Plata mußten ja auch während des Krieges ihre Angestellten bezahlen. Deutsche Banken in Buenos Aires besorgten die Gelder. In einem neutralen Staat wie Argentinien war das nicht nur legal, sondern auch legitim. Aber ob es sich, wie etwa von den Amerikanern seit 50 Jahren behauptet, um Fluchtgelder in riesigen Größenordnungen handelte, will ich stark bezweifeln."[335]

Wie wir den Originalgeschäftsberichten entnehmen konnten, zahlten Deutsche Banken in Argentinien schon wäh-

[335] Der Spiegel, „Den Namen Argentinien entlasten", Ausgabe 16/1998 vom 13.04.1998

rend des Kriegs deshalb nichts aus, weil die Geschäftstätigkeiten zum Erliegen gekommen waren. Welche „Gelder“ in welcher Währung (!) haben denn Deutsche Banken in Buenos Aires woher besorgt? Man wird ja mal fragen dürfen?

Interessant sind auch die amerikanischen Behauptungen von Fluchtgeldern in „riesigen Größenordnungen“. Wann wurden die denn bereitgestellt und wer wollte denn damit flüchten? Die Reichsregierung etwa? Als alle ohnehin noch an die Siegwaffen und den Endsieg glaubten, verschob die Führung des Dritten Reiches „Gelder“ in welcher Währung auch immer nach Argentinien? Ehrlich? Adolf Hitler und Heinrich Himmler auf einer Hazienda am Rio Plata? Man wundert sich wirklich, was Historiker so alles raushauen. Es geht aber noch besser:

„Deutsche Unternehmen am Rio de la Plata mussten ja auch während des Krieges ihre Angestellten bezahlen.“ In Reichsmark? Hallo Herr Historiker! Die Unternehmen haben in Landeswährung gehandelt und bezahlt, auch die eigenen Angestellten! Argentinische Pesos!!!

Selbst heutzutage überweist doch zum Beispiel McDonald‘s die Gehälter in Deutschland nicht in US-Dollar. Es wäre wohl auch etwas unsinnig, die vereinnahmten Euro in Dollar zu tauschen um damit Angestellte zu bezahlen, die ihrerseits dann in Euro tauschen, um im eigenen Restaurant überhaupt bezahlen zu können.

Und dabei ist der Mann vom Fach: „Holger M. Meding studierte von 1982 bis 1988 Mittlere und Neuere Geschichte, Romanistik und Mittellateinische Philologie an der Universität zu Köln und an der Universidad de Sevilla.

1991 wurde er promoviert und anschließend zum Wissenschaftlichen Mitarbeiter in der Iberischen und Lateinamerikanischen Abteilung des Historischen Seminars an der Universität zu Köln ernannt. 1992 erhielt er den Preis der Deutschen Ibero-Amerika-Stiftung (Hamburg). Zwischen 1997 und 1999 übernahm Meding in der Untersuchungskommission der argentinischen Regierung zur Aufklärung von NS-Aktivitäten in Argentinien CEANA (Comisión para el Esclarecimiento de las Actividades del Nazismo en la Argentina) die Leitung der Mitteleuropasektion. 2001 erfolgte die Habilitation an der Universität zu Köln und 2009 die Ernennung zum apl. Professor. Seit 2014 ist Meding stellvertretender Geschäftsführender Direktor des Historischen Instituts.

Seine Forschungsschwerpunkte sind die deutsch-lateinamerikanischen Beziehungen, Geheimdienste in Lateinamerika, Migrationsgeschichte sowie Staats- und Nationsbildung. Im Rahmen der Unabhängigen Historikerkommission zur Erforschung der Geschichte des Bundesnachrichtendienstes arbeitet er seit 2013 zu den Aktivitäten des Bundesnachrichtendienstes in Lateinamerika."[336]

Es soll Historiker geben, die arbeiten weniger an der Geschichte als vielmehr an einem Geschichtsbild. Erinnert sei nur an die Historikerkommission über die Opferzahlen der Luftangriffe auf Dresden 1945, geliefert wie bestellt, möchte man fast meinen.

Vielleicht nur Zufall, aber der Spiegel überschrieb sein Interview mit dem Historiker Meding mit dem Titel: „Den

[336] https://de.wikipedia.org/wiki/Holger_M._Meding

Namen Argentinien entlasten". Das klingt nicht nach Erkenntnis, sondern nach Auftrag …

Oliver Gliech hat aber nicht unrecht: Bedeutende geheime Finanztransfers, also Gelder, die über irgendwelche Konten (!) verschoben wurden, gab es nicht. Und die U-Boote, die Argentinien nach Kriegsende erreichten, hatten tatsächlich keinen Gauleiter an Bord, sondern deren Mannschaften hofften auf Asyl. Nur hat sich der Autor offenbar nie die Frage gestellt, weshalb denn Personen wie Eichmann überhaupt (!) geholfen wurde. Vermutlich hat er in seinem Institutselfenbeinturm auch noch nie etwas von der Aktion Bernhard gehört.

Und auch die Amerikaner saugen sich ja nicht immer und alles aus den Fingern, wenn auch oft genug. Von welchen „Fluchtgelder in riesigen Größenordnungen" wird denn also schwadroniert, wenn deutsche amtlich bestallte Historiker doch alles ins Reich der Fantasie verweisen? Der Begriff „Fluchtgeld" ist ja nicht einmal verkehrt. Nur Fluchtgeld kommt nicht von verflüchtigen. Ganz im Gegenteil, das Geld löst sich ja nicht in Luft auf, es wurde ja etwas damit „gemacht", es ist ja irgendwo verblieben.

Es muss doch bedeutende, unerklärliche Kapitalmarktbewegungen gegeben haben, sonst würden die Amis eine solche Behauptung doch gar nicht aufstellen. Es wäre doch der reinste Schwachsinn, auch noch von „riesigen Größenordnungen" zu sprechen, wo doch alles erklärbar, nachvollziehbar und transparent ist. Dem ist ja offenbar nicht so, oder sitzen die Verschwörungstheoretiker jetzt im Weißen Haus?

Bedeutende geheime Finanztransfers gab es ebenso wenig wie nicht geheime bedeutende Finanztransfers, alleine schon deshalb, weil dies für das Dritte Reich gar keinen Sinn gemacht hätte. An irgendwelchen *Schlüsselfirmen* fehlte es auch. Und man kam nicht per U-Boot, sondern per Schiff aus Spanien oder sogar mit dem Flugzeug. Das Geld, das transferiert wurde, floss nicht offiziell und nicht geheim über Konten, es fand seinen Weg als Bargeld in Form von Devisen! Noch mal: Die Reichsmark war vor Ort völlig wertlos! Das (erstklassig gefälschte) Pfund Sterling hingegen Gold wert!

Wenn also „Gelder in riesigen Größenordnungen", erst mit Ende des Krieges in Form von gefälschten Devisen nach Südamerika gelangten und eben nicht vor oder im Zweiten Weltkrieg Gelder aus dem Deutschen Reich nach Argentinien transferiert wurden, dann wollen wir uns die Sachverständigen für die zweite genannte Feststellung doch noch mal anschauen:

„Das Ibero-Amerikanische Institut Preußischer Kulturbesitz (IAI) in Berlin ist ein interdisziplinär orientiertes Zentrum des wissenschaftlichen und kulturellen Austauschs mit Lateinamerika, der Karibik, Spanien und Portugal und die größte außeruniversitäre Forschungseinrichtung für den ibero-amerikanischen Kulturraum außerhalb Lateinamerikas. Die spanische Namensform lautet *Instituto Ibero-Americano Patrimonio Cultural Prusiano*. Das IAI liegt am Kulturforum Berlin nahe dem Potsdamer Platz und ist eine Einrichtung der Stiftung Preußischer Kulturbesitz."[337]

---

[337] https://de.wikipedia.org/wiki/Ibero-Amerikanisches_Institut

So weit, so schön. Schauen wir mal sicherheitshalber nach der Stiftung Preußischer Kulturbesitz:

„Die Stiftung Preußischer Kulturbesitz (SPK) ist eine dem deutschen Kulturstaatsminister unterstehende Stiftung des öffentlichen Rechts mit Sitz in Berlin. Die vom Bund und den Ländern getragene Stiftung zählt zu den größten Kultureinrichtungen weltweit. Die Hauptverwaltung mit einem Präsidenten an der Spitze hat ihren Sitz im Ortsteil Tiergarten des Bezirks Mitte. Zur Stiftung gehören fünf Einrichtungen mit einer Vielzahl von einzelnen Standorten in Berlin."[338]

Noch schöner und offizieller geht es fast gar nicht. Jetzt darf man ja gespannt sein, was angesichts der Erkenntnisse des Ibero-Amerikanischen Instituts hinsichtlich Finanztransfers aus Deutschland nach Argentinien passiert, wenn es gilt, die Ansprüche des Simon-Wiesenthal-Centers (SWC) abzuschmettern? Die Verteidigung hat keine weiteren Fragen an die Zeugen …

Dem ehemalige SS-Standartenführer Léon Joseph Marie Ignace Degrelle (alias José León Ramírez Reina), Führer der belgischen Rexisten, gelang es am 7. Mai 1945 per Flugzeug (!) von Norwegen nach Spanien zu fliehen. Degrelle soll in Spanien nach Kriegsende auch als Kontaktmann für „Durchreisende" Richtung Argentinien gewirkt haben. Offenbar konnte man als „Fluchthelfer" ganz gut leben, wobei die Flüchtlinge selber in der Regel gar

---

338 https://de.wikipedia.org/wiki/Stiftung_Preußischer_Kulturbesitz

keine oder nur geringe finanzielle Mittel hatten. Die Gelder für Kosten und „Prämien" müssen also aus anderer Quelle geflossen sein.

„An der Costa del Sol betrieb er Immobiliengeschäfte, eine Wäschereikette und einen Import-Export-Handel. Er lebte auch nach der Transición bis zu seinem Tod 1994 „ungestört und wohlhabend" in Madrid und Málaga …"[339]

Wenn man sich fragt, weshalb eigentlich der Belgier Degrelle von Norwegen nach Spanien fliehen muss, dann hilft es weiter, sich vor Augen zu halten, weshalb so viele Europäer freiwillig (!) an der Seite der deutschen Wehrmacht standen. Es einte sie der gemeinsame Kampf gegen den ganz Europa bedrohenden Bolschewismus. Degrelle drückt es so aus:

„Und wir wenigen europäischen Idealisten wollten sie aufhalten? Stalins Rote Armee rollte auf 490.000 Lastkraftwagen, die Roosevelt seinem bolschewistischen Verbündeten geschenkt hatte (während für die gleichzeitige westliche Invasion den europäischen Festlandes nur 420.000 zur Verfügung standen), dazu 23.000 Flugzeuge, 10.000 Panzer, 2.000 Lokomotiven, 11.000 Waggons usw., usf. Und trotzdem kamen sie nicht in vierzehn Tagen nach Paris. Sie kamen überhaupt nicht dorthin, weil sich ihnen Hitlers einzigartige Wehrmacht mit ihren 600.000 europäischen Freiwilligen aus fast sämtlichen Ländern des alten Konti-

[339] https://de.wikipedia.org/wiki/Léon_Degrelle

nents 900 Tage lang zwischen *Stalingrad* und Berlin in erbitterten Kämpfen entgegenwarf."[340]

In den letzten Tages des Krieges versuchte Degrelle in Schleswig-Holstein Kontakt zu Heinrich Himmler aufzunehmen, verpasste ihn mehrfach, um ihn dann aber doch in Malente ein letztes Mal kurz zu sprechen.

„Er war liebenswürdig wie immer. Ich bewunderte seine Kaltblütigkeit in diesen doch besonders für ihn entsetzlich schweren Tagen des Dritten Reiches. Ich solle - so sein Ratschlag, da man ja nach Hitlers Tod nicht mehr von Weisungen oder Befehlen sprechen könne - versuchen, nach Dänemark zu gelangen, um dort die Reste meiner Division zu sammeln.

Da gab es nichts mehr zu sammeln. Am 4. Mai gelangte ich nach Kopenhagen, wo die Engländer am 5. Mai landeten. Ich entwischte ihnen nur um Haaresbreite. Mit einem der letzten Minenräumboote kamen wir durch den minenverseuchten Skagerrak nach Norwegen. Am 7. Mai wurde die Kapitulation der Deutschen Wehrmacht in Reims unterschrieben. Der Krieg war aus. Auch für mich. Ehe die Alliierten am nächsten Morgen landeten, flog ich mit dem zweimotorigen Heinkel-Fernaufklärer, den Speer mit kompletter Besatzung und Kraftstoff für 2150 km stehengelassen hatte davon. Mein Ziel, die spanisch-französische Grenze, lag 2.300 km entfernt…

Schon zwischen den Küsten Englands und des europäischen Festlands gerieten wir in heftiges Flakfeuer… In

[340] Leon Degrelle, „Denn der Hass stirbt…", Universitas Verlag in F. A. Herbig Verlagsbuchhandlung GmbH München, 1992, Seite 277

Paris, das wir gegen drei Uhr morgens überflogen, wurde der Sieg gefeiert. Niemand nahm von uns Kenntnis. Wir wollten auch niemanden etwas zuleide tun, obwohl wir bewaffnet waren. Wir wollten die Freiheit. Noch ehe der Morgen dämmerte, begannen die Motoren unserer Heinkel zu bocken. Der Kraftstoff ging zur Neige. Wir fürchteten schon, in der Dunkelheit über das offene Meer geraten zu sein. Aber dann entdeckte ich unter unseren Flügeln die glitzernden Fluten der Gironde. Von Bordeaux waren es nur noch etwa 200 km Luftlinie bis zur spanischen Grenze. Unser Kraftstoff hätte jetzt eigentlich schon zu Ende sein müssen. Wir verloren an Höhe. Wir beschlossen, falls wir notlanden müssten, ehe das Ziel erreicht war, unser Leben so teuer wie möglich zu verkaufen. Wir starrten wie fasziniert auf den Kraftstoffmesser. Sein Zeiger hatte schon längst die rote Warnmarke überschritten. Aber es war wie so oft auch im Auto. Er zeigte nicht ganz richtig an. Er irrte sich – zu unseren Gunsten.

Jetzt griff der Flugzeugführer zu einem in solchen Notfällen beliebten Trick. Er ging im Sturzflug herunter, um die letzten Tropfen Sprit aus den Tanks in die Motoren zu pressen. Da entdeckte ich im ersten fahlen Dämmerlicht unter uns einige mit roten Ziegeln gedeckte große Dächer. Das war San Sebastian, der große Badeort an der Biskaya, gegenüber von Biarritz, - auf der spanischen Seite der Pyrenäengrenze. Hier regierte schon Franco. Den feindlichen Häschern waren wir entgangen. Aber gerettet waren wir noch nicht Wir mussten ja erst landen.

Ein neuer Glücksfall. Es war Ebbe. Den Kai entlang zog sich ein 20 Meter breiter Sandstreifen. Wir setzten auf. Aber ein riesiger Felsen versperrte uns die improvisierte

Landebahn. Der Flugzeugführer zog das Fahrgestell ein, um mit dem ganzen Rumpf der Maschine zu bremsen. Es riß unser Flugzeug auseinander. Ich sah einen der Motoren mit einem Feuerschweif wie ein Komet davonfliegen. Der Rest raste ins Meer. Uns stand das Wasser buchstäblich bis zum Hals. Aber wir lebten! Wie schön ist das Leben!“[341]

Dieser etwas längere Auszug aus den Erinnerungen von Léon Degrelle veranschaulicht, dass es möglich war, auch in den allerletzten Tagen des Krieges quer über den Kontinent zu fliegen. Dabei waren gegnerische Jagdflieger weit und breit nicht in Sicht. Er zeigt auch auf, es standen Fluchtflugzeuge unterschiedlicher Größen und Typen voll betankt zur Verfügung und Spanien galt als vorrangiges Ziel, weil man sich in dem Land unter Franco, vorerst zumindest, sicher fühlen würde. Man wollte „die Freiheit“ und man wollte leben!

Und das wollten in den letzten Kriegstagen auch andere, zum Beispiel am 4. Mai 1945 eine Person in der Festungsstadt Breslau: „Der letzte Besucher war Gauleiter Hanke, der nach einer missglückten Drohung wegen der Kapitulationsabsichten um Rat und Hilfe für seinen nunmehrigen persönlichen Weg bat. Er wolle leben!“[342]

Diesen Überlebenswillen hatte mit Sicherheit auch Dr. Hans Kammler. Nur dieser war in den letzten zehn Tagen

---

[341] Leon Degrelle, „Denn der Hass stirbt…“, Universitas Verlag in F. A. Herbig Verlagsbuchhandlung GmbH München, 1992, Seite 300 ff.
[342] v. Ahlfen / Niehoff, „So kämpfte Breslau“, Lizenzausgabe Motorbuch Verlag Stuttgart, 1976, Gräfe und Unzer Verlag München, Seite 109

vor dem 4./5. Mai 1945 weder auf der ständigen Flucht vor seinen Häschern noch saß er in einer umzingelten Festungsstadt fest. Ganz im Gegenteil, seit dem 24. April saß Kammler in seiner Dienstvilla in Ebensee und hatte damit die Gelegenheit, seine Flucht, die längst geplant und vorbereitet war, noch ein letztes Mal in allen Einzelheiten durchzugehen und dann auch organisiert durchzuführen.

Beim Sicherheitsdienst des Reichsführer SS (SD) denkt man immer an eine Art Leibgarde für Heinrich Himmler, aber genau das war er eben nicht. Zur Erinnerung: Das Amt VI des Sicherheitsdienstes war der Geheimdienst, in dem 1944 die gesamte Auslandsaufklärung des Dritten Reiches integriert wurde. Wer, wenn nicht dieser Dienst war prädestiniert, die Flucht von so zahlreichen SS-Angehörigen logistisch zu bewerkstelligen!

Der SD, nur der SD, verfügte bei Kriegsende und darüber hinaus (!) über die notwendigen logistischen und finanziellen Mittel, um ein derartiges Nachkriegsprogramm durchzuziehen. Die Millionensummen, die dafür nötig waren, müssen in Form von Devisen verfügbar gewesen sein! Devisen, in Form einer Währung, die überall auf der Welt akzeptiert werden würde. Da gab es 1945 nicht viel Auswahl, da gab es nur Dollar und Pfund Sterling!

Es reichte aber nicht, wenn die Gelder auf irgendwelchen Konten lagen. Hier wären sie nutzlos gewesen, weil man den Auslandskonten des Dritten Reiches schnell auf die Spur gekommen wäre. Alleine aus diesem Grund war es notwendig, über entsprechende Bargeldbeträge zu verfügen, aber nicht in Reichsmark, sondern in der damals wertbeständigsten Währung überhaupt, dem britischen Pfund Sterling.

Den führenden Köpfen der SS war, wie den meisten Militärs auch, spätestens ab Mitte 1944 klar, dass eine Niederlage des Dritten Reiches nur noch durch ein Wunder vermieden werden konnte. Aber darauf wollte man sich nicht verlassen.

Somit hatte man Monate Zeit, selber an den wichtigsten Schaltern der Macht sitzend, das eigene Überleben zu planen und sicherzustellen. Es ist unglaubhaft, dieser Personenkreis hätte tatenlos einfach auf das Ende gewartet. Im Gegenteil, man hat alle Hebel in Bewegung gesetzt, um den eigenen Kopf aus der Schlinge zu ziehen.

Die SS und damit auch ihr SD war eine verschworene und verschwiegene Einheit, eine Art Orden, und mit ihrem Selbstverständnis als Elite mit keiner anderen Institution des Dritten Reiches vergleichbar. Nicht mit der Wehrmacht, nicht mit irgendwelchen Ministerien, nicht einmal mit der NSDAP und auch nicht mit der inzwischen machtpolitisch völlig in der Bedeutungslosigkeit versunkenen SA.

Über Jahre hat die SS systematisch ihren Einfluss ausgebaut. Gegen Kriegsende hatte sie sämtliche wichtigen Rüstungsprogramme wie zum Beispiel V 1, V 2 und Me 262, den Geheimdienst und große Teile der Rüstungswirtschaft unter ihre Kontrolle gebracht. Sie war quasi zu einem Staat im Staate geworden.

Bei Kriegsende interessierte man sich nicht mehr für das Schicksal irgendwelcher Minister oder Wehrmachtsgeneräle, auch nicht für Raketen- oder Atomforscher. Man nutzte die verbliebenen Möglichkeiten, um sich selbst einen eleganten Abgang aus der Weltgeschichte zu verschaffen.

Kein normaler Mensch hätte das „echte" Falschgeld aus der Aktion Bernhard komplett im See versenkt. Alternativ hätte man es erneut irgendwo in einem der zahlreichen Stollen eingelagert, um es dann in der Nachkriegszeit zu bergen. Nur diese Vorgehensweise hätte einen Haken gehabt.

Als Auslandsnachrichtendienst wusste man zumindest in groben Zügen von einer ersten geplanten Nachkriegsordnung für das dann besetzte Deutsche Reich. Und Österreich würde nach Lage der Dinge für einen nicht vorhersehbaren Zeitraum von den Russen besetzt sein. Unter diesen Vorzeichen war an eine erneute Einlagerung und spätere Bergung nicht zu denken. Außerdem hatte man jetzt, unmittelbar bei und nach Kriegsende, Kapitalbedarf. Da nutzte ein vergrabener, noch so wertvoller Schatz rein gar nichts! Noch schlimmer: Im ungünstigsten Fall hatten die Blüten ein begrenztes Mindesthaltbarkeitsdatum. Was, wenn die Bank von England, aus welchem Grund auch immer, anfangen würde, neue Geldscheine in Umlauf zu bringen?

Zudem drohte der SS-Führung eine vielleicht langjährige Inhaftierung oder Schlimmeres, gerade seitens der Sowjets. Insofern waren Gedankenspiele in Richtung Umlagerung mit Sicherheit nicht lange von Bestand. Man hatte jetzt Zugriff auf das Geld und man musste handeln, solange man im Vorteil war.

Und kein normaler Mensch hätte in einer solchen Situation, in der die SS-Führung nun mal war, ein bereitstehendes Langstreckenflugzeug nicht genutzt, wenn er denn die Gelegenheit hierzu gehabt hätte!

Man darf davon ausgehen, dass nur extrem wenige Menschen in diese Fluchtunternehmung eingebunden waren.

Die Personen, die nur auf Veranlassung einen ganz kleinen Baustein zum Gelingen des Ganzen lieferten, wussten zum Hintergrund ihres eigen Handels gar nichts.

Heinz Schürmann wusste nichts von den tatsächlichen Fluchtplänen Kammlers, er hat einfach einen Auftrag ausgeführt. Der Luftwaffenoffizier (oder der SS-Offizier, in Uniform der deutschen Luftwaffe), der den mündlichen Flugbefehl weisungsgemäß überbrachte, hatte keine Ahnung, wozu der Befehl letztlich wirklich dienen sollte.

Der Kronzeuge Himmler war ohnehin tot. Involviert gewesen sein dürfte aber zum Beispiel Walter Schellenberg, der Leiter der vereinigten Geheimdienste.

„Auch bei den Verhandlungen über den Freikauf von Juden durch Devisen soll Schellenberg beteiligt gewesen sein. Darüber hinaus plante und führte er das Fluchthilfeunternehmen „Rattenlinie" durch, das noch nach der Kapitulation aktiv blieb und einigen hundert hohen nationalsozialistischen Funktionären Leben und Freiheit sicherte. Auch organisierte er die Einrichtung einer Geldfälscherwerkstatt im KZ Sachsenhausen zum Druck englischer Banknoten zur Destabilisierung des englischen Finanzmarktes. 1944, nach der Amtsenthebung seines Rivalen, dem am militärischen Widerstand beteiligten Wilhelm Canaris (1887-1945) übernahm er auch dessen „Abwehr“, den militärischen Nachrichtendienst der Wehrmacht als eigenes „Amt Mil“ in das RSHA, nun als SS-Brigadeführer.

Im April 1945 räumte das RSHA seine Büros in der Berliner Prinz-Albrecht-Straße 8. Schellenberg und weitere Mitarbeiter zogen sich nach Flensburg zurück, um in der

Reichsregierung Karl Dönitz (1891-1980) weiterzuarbeiten. Bereits am 5.5.1945 wurde Schellenberg nach Schweden befohlen, um Verhandlungen über den Abzug der deutschen Besatzungsarmee aus Norwegen und ihre Internierung in Schweden zu führen. Die Gesamtkapitulation am 8.5.1945 beendete sein Mandat jedoch noch vor Verhandlungsbeginn.

Bis Juni 1945 blieb Schellenberg in Schweden, wohnte bei Graf Folke Bernadotte (1895-1948), dem damaligen Vizepräsidenten des Schwedischen Roten Kreuzes, und stellte sich schließlich dem amerikanischen Militärattaché. Am 11.4.1949 verurteilte ihn das amerikanische Militärgericht in Nürnberg im Wilhelmstraßenprozess zu sechs Jahren Haft. Die geringe Haftstrafe erwirkte er durch Kooperation mit den alliierten Geheimdiensten. Jedoch behauptete er weiterhin, dass der SD-Ausland als politischer Geheimdienst des Reiches nur im Ausland gearbeitet habe und ein reiner Informationsdienst gewesen sei. Bereits im Dezember 1950 wurde er aus gesundheitlichen Gründen begnadigt. Seitdem lebte er in Pallanza (Italien, Region Piemont). Während seiner zweijährigen Haftzeit schrieb er seine Memoiren („Das Labyrinth"). 1951 soll er eine Reise nach Spanien unternommen haben, mit dem Zweck neue Verbindungen zu den Kreisen geflüchteter SS-Führer zu knüpfen.

Schellenberg erlag am 31.3.1952 in Turin einem Leberleiden. Seine Ehen blieben kinderlos."[343]

---

[343] Holzer, Roland, Walter Friedrich Schellenberg, in: Internetportal Rheinische Geschichte, abgerufen unter: http://www.rheinische-geschichte.lvr.de/Persoenlichkeiten/walter-friedrich-schellenberg/DE-2086/lido/57c94666748638.68144368

Aha, ein geplantes Fluchthilfeunternehmen, das noch nach der Kapitulation (!) aktiv blieb und einigen hundert hohen nationalsozialistischen Funktionären Leben und Freiheit sicherte! Ein Fluchtunternehmen welches demnach vorher (!) geplant war und finanziell extrem gut ausgestattet gewesen sein muss, wenn es einigen hundert Funktionären Leben und Freiheit sicherte! „Auch organisierte er die Einrichtung einer Geldfälscherwerkstatt im KZ Sachsenhausen zum Druck englischer Banknoten zur Destabilisierung des englischen Finanzmarktes."

So ist es, aber offenbar hat noch niemand eins und eins zusammengezählt! Und die Autoren sind soweit bekannt weder verwandt noch verschwägert.

Als der SD-Chef Walter Schellenberg Ende April 1945 bei Dönitz in Plön und dann Anfang Mai in Flensburg war, lag der weitaus größte Teil der Falschgeldnoten aus dem Unternehmen Bernhard noch in Redl-Zipf im Stollen! Und den „Staatsschatz" der Reichsbank, inklusive der echten Devisenreserven, hatten die Amerikaner ja bereits Anfang April im Kalibergwerk „Merkers-Kaiseroda" in Thüringen erobert. Wie, wenn nicht aus den „Geldern" der Aktion Bernhard, soll denn das Fluchthilfeunternehmen über Jahre finanziert worden sein?

Für seine Kontaktversuche zu geflüchteten SS-Führern dürfte es Gründe gegeben haben. Er war nicht gerade auf Rosen gebettet.

„Nach 1945 lebte Schellenberg laut Angaben Klaus Harpprechts von den Tantiemen und Honorarvorschüssen für seine Autobiographie.“[344]

Schellenberg hatte finanzielle Probleme und war ein kranker Mann. Er hatte keine finanziellen Reserven, um in Spanien Kontakte zu ehemaligen SS-Führern herzustellen, dennoch verfügte er „plötzlich“ über Mittel um genau diesen Weg zu wählen. Aber nicht um mit diesen Personen in Kriegserinnerungen zu schwelgen, sondern weil er sich eine finanzielle Unterstützung oder Informationen erhoffte!

SS-Führer, die ins Ausland geflüchtet (!) waren, konnten aber bis 1951 noch keine Reichtümer ihr eigen nennen, es sei denn, sie hatten diese schon bei ihrer Flucht dabei!

Aber seine Kontaktversuche waren zum Scheitern verurteilt, weil Schellenberg sich als Zeuge zur Verfügung gestellt hatte.

„Im Juni 1945 wurde er inhaftiert, konnte jedoch durch seine Zeugenaussage beim Nürnberger Kriegsverbrecherprozess eine langjährige Haftstrafe vermeiden.“[345]

Damit hatte er den Ehrenkodex der SS durchbrochen. Es gab gar keine Veranlassung mehr, Schellenberg noch die helfende Hand zu reichen!

Und noch „schlimmer“: „Zudem soll er auch den britischen Geheimdienst beraten haben.“[346] Wobei diese „Beratung“ wohl eher auf Gegenseitigkeit beruhte. Schließlich

---

[344] https://de.wikipedia.org/wiki/Walter_Schellenberg_(SS-Mitglied)
[345] https://de.wikipedia.org/wiki/Walter_Schellenberg_(SS-Mitglied)
[346] https://de.wikipedia.org/wiki/Walter_Schellenberg_(SS-Mitglied)

wollte der britische Geheimdienst Schellenberg benutzen, um an die „Nachkriegs-SS“ im Ausland heranzukommen. Und dieses spezielle Interesse der Briten muss ja einen besonderen Grund gehabt haben! Die Briten suchten keine Kriegsverbrecher, sondern jene Kreise, die die Aktion Bernhard im Ausland dadurch fortsetzten, indem sie immer noch gefälschte Pfund-Sterling-Noten in den Geldkreislauf brachten! Walter Schellenberg hingegen fuhr zweigleisig.

Immerhin war Schellenberg der Ex-Auslandgeheimdienstchef des Deutschen Reiches, also auch Profi. SS-Offizier Otto Skorzeny beschreibt ihn nach dem Krieg so:

„Im Laufe der drei oder vier Gespräche, die ich mit ihm führte, hatte ich Gelegenheit festzustellen, dass er hochintelligent war. Und was seinen Ruf betrifft, den er bei den internationalen Nachrichtendiensten noch heute hat, kann ich nur sagen, dass dieser weltweit und größer ist als der von Canaris.“[347]

Die Überlegungen, sich mit der finanziellen Unterstützung seiner ehemaligen Kameraden aus den Klauen des britischen Geheimdienstes lösen zu können, waren mit Sicherheit nicht von Naivität geprägt, sondern Kalkül. Andersherum hätten ihm bei erfolgreicher Kontaktaufnahme auch bestimmte Informationen bei seinem bisherigen Geldgeber weiterhelfen können.

Ob der britische Geheimdienst dann, nachdem die Kontaktversuche über ihn zu den „Fälschern“ erfolglos blieben,

---

[347] Otto Skorzeny, „Meine Kommandounternehmen“, Limes Verlag Wiesbaden und München, 3. Auflage 1977, Seite 353

dem nun lästigen Zeugen Schellenberg bei seinem Leberleiden weiterhelfen konnte, bleibt natürlich Spekulation.

„Anfang der fünfziger Jahre fertigte der Chef des SD - Ausland beim RSHA, General Schellenberg, ein Manuskript für ein Buch, das sich mit den wichtigsten Geheimoperationen des RSHA befassen sollte.

Allerdings wurden nur jene Einsätze - stark zensiert - veröffentlicht, die sich gegen die westlichen Alliierten richteten... Viele bedeutende Persönlichkeiten im In- und Ausland, die eine peinliche Enttarnung befürchteten, konnten aufatmen, als vier Jahre nach Schellenbergs Tod seine frisierten Memoiren in Großbritannien erschienen. Auch die Angehörigen des KG 200 hielten sich meist auch in der Nachkriegszeit an ihre Schweigegelübde und nahmen ihre Informationen mit ins Grab.“[348]

Unter SS-Führer darf man sich sicher jenen Personenkreis vorstellen, der auch tatsächlich die Führung der SS innehatte. Wenn man hier den erweiterten Kreis aller SS-Angehörigen im Generalsrang unterstellt, was für „die Führung der SS“ gar nicht zutreffen würde, weil diese Generäle auch die rund eine Million Soldaten der Waffen SS im Feld führten, umfasst diese Liste 204 Personen. Schauen wir uns diesen Personenkreis mal näher an:

„Hinweise (Stand 2020): In dieser Liste sind/waren von den 204 Personen

- 33 wurden hingerichtet
- 30 begingen Suizid

---

[348] Friedrich Georg, „Verrat an der Ostfront“, Edition Grabert im Hohenrain-Verlag GmbH Tübingen, 2014, Seite 328 f.

- 48 waren in Haft
- 23 interniert
- 10 gefallen
- 12 in Kriegsgefangenschaft
- 6 verstorben (auch Unfall) bis 1946
- 3 ermordet
- 3 untergetaucht
- 1 vermisst
- 8 Personen ohne Wikipediabiografie
- 39 Personen lediglich im Ehrenrang der SS
- 42 Personen SS-Führer der Polizei
- 127 Personen in der Waffen-SS“[349]

„Paul Hausser, auch „Papa Hausser“, (* 7. Oktober 1880 in Brandenburg an der Havel; † 21. Dezember 1972 in Ludwigsburg) war Generalleutnant der Reichswehr und später SS-Oberst-Gruppenführer und Generaloberst der Waffen-SS. Damit war Hausser neben Sepp Dietrich der ranghöchste Offizier in der Waffen-SS… 1949 wurde er aus der Haft entlassen. Anklagen wurden trotz seines hohen Rangs in der SS nicht erhoben…“[350]

Josef „Sepp“ Dietrich – auch *Joseph Dietrich* – (* 28. Mai 1892 in Hawangen; † 21. April 1966 in Ludwigsburg) war zunächst Kommandeur der Leibwache Adolf Hitlers (Leibstandarte SS Adolf Hitler) sowie später SS-Oberst-Gruppenführer und Generaloberst der Waffen-SS. Damit war Dietrich neben Paul Hausser der ranghöchste Offizier in der Waffen-SS… Schon 1955 wurde er im Rahmen eines Bewährungsverfahrens begnadigt und im Oktober die-

[349] https://de.wikipedia.org/wiki/Liste_der_SS-Führer_im_Generalsrang
[350] https://de.wikipedia.org/wiki/Paul_Hausser

ses Jahres aus dem Kriegsverbrechergefängnis Landsberg entlassen,... Am 14. Mai 1957 wurde Dietrich wegen Beihilfe zum Totschlag zu einer Gefängnisstrafe von 18 Monaten verurteilt, von denen er sechs Monate von August 1958 bis Februar 1959 in der Justizvollzugsanstalt Landsberg verbüßte, ehe er wegen eines Herzleidens vorzeitig entlassen wurde..."[351]

Das Beispiel dieser beiden obersten Offiziere zeigt, dass die Generäle, die die Waffen-SS im Feld führten, sofern sie nicht persönlich erhebliche Verfehlungen begangen hatten, rein juristisch relativ wenig oder nichts zu befürchten hatten.

Die zweite Führungsebene direkt unter dem Reichsführer SS Heinrich Himmler, bestand aus zwölf Ämtern bzw. Dienststellen. Die Verantwortlichen SS-Offiziere waren:[352]

SS-Obergruppenführer und General der Waffen-SS Karl Wolff (Persönlicher Stab Reichsführer SS).

„Karl Friedrich Otto Wolff (* 13. Mai 1900 in Darmstadt; † 15. Juli 1984 in Rosenheim) war ein deutscher SS-Obergruppenführer und General der Waffen-SS. Er avancierte zum Chef des „persönlichen Stabes Reichsführer SS" und „Verbindungsoffizier der SS zu Hitler". Nach dem Krieg behauptete Wolff, von der Vernichtung der Juden erst 1945 erfahren zu haben. Am 30. September 1964 wur-

---

[351] https://de.wikipedia.org/wiki/Sepp_Dietrich

[352] Karl Wolff, „Mit Wissen Hitlers", Druffel & Vowinckel-Verlag e.K. Inning am Ammersee, 2008, Anhang

de er vom Landgericht München II wegen Beihilfe zum Mord in mindestens 300.000 Fällen (Deportationen in das Vernichtungslager Treblinka) zu 15 Jahren Haft verurteilt. 1969 wurde ihm Haftverschonung wegen Haftunfähigkeit gewährt."[353]

SS-Obergruppenführer Gottlob Berger (SS-Hauptamt).

„Gottlob Christian Berger (* 16. Juli 1896 in Gerstetten; † 5. Januar 1975 in Stuttgart) war im nationalsozialistischen Deutschen Reich Chef des SS-Hauptamtes, SS-Obergruppenführer und General der Waffen-SS. Nach Kriegsende wurde Berger im Wilhelmstraßen-Prozess zu einer Gefängnisstrafe von 25 Jahren verurteilt, 1951 jedoch vorzeitig entlassen."[354]

SS-Obergruppenführer und General der Waffen-SS Hans Jüttner (SS-Führungshauptamt).

„Hans Gustav Gottlob Jüttner (* 2. März 1894 in Schmiegel, Provinz Posen; † 24. Mai 1965 in Bad Tölz) war ein deutscher SS-Obergruppenführer und General der Waffen-SS. Während des Zweiten Weltkrieges war er Chef des SS-Führungshauptamtes und vom 21. Juli 1944 bis April 1945 Chef des Stabes des Ersatzheeres, faktisch allerdings Befehlshaber, da der eigentliche Befehlshaber Heinrich Himmler diese Funktion nur pro forma innehatte. Am 17. Mai 1945 wurde Jüttner von britischen Behörden verhaftet und interniert… Nach einem Spruchkammerverfahren im

---

[353] https://de.wikipedia.org/wiki/Karl_Wolff_(SS-Mitglied)
[354] https://de.wikipedia.org/wiki/Gottlob_Berger

Lager Neustadt wurde Jüttner 1948 in die Kategorie *Hauptschuldiger* wegen seiner Betätigung im Nationalsozialismus eingruppiert und zu zehn Jahren Arbeitslager sowie Vermögenseinzug verurteilt. In einem Revisionsverfahren 1949 wurde er nur noch als *belastet* eingestuft, wodurch die Strafe auf vier Jahre Arbeitslager herabgesetzt und mit der Internierungshaft abgegolten war.“[355]

SS-Obergruppenführer Richard Hildebrandt (Rasse- und Siedlungshauptamt)

„Richard Hermann Hildebrandt (* 13. März 1897 in Worms; † 10. März 1952 in Danzig oder 10. März 1951 in Bydgoszcz) war ein deutscher Politiker (NSDAP) und SS-Führer. Hildebrandt war Reichstagsabgeordneter, SS-Obergruppenführer sowie General der Waffen-SS und General der Polizei. Er wurde nach dem Zweiten Weltkrieg als Kriegsverbrecher hingerichtet.“[356]

SS-Obergruppenführer Franz Breithaupt (Hauptamt SS-Gericht)

„Franz Breithaupt (* 8. Dezember 1880 in Berlin; † 29. April 1945 in Prien am Chiemsee) war einer der ersten höheren Führer der SS, zuletzt als SS-Obergruppenführer und General der Waffen-SS sowie Chef des Hauptamtes SS-Gericht. Zudem galt Breithaupt als früher und über-

---

[355] https://de.wikipedia.org/wiki/Hans_Jüttner
[356] https://de.wikipedia.org/wiki/Richard_Hildebrandt

zeugter Anhänger Adolf Hitlers und war zudem einer der engsten Mitarbeiter von Heinrich Himmler.“[357]

SS-Obergruppenführer Maximilian von Herff (SS-Personalhauptamt)

„Maximilian Karl Otto von Herff (* 17. April 1893 in Hannover; † 6. September 1945 in der Conishead Priory bei Ulverston, Cumbria, Großbritannien) war ein deutscher SS-Obergruppenführer und General der Waffen-SS sowie während des Zweiten Weltkrieges ab 1942 Chef des SS-Personalhauptamtes.“[358]

SS-Obergruppenführer Reinhard Heydrich, Nachfolger ab 1943 SS-Obergruppenführer Dr. Ernst Kaltenbrunner (Reichs-Sicherheits-Hauptamt)

„Ernst Kaltenbrunner (* 4. Oktober 1903 in Ried im Innkreis, Oberösterreich; † 16. Oktober 1946 in Nürnberg) war ein österreichischer Nationalsozialist, sowohl in Österreich als auch später im nationalsozialistischen Deutschen Reich ein hochrangiger SS-Funktionär und von 1943 bis Kriegsende Chef der Sicherheitspolizei und des SD sowie Leiter des Reichssicherheitshauptamtes (RSHA)… Kaltenbrunner gehörte zu den 24 im Nürnberger Prozess gegen die Hauptkriegsverbrecher vor dem Internationalen Militärgerichtshof angeklagten Personen, wurde am 1. Oktober 1946 in zwei von drei Anklagepunkten schuldig gespro-

---

[357] https://de.wikipedia.org/wiki/Franz_Breithaupt
[358] https://de.wikipedia.org/wiki/Maximilian_von_Herff

chen, zum Tod durch den Strang verurteilt und am 16. Oktober 1946 hingerichtet."[359]

SS-Oberst-Gruppenführer Karl Daluege (Hauptamt Ordnungspolizei)

Kurt Max Franz Daluege (* 15. September 1897 in Kreuzburg (Oberschlesien); † 23. Oktober 1946 in Prag) war ein deutscher Polizeigeneral, zuletzt SS-Oberst-Gruppenführer und Generaloberst der Polizei im nationalsozialistischen Deutschen Reich während des Zweiten Weltkriegs. Daluege war Chef der Ordnungspolizei und Stellvertreter Heinrich Himmlers im Polizeibereich... vom Prager Volksgericht wegen seiner Kriegsverbrechen angeklagt und am 23. Oktober 1946 zum Tode durch den Strang verurteilt."[360]

SS-Obergruppenführer Oswald Pohl (Wirtschafts- und Verwaltungshauptamt)

„Oswald Ludwig Pohl (* 30. Juni 1892 in Duisburg; † 7. Juni 1951 in Landsberg) war ein deutscher SS-Obergruppenführer und General der Waffen-SS. Pohl war als Leiter des SS-Wirtschafts-Verwaltungshauptamtes (WVHA) maßgeblich an der Durchführung des Holocausts beteiligt. Als Kriegsverbrecher wurde Pohl während des Nürnberger Prozesses gegen das Wirtschafts-

[359] https://de.wikipedia.org/wiki/Ernst_Kaltenbrunner
[360] https://de.wikipedia.org/wiki/Kurt_Daluege

Verwaltungshauptamt der SS zum Tode verurteilt und 1951 hingerichtet.“[361]

SS-Obergruppenführer Dr. August Heißmeyer (Dienststelle Heißmeyer)

„August Heißmeyer (* 11. Januar 1897 in Gellersen; † 16. Januar 1979 in Schwäbisch Hall) war ein deutscher SS-Obergruppenführer und General der Waffen-SS und Polizei, Höherer SS- und Polizeiführer sowie von 1935 bis 1939 Chef des SS-Hauptamtes... Bei der Entnazifizierung wurde er als Hauptschuldiger eingestuft, zu einer dreijährigen Haftstrafe verurteilt und sein Privatvermögen von Amts wegen eingezogen.“[362]

SS-Obergruppenführer Werner Lorenz (Hauptamt Volksdeutsche Mittelstelle)

„Werner Lorenz (* 2. Oktober 1891 in Grünhof; † 13. März 1974 in Hamburg) war Leiter der Volksdeutschen Mittelstelle (VoMi), SS-Obergruppenführer, General der Waffen-SS und Polizei und verurteilter Kriegsverbrecher... Nach dem Zweiten Weltkrieg wurde Lorenz kurz in England interniert, bis er am 10. März 1948 im Nürnberger Rasse- und Siedlungshauptamt-Prozess zu 20 Jahren Haft verurteilt wurde. Als Leiter der VOMI war Lorenz verantwortlich für die Umsiedlung und „Heimführung“ deutschstämmiger Ausländer und deutscher Minderheiten im Ausland sowie für die „Eindeutschung“ von ausländischen Kindern, vor allem Polen und Slowenen. 1951 wurde die

---

[361] https://de.wikipedia.org/wiki/Oswald_Pohl

[362] https://de.wikipedia.org/wiki/August_Heißmeyer

Haft auf 15 Jahre reduziert, im Frühjahr 1955 wurde er bereits aus dem Kriegsverbrechergefängnis Landsberg entlassen."[363]

SS-Obergruppenführer Ulrich Greifelt (Hauptamt Reichskommissar für die Festigung deutschen Volkstums).

„Ulrich Heinrich Emil Richard Greifelt (* 8. Dezember 1896 in Berlin; † 6. Februar 1949 in Landsberg) war ein deutscher SS-Obergruppenführer und General der Polizei… Nach Ende des Zweiten Weltkrieges wurde Greifelt im Prozess Rasse- und Siedlungshauptamt der SS als Hauptverantwortlicher für die Vertreibung von Menschen aus Slowenien, Elsass, Lothringen und Luxemburg am 10. März 1948 zu lebenslanger Haft verurteilt. Er verstarb während der Haft im Kriegsverbrechergefängnis Landsberg."[364]

Aus dieser Aufstellung, den Lebens- und Todesdaten der genannten Personen und den Ortsangaben sowie den Kurzbeschreibungen wird ersichtlich, dass diese ehemaligen höchsten SS-Führer als Kontaktpersonen in der Nachkriegszeit für Spanien und Südamerika nicht in Frage kommen.

In dieser offiziellen Liste der wichtigsten SS-Führer sehen wir aber auch, wer in der Aufzählung nicht vorkommt. Es fehlt der gegen Kriegsende mächtigste SS-Obergruppenführer und General der Waffen-SS, Dr. Hans Kammler, und es fehlt der letzte Reichsführer SS, Karl

[363] https://de.wikipedia.org/wiki/Werner_Lorenz
[364] https://de.wikipedia.org/wiki/Ulrich_Greifelt

Hanke. Kammler stand schon über den Dingen und von den genannten zwölf SS-Obergruppenführern beerbt am Ende nicht einer Heinrich Himmler, sondern diese Rolle übernimmt der SS-Obergruppenführer und General der Waffen-SS (und Gauleiter) Hanke.

Zu welchen Generälen der SS, die deren wirkliche Führung darstellten, wenn nicht zu Kammler, Hanke und vielleicht Breithaupt wollte Schellenberg denn überhaupt über Spanien Kontakt aufnehmen?

Und wenn Kammler Selbstmord begangen hatte, Hanke sich von Partisanen hatte erschlagen lassen und Breithaupt vom eigenen Fahrer erschossen wurde, warum ist Schellenberg überhaupt nach Spanien gefahren, warm und trocken war es auch an seinem Wohnort in Italien!

Mit „alten Kameraden" hätte Schellenberg auch in Rosenheim, Stuttgart, Bad Tölz, Schwäbisch Hall oder Hamburg sprechen können, aber die Herren waren wohl allesamt nicht interessant genug. Also, nur „Kriegserinnerungen" wollte er offenbar nicht austauschen.

Nachdem die Abwehr, der Nachrichtendienst der Wehrmacht, in den SD integriert war, gab es mit der Abteilung Fremde Heere noch eine Aufklärungseinheit.

„Die Abteilung Fremde Heere war eine im Mai 1917 begründete Dienststelle zur Bewertung der Feindlage des deutschen Heeres. Unter Tarnnamen wurde die Stelle auch nach der Niederlage 1918 bei der Reichswehr weitergeführt. Sie bestand auch bei der Wehrmacht in der Zeit des Nationalsozialismus. 1938 wurden zwei Generalstabsabteilungen gebildet, eine für *Fremde Heere West* und eine für *Fremde Heere Ost…*

Die Abteilung Fremde Heere Ost wurde von 1942 bis April 1945 von Reinhard Gehlen geleitet, der zuletzt den Rang eines Generalmajors bekleidete.

Kurz nach dem Ende des Zweiten Weltkriegs stellte sich Gehlen der US-Armee, trat in ihre Dienste und übernahm wenig später von den Besatzungsbehörden in der Amerikanischen Besatzungszone den Auftrag, einen Geheimdienst nach amerikanischem Vorbild mit deutschem Personal aufzubauen. Er wurde später nach ihrem Leiter Organisation Gehlen genannt. In dieser Eigenschaft gewann Gehlen eine namhafte Zahl seiner früheren Mitarbeiter dafür, nunmehr für diesen neuen Dienst zu arbeiten. Durch Übernahme der nichtstaatlichen Organisation Gehlen in die bundesdeutsche Verwaltung entstand 1956 der Bundesnachrichtendienst."[365]

Also, Gehlen und seine Mannen werden von den Amerikanern mit „Kusshand" genommen, weil deren Wissen und deren Kontakte als nützlich erscheinen. Aus dieser Keimzelle erwächst später sogar der Auslandsgeheimdienst der Bundesrepublik Deutschland.

Aber der originäre Auslandsgeheimdienst des Dritten Reiches, der SD unter Schellenberg, geht am 8. Mai 1945 mit samt dem Reich unter, von heute auf morgen, und ward niemals wieder gesehen oder gehört? Da löst sich alles einfach in Luft auf nach dem Motto, der Krieg ist aus, wir gehen nach Haus? Diese Leute verschwinden spurlos aus

[365] https://de.wikipedia.org/wiki/Abteilung_Fremde_Heere

der Geschichte, weil „Dienstschluss“ ist? Entschuldigung, aber das glaubt nicht einmal die berühmte Lieschen Müller!

Und die vielen Personen, die über die „Rattenlinie“ ihren Weg und ihr (erstes) Auskommen fanden, waren ja alle nur Nutznießer dieser Einrichtung. Die führten das Geld ja nicht mit sich und waren folglich für Schellenberg auch keine potenziellen Ansprechpartner. Die waren allesamt nicht die führenden Köpfe der ganzen Unternehmung! Schellenberg wollte doch ganz konkret über Spanien Kontakte herstellen, zu wem und wofür denn überhaupt?

Gibt es doch konkrete Hinweise aus der Nachkriegszeit, zu den Fälschern und vor allem zum Verbleib des Geldes?

Wir erinnern uns an den Sternreporter Wolfgang Löhde, der 1959 die Tauchaktion am Toplitzsee durchführen ließ, in deren Folge tatsächlich gefälschte Pfund-Noten geborgen wurden. Natürlich hat diese Aktion eine Vorgeschichte und diese ist alles andere als uninteressant. Natürlich war es der „Spiegel“ in seiner typischen, oft widerwärtigen Sprache, die oft polemisch daherkommt, der an der Stern-Aktion kein gutes Haar lassen wollte. 1959 und Jahrzehnte lang konnte man sich diese Art der Berichterstattung noch leisten. In der Gegenwart, in Zeiten des Internets mit seinen alternativen Informationsquellen und Informationsangeboten, haben die „Journalisten“ vom Spiegel im Verhältnis zu damals förmlich Kreide gefressen. Und diese „Entschärfung“ gilt nicht nur für den Spiegel.

Für den „Spiegel“ war die Konkurrenz des Magazins „Der Stern“ 1959 einfach nur ein „Hamburger Bilderblatt“.

„Vor nun über drei Jahren hatte die Illustrierte damit begonnen, Material über eine SS-Fälscherwerkstatt im Konzentrationslager Sachsenhausen zu sammeln.“[366]

Es ging um eine Stern-Serie unter dem Titel „Geld wie Heu – die Geschichte des größten Geldfälscher-Unternehmens, das es jemals gegeben hat“. Sternreporter Wolfgang Löhde hatte jahrelang in dieser Angelegenheit recherchiert und immer wieder Hinweise zum Toplitzsee erhalten. Die Stern-Redaktion war anfangs skeptisch und erst nach längerer Zeit war der Verleger Gerd Buccrius bereit, die „Unternehmung Toplitzsee“ mit der damals nicht unerheblichen Summe von DM 25.000 zu finanzieren.

Wie „angefressen“ die Spiegel-Leute waren, zeigt sich im gleichen Artikel einige Absätze später:

„Die Serie „Geld wie Heu“ konnte geschrieben werden - besonderen Appeal aber hatte das ebenso unaktuelle wie aufwendig erarbeite Thema für das bundesrepublikanische Illustrierten-Publikum nicht.“[367]

Da fragt man sich, weshalb der „Spiegel“ denn überhaupt über so einen offensichtlichen Flop der Konkurrenz in einer Art berichtet, die erahnen lässt, der Redakteur musste sich im Anschluss förmlich den Schaum vor dem Mund wegwischen. Dass der Artikel namentlich nicht gekennzeichnet ist, verwundert nicht.

---

[366] Der Spiegel, „Blüten-Lese“, Ausgabe vom 19. August 1959, Seite 21
[367] Der Spiegel, „Blüten-Lese“, Ausgabe vom 19. August 1959, Seite 21

Überhaupt, diese ganze Nazi-fälschen-Banknoten-Geschichte war deshalb schon völlig uninteressant, weil sie ja bekanntlich kläglich gescheitert war.

Immerhin hatte der Stern-Reporter Löhde aber nicht nur in Österreich, der Schweiz, in Spanien und Jugoslawien recherchiert, sondern war bis nach Peru gereist und interviewte auf einer Hazienda den „Chefverteiler" der Pfundnoten, also den „großen Schwend".

Aber obwohl auf der einen Seite so ein Interview stattgefunden haben soll, hatte es im Anschluss massive Beeinflussungsversuche gegeben, das Thema an sich lieber komplett ruhen zu lassen. Das hat zumindest der „Stern" behauptet und der „Spiegel" aufgegriffen:

„(Die Fälscher) boten ungeheure Werte als Bestechung an: eine Kaffeeplantage in Guatemala, eine Villa am Chiemsee, ein Haus mit allem Komfort in jedem gewünschten Teil der Welt, und schließlich boten sie noch jede gewünschte Menge Geld an."[368]

Die haben gar nicht mehr gemerkt, was sie da eigentlich zusammenschreiben. Wer waren denn jetzt bitte die „Fälscher" und von welchem Geld ist denn die Rede? Wir sind ja in der Nachkriegszeit, also welche „Fälscher", welches „Geld"?

Über die Blüten im Toplitzsee, den Druckausschuss, konnte niemand verfügen. Die kleinen Summen, die angeblich den alliierten Ermittlern in die Hände gefallen waren, zählen auch nicht. Und irgendwelche „Fälscher" sind auch

---

[368] Der Spiegel, „Blüten-Lese", Ausgabe vom 19. August 1959, Seite 21

nicht entkommen, wie hätten sich diese denn Gelder besorgen und offenbar außer Landes bringen können?

Gut, wir wissen das inzwischen, aber 1959 und danach wurde doch stets völlig anderes erzählt.

Im Gegensatz zum Skandal um die gefälschten „Hitler-Tagebücher" aus dem Jahre 1983,[369] wo ein Stern-Reporter tatsächlich erst das eigene Blatt und später die ganze Welt eine Zeitlang narrte, wurde dessen Kollege 1959 und danach nie vorgeworfen, die falschen Pfund-Noten selber im Toplitzsee versenkt zu haben, um sie später kameratauglich wieder herauszufischen.

Die Aktion Bernhard fand ihr Ende eben nicht am 5. Mai 1945 in Ebensee, ganz im Gegenteil, sie begann anschließend erst richtig. Sie beschäftigte noch jahrelang die Bank von England und den britischen Geheimdienst.

Die Fälscher hatten sogar Verbündete im Geiste, denn von den massiven Problemen des Pfund-Sterlings profitierte jemand ganz anderes. Und dieser „jemand" hatte bei der ursprünglichen Aktion seine Hände nicht im Spiel, machte aber anschließend, als sich die Dinge prächtig entwickelten, auch keinen Finger krumm um das Spiel zu beenden.

Da bekommt der Begriff von „unseren amerikanischen Freunden" zumindest für die Fälscher plötzlich eine ganz andere, diesmal sogar sinnstiftende Bedeutung.

Im Vorhof der USA, in Südamerika, sollten die „Krauts", also die Deutschen, doch ihre Pfund-Noten umrubeln, je mehr, desto besser! Die argentinische Regierung hatten die Amis 1958 zurückgekauft, das Problem war erledigt! Die politische Einflussnahme (!) in Südamerika war damit für

[369] https://de.wikipedia.org/wiki/Hitler-Tagebücher

die „Nazis“ beendet und der Rest war für die Amis „Peanuts“. Und wir erinnern uns kurz, bereits 1948 wurde das Pfund abgewertet, weil die Briten damit ihre Endschuldung bewirkten, aber im Gegenzug wurde der US-Dollar damit auch aufgewertet!

„(Der echte) Kammler hatte, nach dem, was wir vor Jahren erfuhren, bereits rechtzeitig vor dem Ende des Krieges Maßnahmen ergriffen, um – sollte Deutschland besiegt werden – unerkannt abtauchen zu können. Dazu wurden mindestens zwei Doppelgänger aufgebaut, die zum Schluss ihrer Ausbildung so perfekt wirkten, dass Kammler es ablehnte, ihnen über den Weg zu laufen, wenn das nicht unbedingt vonnöten war. Die Doppelgänger wurden durch ihre Ausbilder so gut „gebrieft“, dass sie gegenüber Personen, die den SS-Obergruppenführer nicht aus längerem direkten persönlichen beziehungsweise familiären Erleben kannten, als der echte Kammler durchgingen. Diese falschen Kammlers konnten auch jederzeit gegenüber gegnerischen Verhöroffizieren bestehen, wenn es denn sein musste.“[370]

„Hans Kammler lebte den gesammelten Informationen und Dokumenten zufolge nach dem Krieg bis zu seinem Ende 1972 in der damaligen CSSR, und zwar in einem Dorf, dessen Name uns übermittelt wurde. Er stand bis zu seinem Tod unter Bewachung sowohl der US- als auch der sowjetischen Geheimdienste - und auch der tschechische Nachrichtendienst war involviert. Hans Kammler wurde umge-

---

[370] Edgar Meyer / Thomas Mehner, „Und sie hatten sie doch!“, Kopp Verlag Rottenburg, 2. Auflage 2017, Seite 246

bracht (durch den KGB auf russischem Territorium erschossen), als sich herausstellte, dass er an den Diensten vorbei weiter ein Netzwerk zu seinen alten Kameraden unterhielt."[371]

Es erscheint erstaunlich, selbst für einen Kammler, dass es jemandem gelingt, an drei Geheimdiensten vorbei, unter strenger Bewachung trotzdem den Kontakt zu irgendwelchen alten Kameraden aufrechterhalten zu können. Zu wem und wofür eigentlich? Wie dem auch sei, glücklicherweise gab es mindestens zwei Doppelgänger, damit wäre das Rätsel gelöst. Ein Kammler verblieb in der CSSR, ein Kammler geriet in amerikanische Gefangenschaft und ein Kammler flog nach Südamerika! Nur, wer war wirklich der echte?

Da muss der Geheimdienst der CSSR 1979 den Kollegen vom MfS, dem Ministerium für Staatssicherheit in der DDR, aber ganz schön eine „Nase gedreht" haben. Die wussten seinerzeit ja vom Verbleib Hans Kammlers nichts Näheres zu berichten. Und auch der KGB hat dann ja offensichtlich die Stasi alt aussehen lassen.

Entschuldigung, aber das ist ganz schwere Kost, zumal sie von den gleichen Autoren (!) publiziert wurde, die 15 Jahre vorher an Hand von Dokumenten aus dem Archiv des MfS dokumentieren konnten, dass der Geheimdienst des CSSR eben weder den Selbstmord Kammlers noch dessen Verbleib überhaupt bestätigen konnte. Wenn jetzt nicht einmal mehr sichergestellte (klingt besser als „erbeutete") Geheimdienstunterlagen als belastbar eingestuft

---

[371] Edgar Meyer / Thomas Mehner, „Und sie hatten sie doch!", Kopp Verlag Rottenburg, 2. Auflage 2017, Seite 250

werden können, dann lässt sich natürlich trefflich drauflos spekulieren.

Aus dem Großraum Prag gab es auf dem Landweg kaum noch ein Entrinnen, von Westen kamen die Amerikaner, von Osten die Russen. Unter normalen Umständen wäre eine Flucht aus dem Gebiet um Prag nach Argentinien Anfang Mai 1945 folglich nur sehr schwer vorstellbar.

Die Frage ist nur, gibt es einen Beweis oder mindestens einen handfesten Hinweis, dass wenigstens einem unserer Protagonisten diese Unmöglichkeit wie auch immer gelungen ist? Oder auch nur einer hat tatsächlich den Krieg überlebt?

Zumindest im Fall von Karl Hanke bleibt uns die Spekulation erspart. Denn auch hier kann uns einer jener berufenen Zeitzeugen weiterhelfen: „Im Mai 1943 wurde von Oven, damals im Rang eines Oberleutnants, als Pressereferent für Joseph Goebbels ins Reichsministerium für Volksaufklärung und Propaganda berufen.“[372]

Wilfred von Oven hatte mit Joseph Goebbels also eine Zeit lang den gleichen Chef wie Karl Hanke. Beide Männer kannten sich langjährig und gut. Man war sogar zusammen zeitgleich zu Gast in Goebbels Haus gewesen, zum Beispiel am Silvesterabend des Jahres 1944.

In seinem Buch „Finale Furioso“[373] aus dem Jahre 1974 beschreibt Wilfred von Oven die Jahreswende 1944/45 im Hause Goebbels:

---

[372] https://de.wikipedia.org/wiki/Wilfred_von_Oven

[373] Wilfred von Oven, „Finale Furioso“, Grabert-Verlag Tübingen, 1974, Seite 536

„Zum Abendessen wird Gans serviert. Es gelingt mir nur mit größter Mühe, kleinste Partikel unter erheblichem Kraftaufwand abzusäbeln, wobei ich mit größter Vorsicht operieren muss, damit meine Gänsekeule nicht meiner Nachbarin auf den Schoß hopst.

Ich sehe mich zwischendurch in der Runde um und stelle zu meiner Befriedigung fest, dass das allgemeine Schweigen bei Tisch darauf zurückzuführen ist, dass alle Tischgenossen sich mit der gleichen Verbissenheit bemühen, ihren Braten in mundgerechte Teile zu zerlegen. So säbeln wir eine Weile in emsiger Stille weiter. Die Gäste sagen nichts, um die Hausfrau nicht zu kränken, die Hausfrau sagt nichts, um den Spender der Gans, Gauleiter Hanke, nicht zu verletzen, und dieser mag sich der stillen Hoffnung hingegeben haben, dass nur er ein so zähes Stück erwischt habe.

Schließlich bricht der Hausherr den Bann, indem er sich mit den Worten an seine Frau wendet:

„Sag mal, Süßing, ist dein Gänsebein auch so unglaublich zäh wie meins?"

Allgemeines Aufatmen. Das Gesprächsthema ist gefunden. Lebhafte Diskussionen über den jeweiligen Grad der Zähigkeit. Hanke meint in Erwiderung zahlreicher spitzer Anspielungen, es sei ein gutes Zeichen für die deutsche Ernährungslage im sechsten Kriegsjahr, dass die Gänse bei uns noch so alt würden."

Der gleiche Autor veröffentlicht 1987 ein weiteres Buch, „Wer war Goebbels?". Von Oven schreibt: „Für den Abend war etwas Besseres vorgesehen. Da hatte sich Hanke angesagt und versprochen, eine schlesische Gans zur Bereicherung des ministeriellen Küchenzettels mitzubringen. Gänse, so man solche bekam, waren kartenfrei und durften selbst in so streng nach den Vorschriften lebenden Haushalten wie dem Goebbelsschen ohne Gewissensbisse verzehrt werden."

Bevor er dann die oben aufgeführte Anekdote aus seinem Buch von 1974 nahezu wortwörtlich wiederholt, schreibt er in Bezug auf den eben genannten Hanke: „Ich verstand mich damals aber trotz des frugalen Mahles mit diesem Landsmann, so sehr wir später in Argentinien auch persönlich und politisch aneinandergerieten, ausgezeichnet."[374]

Nun, das erste Buch wird der letzte Reichsführer SS vermutlich mit Interesse gelesen haben, das zweite Buch zu lesen blieb ihm wohl verwehrt. 1974 lebte Karl Hanke in Argentinien und von Oven konnte diesen Umstand schlecht in seinem Buch benennen. 1987, nach dem Tod von Karl Hanke, gab es schlicht keine Notwendigkeit mehr, die Tatsache, dass Karl Hanke nach dem Krieg in Argentinien lebte, zu verheimlichen.

Und Hans Kammler? Dieser wird alles getan haben, um selbst in Südamerika im Dunkeln zu bleiben. Er wird sich jeder Gelegenheit, auch nur zufällig wieder erkannt zu werden, entzogen haben. Aus Selbstschutz dürfte er nach kurzer Zeit alle noch vorhandenen Kontakte zu alten Kameraden abgebrochen und eine völlig andere Identität an-

---

374 Wilfred von Oven, „Wer war Goebbels?", F. A. Herbig Verlagsbuchhandlung München - Berlin, 1987, Seite 146 f.

genommen und gelebt haben. Hierzu hatte er, anders als Karl Hanke, auch allen Grund.

„Die UN-Kriegsverbrecher-Liste wird als „Verschlusssache“ bei der UNO in New York aufbewahrt. Einsichtnahme ist nur bei Nachweis eines berechtigten Interesses möglich und muss über den deutschen Botschafter bei den Vereinten Nationen beantragt werden.

Hans Kammler ist als Kriegsverbrecher in der höchsten Kategorie „A“ eingestuft und wird von Belgien, Polen und der CSR beschuldigt, nicht jedoch von Frankreich, Großbritannien, den USA oder der UdSSR.“[375]

[375] Kristian Knaack, „Der Kunst-Schatz des Führers“, Grabert Verlag Tübingen, 2010, Seite 64 (Fußnote 53)